张肖马

四川省文物考古研究院名家学术文集

张肖马 著

巴蜀书社

图书在版编目（CIP）数据

四川省文物考古研究院名家学术文集.张肖马卷 /
张肖马著. –– 成都 : 巴蜀书社, 2023.11
ISBN 978-7-5531-1935-9

Ⅰ.①四… Ⅱ.①张… Ⅲ.①文物—考古—中国—文
集 Ⅳ.①K870.4-53

中国国家版本馆CIP数据核字（2023）第040802号

SICHUANSHENG WENWU KAOGU YANJIUYUAN MINGJIA XUESHU WENJI·ZHANGXIAOMA JUAN

四川省文物考古研究院名家学术文集·张肖马卷

张肖马　著

策　　划	周　颖　吴焕姣
责任编辑	徐雨田
封面设计	冀帅吉
内文设计	四川胜翔数码印务设计有限公司
出　　版	巴蜀书社
	四川省成都市锦江区三色路238号新华之星A座36楼
	邮编：610023　总编室电话：（028）86361843
网　　址	www.bsbook.com
发　　行	巴蜀书社
	发行科电话：（028）86361852
经　　销	新华书店
印　　刷	成都东江印务有限公司
版　　次	2023年11月第1版
印　　次	2023年11月第1次印刷
成品尺寸	170mm×240mm
插　　页	8页
印　　张	13.75
字　　数	205千
书　　号	ISBN 978-7-5531-1935-9
定　　价	68.00元

本书若出现印装质量问题，请与工厂联系调换

总序

四川省文物考古研究院前身为四川省文物管理委员会（办公室），成立于1953年5月1日。在党和政府的领导、关怀下，我院从不足30人的团队起步，逐渐成长为一个拥有185人编制，兼具考古、文物修复、文化遗产保护、《四川文物》编辑出版四大职能的综合性考古机构。

七十年来，全院职工勠力同心，探索历史未知、揭示历史本源，各项事业蓬勃发展，取得了长足进步：共获得全国十大考古新发现11项、中国考古新发现4项、百年百大考古发现2项、新时代百项考古新发现5项、田野考古奖3项，为"建设具有中国特色、中国风格、中国气派的考古学"贡献了四川力量。

饮水思源，回顾我院发展的每一个阶段，无一不浸透着我院一代代文物考古工作者拼搏奋斗的艰辛。在我省文物考古事业的发展进程中，他们始终恪守初心，身体力行地积极投身于四川文化遗产保护体系的缔造，甘之如饴地用心守护着巴蜀大地的文化遗产。在他们的努力下，四川先秦考古学的文化序列日渐完整，巴蜀文明起源和发展的历史脉络逐渐明朗，西南地区的历史轴线不断延伸，古代四川的文化面貌愈发清晰。他们为中国考古事业做出了卓越的贡献，为四川考古争得了荣誉，更为我院今天的厚积薄发奠定了坚实的基础。

《四川省文物考古研究院名家学术文集》是为四川省文物考古研究

院七十周年华诞而发起的一套纪念性文集，共九卷，分别收录了四川省文物考古研究院学术名家秦学圣先生、沈仲常先生、李复华先生、王家祐先生、曾中懋先生、赵殿增先生、黄剑华先生、张肖马先生、陈显丹先生的代表性学术论文。

这些老前辈中，有的是四川省文物管理委员会（办公室）初创成员，有的是新中国培养的第一批文物考古工作者，有的是新中国成立以来四川文物考古事业从蹒跚起步到步入"黄金时代"的亲历者、见证者。从旧石器时代考古到明清时期考古，从青藏高原的遗址发掘到长江三峡的文物抢救，前辈们筚路蓝缕，风餐露宿，心怀使命与赤诚，在巴蜀大地上写就了锦绣文章。他们将四川考古提升到了一个全新的高度，在中国考古史上留下了光辉的印记。在本职工作之外，前辈们对待后学更是关怀备至，倾囊相授，无私扶掖，令我们感念不已。

本套文集所收均为前辈们的心血之作，有着很高的学术价值：材料运用充分详尽，理论与实践紧密结合；视野开阔，旁征博引，富于创新精神；论述严密，分析鞭辟入里，给人以深刻启发；多学科手段交叉运用，研究路径多元。这些文字饱含着前辈们的科学精神与人文情怀，充分展现了他们求真务实的工作作风和严谨的治学态度。嘉惠学林、泽被后学，本套文集既是我院七十年学术发展历程的缩影，也是我院后学接续前辈们的学术脉络，踔厉奋发、继往开来的新起点。

"雄关漫道真如铁，而今迈步从头越"，衷心期望我院全体干部职工以前辈们为榜样，传承前辈们的优良学统，勇于担当，努力成长。按照习近平总书记提出的"在新的历史起点上继续推动文化繁荣、建设文化强国、建设中华民族现代文明这一新的文化使命"，在更广的领域、更深的层面开展文物考古研究和探索实践，笃行不怠，奉献出更多、更新、更好的学术成果，进一步积淀我院的学术底蕴，为我院创建世界一流考古机构注入崭新力量。

唐飞

2023 年 10 月

作者简介

张肖马，四川省文物考古研究院研究馆员，中国考古学会会员，中国汉画学会会员。1954年2月17日生，1971年6月参加工作，此后一直从事文物考古工作。先后在成都市文物管理处、成都市博物馆任职，担任过考古队副队长、保管陈列部主任、副书记与副馆长（主持工作）等职务。1998年3月调入四川省文物考古研究院工作，担任总支副书记，2014年退休。

2001年3月22日，美国华盛顿州西雅图艺术博物馆留影

2001年5月12日，代表四川省博物馆向波音公司赠送佛头艺术纪念品
（后排左二谭学杰，左三邓懿梅，左四许杰）

2003年8月1日，向家坝水电站淹没区文物调查人员合影
（左一陈卫东，左二龙力，左三张肖马，左四郭富，左五牛源）

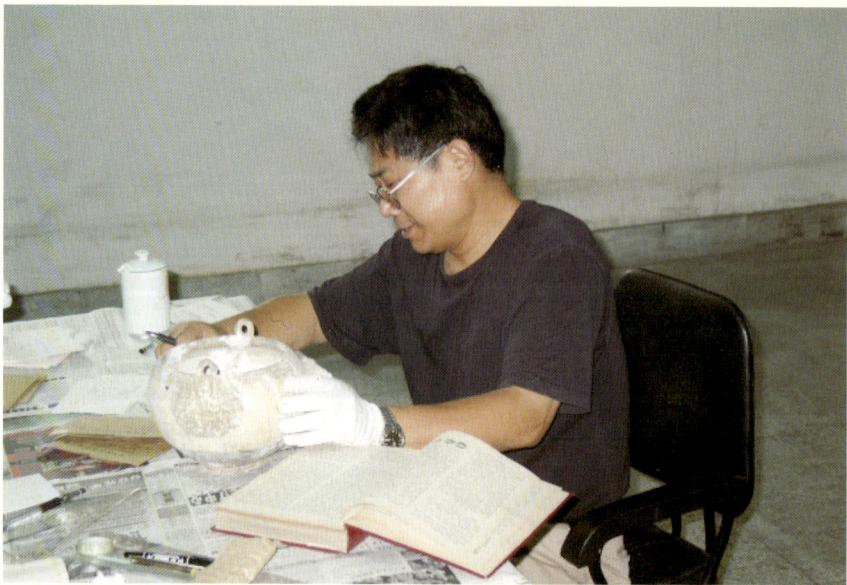

2004年7月29日，在文物库房整理文物、制作卡片

2006年9月16日、17日，对向家坝水电站淹没区的遗址
进行考古调查和钻探

2008年1月10日，埃及考察

2008年5月8日，英国巨石阵遗址考察

2008年5月8日，英国剑桥大学访学

2009年6月，在攀枝花市指导"三普"调查工作

2010年4月8日，在荥经县"三普"验收工作会上发言

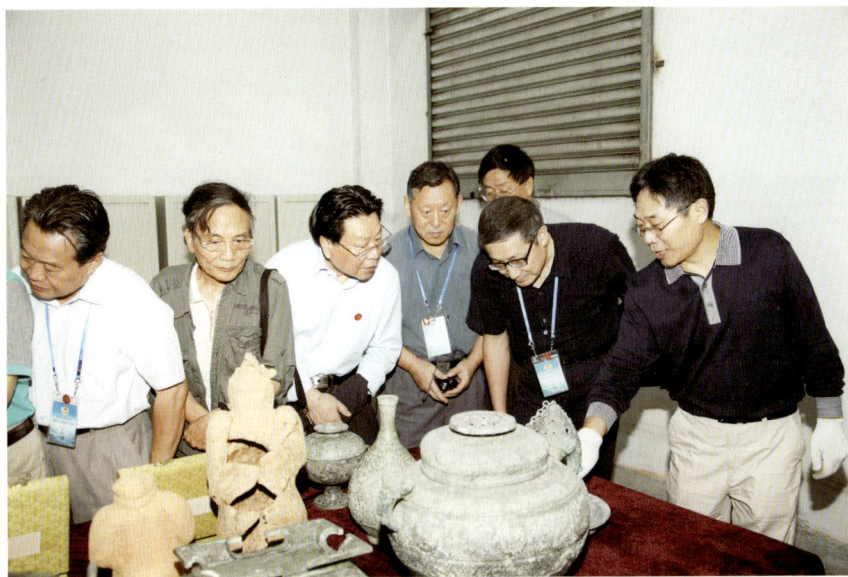

2011年9月11日，接待专家参观文物库房所藏出土器物

2015年4月13日，在云南腾冲和顺图书馆考察

2015年12月，在西安秦始皇兵马俑博物馆考察

目 录

三星堆器物坑研究

古蜀时期的社会生活

作者自传

　　1979年3月，母亲提前病退，我结束八年知青生活返蓉，进入成都市文物管理处，分配在考古组工作。成都市文物管理处是一个专业性很强的单位，要求其工作人员具有比较高的文化水平和文物考古方面的知识，单位要求我们努力学习，提高自己的业务水平，所以，发给我一套北京大学考古系编写的各个时期考古学的油印本讲义和国家文物局编写的《工农考古基础知识》，从此开始了我一边学习一边工作的文物考古生涯，此后在田野考古的实践中上下求索。

　　1979年10月5日至12月底，我参加了明代蜀僖王陵的考古发掘工作（图一）。明蜀僖王陵是一座模仿明代亲王府宫殿制度修建的地下宫殿式陵墓，规模宏大，结构复杂，保存有比较完整的陶俑组成的藩王府仪仗队伍等文物，发掘难度大。明蜀僖王陵

图一　1979年10月21日，明蜀僖王陵发掘现场
（左一张肖马，左二李恩雄，左三王黎明）

的考古发掘工作，是成都市文物考古部门第一次独立主持开展的大型陵墓考古发掘项目，这次考古发掘对于成都市文物考古队伍的建设意义重大。大家都努力地按照考古发掘的要求与方法开展工作：考古负责人坚持做好项目日志；我们这些发掘人员认真做好每天发掘的文字记录，测绘与记录每一件文物的坐标与出土状况，绘制出土文物位置分布的平面图和墓室的平面图、纵向剖面图与横向剖面图，以及重点遗迹与墓室结构的重点部位图；拓片和摄影均严格按照要求制作，最大限度地摄取和记录一切遗迹现象，取齐资料，为下一步的报告编写与研究工作打下最好的基础，等等。这次大型陵墓的考古发掘不仅锻炼了队伍，还为成都市以后独立开展考古发掘项目打下了一个良好的基础。我在这次大型陵墓的发掘过程中学习到了墓葬发掘的科学方法和基本程序，对我今后的考古发掘工作有很大的帮助。

改革开放以经济建设为中心，配合基本建设和生产建设进行抢救性考古发掘是我们的主要工作之一。配合城市建设，我先后参加了成都十二桥遗址、成都圣灯乡、中医学院、四川省社会科学院工地、抚琴小区、青羊小区等地土坑墓的发掘工作，以及青羊小区五代前蜀大型砖室墓、商业街南朝石刻造像遗存、石羊场西汉木椁墓、龙泉驿区北干道秦代墓群和甘孜州泸定县唐代墓葬的清理发掘。配合金堂县云顶山风景旅游区建设，参加了云顶山新发现的石城门遗址发掘清理工作。配合二滩水电站、三峡水库建设，参加了攀枝花市盐边县健康乡垭口村墓地、忠县中坝遗址的发掘工作。配合高速公路和铁路建设，参加了凉山州德昌县毛家坎遗址和宜宾市珙县沐滩乡崖墓群的考古发掘工作。此外还参加了2000年三星堆遗址月亮湾地点的考古发掘工作。

我参加的十二桥遗址的考古发掘收获颇丰（图二）。十二桥商周时期的文化遗存，特别是商周时期木结构建筑遗存是20世纪80年代四川考古的重大发现，引起国内考古界和古建筑界的高度重视。现场多次召开专家会，讨论如何做好发掘工作与保护工作的同步进行。按照专家们的要求，我们在发掘Ⅰ区搭建了占地1200平方米、高5米的钢架，拍摄每一个探方内的木结构建筑堆积的正投影照片，为复原木结构建筑提取可靠的资料。1986年4月，国家文物局副局长沈竹、文物处处长黄景略考察十二桥遗址发掘现

图二　十二桥遗址发掘现场

场，黄景略先生带队检查了十二桥遗址Ⅰ区的全部探方记录与发掘资料，并同意我们向西扩方的方案。同时提出对遗址加强保护的要求。后来，成都地区发现的十二桥遗址群被命名为十二桥文化就是源于十二桥遗址的发现。正如苏秉琦先生指出的："成都西门外发现建筑遗迹，无疑是很重要的，对于我们复原这时期的建筑特别重要。从广汉到成都业已发现的种种迹象，足以向窥见华阳古国、古文化、古城的曙光更进一步，令人鼓舞。"1987年4月底，苏秉琦先生一行来十二桥遗址现场考察，苏先生又到室内拿起陶器仔细观察，习惯性地抚摸着陶器思索着，最后基本同意我们对十二桥商周时期陶器的初步分期。十二桥商周时期木结构建筑的复原是一项重大的课题，在1987年由我主笔的《成都十二桥商代建筑遗址第一期发掘简报》中，根据当时发掘资料对其做出了初步的复原尝试。在2009年出版的《成都十二桥》考古发掘报告中，我再次对商代木结构建筑做了复原研究，得到了专家们的认可，《成都十二桥》考古发掘报告也获得了省部级社科二等奖。

　　1989年8月，王建墓防漏、防渗综合治理工程正式开工（图三）。治理工程以全面揭开墓葬建筑的方式进行。为配合王建墓综合治理工程，补充前人考古发掘的资料，弄清楚历代封土被扰乱的情况，我们于1989年11月底至1990年1月初进入工程现场，展开最大限度提取资料的工作。在墓冢封土上布两条东西向探沟，以搞清楚原封土和历次扰乱

的情况。通过发掘而知，第1～2层是近现代的堆积层。第3～4层是明代与清代的扰土层，明清扰土层中分布有许多明清时期的瓮棺及土葬墓和砖砌的火葬墓，严重地破坏了原有的封土

图三　王建墓维修工程现场

层。第5～8层是原封土层，夯层依据券拱堆筑成圆弧形，厚度在1米左右不等，但土质不纯净，包含比较多的唐代与五代之前的遗物残片。第9～10层为原封土层，包含物很少；土层较厚，包含拱脚和直墙部分的堆土，并由直墙向外呈缓坡状由高向平直的方向堆筑。另外，在墓葬外墙壁基础部位发现残存有密集的呈蜂窝眼状的夯窝遗迹，有圆形、椭圆形，直径在4厘米～5厘米与6厘米～10厘米。在封土两边还发现长方形夯窝，长34厘米、宽11厘米。同时，我们还用探铲与探沟的方法，了解墓葬的地基部位，通过探测而知：王建墓地下基础部分垫有卵石层，卵石直径在5厘米～13厘米，卵石层由墓壁向外延伸了2米还未到尽头，其厚度不明。同时，探明王建墓室建筑，发现在墓室石壁与十四道石券拱外部，还使用了特制的大型青砖砌建了

图四　王建墓墓葬建筑全景

砖壁与砖拱。砖拱亦为纵列式拱，共计14层，砖拱的前端与后端有逐层内收的现象。砖拱中部已被破坏，有3层砖拱被拆出，形成一个宽4.6米、长15.3米的大坑，砖拱最大下沉29厘米，这是墓室大量渗水最重要的原因。整个墓葬治理工程采取大揭顶的方式进行，我们联系了空军请求援助，对大揭顶暴露出来的墓葬进行了航拍与录像（图四），摄取到了这一埋葬千年的墓葬建筑的全貌资料，弥补了绘图工作方面的不足。

　　1997年8月，我刚借调到四川省文物考古研究所不久，便参加了配合二滩水电站建设的考古项目，赵殿增领队、我和段维义三人前往攀枝花市盐边县健康乡垭口村进行考古发掘工作。8月的攀西地区阳光灼人，紫外线强烈，不一会儿就可以晒出泡来。加之库区已进入清库阶段，大部分人员已搬迁，民工一时难以找到，给发掘工作带来一些困难。这里是一处墓地，发掘了一批竖穴土坑墓，墓向基本一致，墓葬之间有打破关系，有的墓葬有生土二层台，出土随葬器物的墓葬，随葬品最多的达10件，少的2件，有单耳罐、双耳罐、鼓腹罐、陶纺轮、玛瑙珠、小黑石器与小白石器；有的墓只发现陶片和卵石；有的墓中只发现3块板瓦铺在墓底，旁有人牙。墓葬的填土均为红色五花土。过去在攀西地区所开展的考古工作较少，这批墓葬的发掘，为四川西南部地区民族考古提供了重要的资料，弥补了在这一地区工作的不足。发掘期间，在二滩水电站工作的外国专家看到发掘出土的文物，无不称赞我国政府在大型工程建设中对文物保护工作的高度重视。

　　1999年7月，宜宾市珙县沐滩乡发生盗墓案件，同时，金筠铁路工程建设开工。2000年7月，在铁路建设爆破取土中发现崖墓。9月，单位派我和何振华前往沐滩乡，配合金筠铁路工程建设进行崖墓的发掘工作。经过调查，崖墓坐落在沐滩乡犀牛山的庙梗（M1～M4）与庙湾（M5～M16）两个点上，南广河在山前流过。崖墓共计16座，除其中1座为早年被盗，2座为去年被盗，加之在施工中被毁坏的几座崖墓外，其他墓葬总体而言保存较好。通过发掘而知，墓葬均有简易的墓道，墓室有单室、前后室和主侧室并列几种形式。出土陶俑、陶容器、铁兵器与生产工具、五铢钱、石器、铜器、银环、摇钱树残件、石棺等100多件文物。这处崖墓与其他地区十墓九空的情况不同，为研究汉代西南夷地区社会经济、社会生活、文化习俗、民族融合和五尺道线路及文化提供了比较重要的资料。

文物考古调查也是我们经常的工作。1980年7—10月，为贯彻国务院〔1980〕第120号、132号关于文物保护工作文件的精神，成都市文化局与规划局组成文物调查小组，会同五区两县文化局（馆），对"文革"以来不可移动文物被破坏情况和目前古建筑使用情况进行了一次全面的调查了解，对古遗址、古墓葬、古建筑、革命遗址及纪念建筑、近现代历史纪念建筑和石刻等进行登记、拍照、记录、整理，我全程参与了此次调查工作。最后形成了《关于核定我市文物保护单位的请示报告》，按照《文物保护管理暂行条例》的规定，报请成都市人民政府核定公布了45处市级文物保护单位（其中包含已公布了的国家级文物保护单位3处、省级文物保护单位8处），这是成都市首次公布市级文物保护单位。同时，又根据此次调查结果绘制了《成都市文物分布示意图》，此举具有开创性的意义。

2002年10—11月，为配合完成国家文物局"十五"规划项目——《中国文物地图集·四川分册》的编撰工作，我和陈卫东、郭富前往达州市和巴中市，对渠江流域进行了考古调查，重点调查了渠江上游地区——渠江的西源巴河和东源州河及其支流前河、中河、后河、大小通江河和沙溪河的沿岸地区，涉足宣汉、通川、渠县、达县、万源和通江6个县市区36个乡镇近百个村。调查的重点是寻找出更多的先秦以前的古代文化遗址。历时一月，共发现先秦以前的古代文化遗址17处，石器采集点4处。其中，11处古遗址既发现文化堆积又采集到了文物标本；2处古遗址仅发现文化堆积但没有采集到文物标本；4处古遗址没有发现文化堆积但采集到文物标本。从采集到的陶器与石器标本来看，大小通江河流域的古遗址发现的陶器和石器与通江擂鼓寨、巴中月亮岩新石器时代遗址的器物相同，属于擂鼓寨类型遗址的分布范围，而打制的石片石器又与重庆江津王爷庙等新石器时代遗址有着一定的联系。万源的荆竹坝遗址在后河流域，其石器很小，石质石料与其他遗址的器物有一定的区别。此次发现的许多遗址，分布在山南的西坡缓坡地带，向阳、背风，距离水源相对较远，遗址面积不大，文化堆积较薄，属于山地文化类型。还有的古遗址分布于河流的一级台地上，地势平坦，距水源近，这为研究巴人的聚落形态和聚落类型、生活环境、人群迁移等提供了不可多得的资料。

向家坝水电站是国家"西电东送"的骨干电源之一，2006年11月开工建设，计划2012年水库蓄水，2015年开始发电。为配合水电站的建设，2003年7—8月、2006年9月，我分别与陈卫东、郭富和金国林等人前往宜宾市屏山县，会同县文物管理所对向家坝水电站淹没区四川境内约120平方千米范围内的地下文物进行调查，涉及6个乡镇数百个自然村区。两次调查发现斑竹林、东岳庙、桥头沟、龙秧、平夷长官司5处古遗址和普恩寺（沙坝）、万寿观、石柱地3处古墓葬群。2007年12月，我与金国林再次对水电站淹没区地下文物进行调查时，在楼东乡沙坝村三组找到了石斧与花边口沿陶片，发现了叫化岩新石器时代遗址。三次调查发现的古遗址分别属新石器时代、商周、战国、西汉、东汉、宋元、明清时期，古墓葬为战国、秦汉以及明清时期。在宜宾市境内发现新石器时代的遗址，填补了四川南部地区无史前考古学文化的空白，将我们对川南地区的历史认识向前推进了近3000年，尤其是对构建四川新石器时代的时空框架和文化谱系具有很重要的意义。这里发现的新石器时代的文化，偏早时期的文化因素与重庆峡江地区的考古学文化关系密切；尔后，成都平原的宝墩文化因素在此大量出现，这对于认识成都平原与峡江地区考古学文化之间的交流与联系意义重大，同时也反映出金沙江下游地区是一个重要的文化交流枢纽，文化的传播既可顺水而下，也可溯水而上。另外，还在这里首次识别出商周时期的文化遗存。沙坝墓地的发现为探索蜀人南迁提供了新的线索。发现的两汉时期墓葬资料，不仅为研究当地的社会经济和生活习俗提供了丰富的资料，还为研究边疆地区与中原王朝的关系以及边疆民族融入中原王朝的进程提供了重要的资料。

2007—2012年，第三次全国不可移动文物普查工作展开。普查的第一阶段，我作为督导人员参加了雅安市等部分地市的人员培训、调查试点工作，讲解普查的五个标准、登记表的填写与著录说明。我多次到攀枝花市的区县野外调查现场，向文物管理所的同志讲解古遗址的调查、记录与认定方法。帮助基层调查人员比较准确地掌握对近现代重要史迹及代表性建筑的认定方法这一工作开展得尤为艰难。如对三线建设时期的工业遗产的认定，我们调查了攀钢一、二号等高炉和503地下战备电厂、兰尖露天铁矿矿场等重要遗产。随后进入普查的第二阶段——由实地调查转入资料整理、修改与汇总，为数据库的建设做好准备。资料的整理与修改是一项细致而又艰巨的工作，我们按照普查标准与规范，一条一条地核对，逐项逐项地审查；有时下区县修改，有时集中修改，有时通宵达旦地审核资料。最后，我们参加了雅安市、达州市、攀枝花市、凉山州、甘孜州等市州的"三普"验收工作，顺利通过。我被省人社厅、文化厅、文物局授予"四川省第三次全国文物普查先进个人"。

2008年10月4日，国际古迹遗址理事会第十六次大会通过了《文化线路宪章》，文化线路作为一种新兴遗产类型被正式纳入了世界遗产名录的范畴。不久，四川省启动了"蜀道"双遗产申报工作。2014年，单位指派我参加四川省遗产办公室组织的"蜀道"申遗田野调查工作，以线路为核心，对米仓道沿线的自然遗产与文化遗产展开详细的调查记录与核定。我们沿着阆中、旺苍、南江、巴州、通江及平昌走来，考察了南江米仓道段、阎王碥栈道、渡水溪古道、佛头河古道及石刻，上两、白衣、恩阳古镇和阆中古城，以及巴中和通江等地的石窟与摩崖造像。此外还考察了米仓山大峡谷、光雾山—诺水河、大小兰沟等自然保护区与地质公园等自然遗产。最后将考察资料汇总上报，形成了《世界遗产提名地·文化与自然遗产——中国·蜀道》的征求意见稿。

建立文物库房，规范管理院藏出土文物也是我倾注颇多心血的工作。过去，省考古院没有一个完整的文物库房，许多文物就堆积在六楼的房间内，无人管理问津。由于我分管这方面的工作，就着手组织建立文物库房。我们将文物集中存放，新增文物柜架，文物上架入柜，珍贵文物装入琅匣，库房设专人管理。严格按照博物馆藏品管理办法规范我们的工作，对所有文物进行编号、制作卡片、拍照建档，做到对每一件文物在库、排、柜、格的位置心中有数；建立文物总登记表册和文物资料表册，建立文物出入库制度及资料管理制度。改造库房，按照博物馆文物库房防火防盗的要求，安装防火防盗门，安装消防与防盗报警设施。同时，还给文物库房配备了除湿机。库房结合考古单位自身的特点加以设计，可以随时接待全国各省市文物考古单位的同行前来交流参观，促进了文物研究工作的开展。基础工作做坚实了，对后来我们参加全国第一次可移动文物的普查工作，以及单位自查申报带来了极大的方便，也为可移动文物数据的采集，编制可移动文物普查的档案资料，利用现代信息技术，统一标准，录入文物信息，建立数据平台联网直报工作的顺利开展奠定了坚实的基础。

随着改革开放的深入，我国对外文化交流项目越来越多了，文物出国（境）展出的任务也越来越多。1994年4月在意大利佛罗伦萨举办的"第58届国际手工艺展览会"开辟了专门的中国文物展区，邀请中国在展览会期间展出本国文物。我接到任务后，立即着手组织挑选文物、拍照、制作文字与图片说明、制作内外包装，如期完成出展任务。1998年，我参加了国家文物局举办的"部分省市文物包装工作会议"，学习了国内和日本专家讲授的文物包装、艺术品输送、壁画运送、展览室的布置方法等专题课，还参加讨论了《出国（境）文物展品包装工作规范》。我还曾作为随展组成员，先后参加了在日本东京世田谷美术馆举办的《惊异的假面王国——三星堆遗址文物展》、在美国西雅图艺术馆举办的《千古遗珍——中国四川古代文物精品展》，参与了文物点交和展陈中具体事务的处理。我还曾组织整理我院赴日本、法国文物展览的资料与文物点交等工作，其中的《中国大三国文物展览》的展品藏于民间，我与中国文物交流中心的专家到收藏家处鉴定收集展品，签订借展协议，保证了展览按照预期时间赴日展出，后又在国内进行了巡展。

为培养基层文物管理所干部的业务素质，1989年5—6月，由成都市文物管理委员会办公室和四川大学博物馆联合举办的"文博、考古、民族知识培训班"在温江举行，我承担了教学任务，讲授"巴蜀船棺墓中出土的青铜器的几个问题的思考"。2004年开始，受四川文化产业职业学院文博艺术系邀请，讲授"艺术考古"课程；受四川艺术职业学院的邀请，讲授"博物馆藏品保护与管理"和"文物保护法与行政管理"课程。此外，我还参加了国家文物局举办的"西部文博管理干部培训班"和"第五届全国省级文物考古研究所所长培训班"的学习，对自身的教学工作起到了很好的引领作用。

我先后撰写考古简报、调查简报和论文数十篇，撰写的《成都十二桥》（合著）考古发掘报告获得了四川省第十四次哲学社会科学优秀成果二等奖。在四川省文物考古研究院成立五十周年时，组织编写了《岁月留痕——四川省文物考古研究所50年发展历程》一书，介绍了四川省文物考古研究院五十年的发展历程。还组织编撰了《巴蜀埋珍——四川五十年抢救性考古发掘纪事》一书。国家文物局主编《中国文物地图集·四川分册》分配我们撰写专题文章，我首先完成了分配的《四川省古城址》《四川省古代重要道路与桥梁》两篇专题。后因他人未完成分配撰写专题的任务，又分配我撰写了《四川省已发掘的重要古遗址、古墓葬》专题，我如期完成，并通过国家文物局专家的审定。

人的一生不可预料，一帆风顺几乎不存在，坎坎坷坷一路走来是正常的事，所以，我为自己写下"磊落图存"几个字，我是这样想的，也是这样去做的。

三星堆器物坑研究

"祭祀坑说"辨析

　　1986年在四川广汉三星堆发现了两座器物坑，出土了大批铜、石、玉、金等珍贵文物，其中有的器物首次为世人知晓，轰动学术界，引起了人们极大的关注。学人纷纷撰文，对两个器物坑的性质及其他问题发表了不同的意见。有关两坑的性质，初有四说：一、祭祀坑说；二、窖藏说；三、被毁宗庙说；四、陪葬坑说。尔后，有学者撰文指出，这两个坑很可能是古代世界风行的巫术——"萨满式文化"的产物，是在坑的附近场地举行了巫术活动后的"厌胜"性埋藏[①]。此后，又有人提出两坑时代相同，是杜宇氏灭掉鱼凫氏后，用鱼凫氏的社树、社神和礼器来祭祀自己的祖先而专门设立的祭祀坑[②]，所不同的是祭祀者是毁人宗庙的非器物所有者。近来，又有人对祭祀坑说提出了质疑，论证两坑性质应是"人夷其宗庙，而火焚其彝器"后随意掘坑埋葬的[③]，这是对被毁宗庙说的引申。另有人认为，三星堆两个器物坑可能

---

① 林向：《蜀酒探原——巴蜀的"萨满式文化"研究之一》，《南方民族考古》第一辑，四川大学出版社，1987年。
② 胡昌钰、蔡革：《鱼凫考——也谈三星堆遗址》，《四川文物》1992年《三星堆古蜀文化研究专辑》。
③ 徐朝龙：《三星堆"祭祀坑说"唱异——兼谈鱼凫和杜宇之关系》，《四川文物》1992年第5期。

是古蜀国两座蜀王神庙器物的掩埋坑，是一种特殊的原始宗教习俗的产物，是"不祥宝器掩埋坑"或"亡国器物掩埋坑"[1]。讨论愈来愈激烈，看法各异，众说纷纭，以"祭祀坑说"支持者居多。持"祭祀坑"说者之理由大致有三：一是坑内遗物多为礼器；二是坑内遗物有烟熏的痕迹，有的玉石器被烧出裂纹，青铜器被烧熔化；三是坑中有大量的竹木炭灰烬与碎骨渣。参之古代文献，认为这些遗物被烧是"燔燎"祭祀的结果，埋入坑中是"瘗埋"祭祀的行为，故两座坑是古蜀王国举行祭祀的遗存[2]。

笔者细读两个器物坑的发掘简报，认为将两个器物坑定性为"祭祀坑"，理由是不充分的。那么，三星堆两个器物坑是不是祭祀遗存，需结合我国考古发掘的大量祭祀遗址的资料，特别是史前时期至汉代的祭祀遗址，通过比较分析，方可得出更合理的判断。

从考古发现来看，大凡举行祭祀活动都有一个较为固定的活动场所，那是先民们的神圣之地。在这种神圣的地方举行一定的宗教仪式，将祭品敬献给所崇拜的神灵或祖先，或者通过具有灵性的灵物，达到与神沟通的目的，从而得到神灵的福佑与恩赐。这些祭祀场所，最初可能属于设在人们住房内的家庭祭祀场所，或者设在原始村落的"大房子"内的氏族公社公共祭祀场所，例如甘肃秦安大地湾仰韶文化晚期的多室大房子（F901）[3]，它有前堂、后室和两厢，还有许多大圆柱，人们称为原始殿堂，是部落或部落联盟举行包括祭祀在内的重大活动的中心场所。

到了新石器时代晚期，我国出现了专门举行宗教祭祀活动的中心场所，且多在野外。先民们精心构筑的这些中心祭祀场所，规模宏大，

① 孙华：《三星堆器物坑的年代及性质分析》，《文物》1993年第11期。

② 陈显丹：《三星堆一、二号坑几个问题的研究》，《四川文物》1989年《广汉三星堆遗址研究专辑》。

③ 甘肃省文物工作队：《甘肃秦安大地湾901号房址发掘简报》，《文物》1986年第2期。

设有祭坛和许多配套的礼仪性建筑物。辽宁喀左东山嘴发现的祭坛遗址①和凌源牛河梁发现的"女神庙"、积石冢和大型平台基址②，这些礼仪性建筑（可能是祭祀活动的重要场所，或为祭坛）构成了红山文化晚期的宗教祭祀圣地。

东山嘴祭坛遗址面对开阔的河川和大山山口梁，遗址北面有一方形基址，方形基址东西两侧有石墙基遗迹，方形基址内有三个椭圆形石堆，当是祭坛。其南有一圆形石祭坛，再往南便是三个相连的椭圆形石祭坛。整个祭祀建筑群呈南北轴向排列，东西对称。基址中发现龙形玉璜、鸮形绿松石饰件；祭坛周围有陶妇女塑像，还有人骨架和较多的猪骨以及少数鹿骨等③。牛河梁"女神庙"亦在山顶，由一个多室和一个单室两组建筑构成。"庙"中发现形同真人大小的陶妇女塑像群和陶塑禽兽像，以及陶祭器等。"庙"北有一大型平台，其边缘有"石墙"。这些陶妇女塑像是被祭祀的对象，人骨架、猪骨和鹿骨当是供品。两处遗址周围未发现聚落遗址。

在内蒙古大青山西段发现三处新石器时代晚期的祭坛遗址，均建在面对河川的山梁上。莎木佳祭坛遗址由三座圆形土堆，即三个祭坛组成，祭坛基部与腰部砌有石圈。三坛呈南北轴向排列，由北向南依次渐小。坛顶平铺石块，且埋有磨制石斧④。西沙塔祭祀遗址由18座圆锥形石堆组成，石堆当为祭坛，亦南北轴向排列，最南的祭坛最大，其余石坛规模相当。祭祀遗址东西南三面砌有石墙，东、西各一道，南面则是

① 郭大顺、张克举：《辽宁省喀左县东山嘴红山文化建筑群址发掘简报》，《文物》1984年第11期。

② 辽宁省文物考古研究所：《辽宁牛河梁红山文化"女神庙"与积石冢群发掘简报》，《文物》1986年第8期。

③ 郭大顺、张克举：《辽宁省喀左县东山嘴红山文化建筑群址发掘简报》，《文物》1984年第11期。

④ 包头市文物管理所：《内蒙古大青山西段新石器时代遗址》，《考古》1986年第6期。

三道墙①。黑麻板遗址亦有石砌的围墙。近北墙有一大型建筑台基，台基中心有一"回"字形石圈，即祭坛。祭坛中平铺一些石块。台基西有一方形石祭坛。台基内外发现磨制石斧5件、石杵1件②。以上三处祭祀遗址与东山嘴祭祀遗址有许多相似之处，但规模较小，附近发现有村落遗址。

以太湖地区为中心的良渚文化，据报道已发现了20多座人工堆筑的祭坛③，除寺墩遗址祭坛与墓地是分开的外，其余祭坛和墓地全是在一起的，这是良渚文化祭坛的一大特点。如瑶山祭坛，方形，边长约20米，面积约400平方米，由里外三重组成，最里为红土台，第二重是围沟填以灰色土，最外为黄褐色斑土筑成。台面散见砾石，西北有石堆。祭坛南部有墓葬11座④。

在甘肃永靖大何庄⑤和秦魏家⑥齐家文化遗址中，发现宗教礼仪性建筑共6处，均是利用大小相若的天然砾石砌成直径为4米左右的祭坛。祭坛内外有被砍头的怀胎母牛，完整的羊骨架以及牛羊的肢骨，还有钻灼的卜骨以及灰烬。在祭坛周围有墓葬区。可能这里曾为死者举行过祀典，当属于鬼神崇拜或祖先崇拜的遗迹。

上述考古发现表明，在新石器时代至铜石并用时代，出现了专门举行宗教祭祀的场所，成为宗教活动的中心；大多选址在山丘顶部，面对河川和山梁，修建自己的祭坛和其他礼仪性建筑。牛河梁"女神庙"

---

① 包头市文物管理所：《内蒙古大青山西段新石器时代遗址》，《考古》1986年第6期。

② 包头市文物管理所：《内蒙古大青山西段新石器时代遗址》，《考古》1986年第6期。

③ 王奇志等：《良渚文化考古获重要成果》，《中国文物报》1995年6月25日。

④ 浙江省文物考古研究所：《余杭瑶山良渚文化祭坛遗址发掘简报》，《文物》1988年第1期。

⑤ 中国科学院考古研究所甘肃工作队：《甘肃永靖大何庄遗址发掘报告》，《考古学报》1974年第2期。

⑥ 中国科学院考古研究所甘肃工作队：《甘肃永靖秦魏家齐家文化墓地》，《考古学报》1975年第2期。

等祭祀遗址和东山嘴祭祀遗址，周围都没有发现聚落遗址，反映出这些宗教礼仪性的建筑绝非为某一氏族或部落所有，而是由一个更大的文化共同体所拥有，正如苏秉琦先生所说的那样，"我国早在五千年前，已经产生了植基于公社，又凌驾于公社之上的高一级的社会组织形式"①。而内蒙古大青山西段有两处祭祀遗址附近有村落遗址，推之这些祭祀遗址是某个氏族或部落的祭祀中心场所。在这一时期已普遍砌建与使用祭坛，其数量较多，分布范围广，不仅在祭祀的中心场所出现，而且在墓葬区也有分布，反映出当时宗教形态相当复杂并且逐渐完善或有了初步的系统。另外，在山顶建坛祭祀，可能有通天之意。特别是良渚文化的祭坛呈方形，与传统的"地方"说有关，可能有祭天礼的功用。祭祀遗址多面对河川与山梁，反映出先民有自然崇拜的思想意识。而精心的选址和布置，修筑庞大的宗教祭祀性建筑，反映出宗教祭祀活动是当时各文化共同体的人们生活的重要组成部分，极受先民的重视。

进入青铜文化时期，由于奴隶制政权的建立与发展，祭祀活动直接为王朝统治者控制，直接为统治阶级服务，"国之大事，在祀与戎"。特别在商代，经常举行各类宗教祀典，祭祀对象包括天地山川日月风雨和祖先神鬼，而祭祀祖先是其重要内容。

从考古发掘的资料来看，商王朝许多较大的祭祀活动在宗庙或者在王陵区进行。如河南安阳小屯商代晚期宗庙（乙七）遗址②，其前面的空地上分布着两组祭祀坑。北组有车马坑5座，祭祀坑42座，其中18座埋有头颅被砍下的人骨架，共95人，每坑3～5人，余为全躯。另有羊坑和狗坑。中组有祭祀坑79座，分为12行，亦多埋砍头人架，每坑

---

① 苏秉琦：《辽西古文化古城古国——兼谈当前田野考古工作的重点或大课题》，《文物》1986年第8期。

② 北京大学历史系考古教研室商周组编著：《商周考古》，文物出版社，1979年，第47、76～77、116页，图五二。

2～13具不等。有的坑内埋羊和马①。有学者认为北组是按一定的军事组织和作战部署排列进行祭祀的②。

在殷墟王陵东区曾发掘出大面积祭祀坑，面积分布数万平方米。早在20世纪30年代发掘了一批祭祀坑③；1950年在武官村大墓偏南53米发掘出26座祭祀坑④；1976年在武官村北，前小营西发掘出191座祭祀坑（其中10座于1959年清理过）。这次发掘的祭祀坑集中而有序地排列。一般说来，同一排坑的间距、方向、坑口大小、坑深以及坑内骨架埋葬姿势和数目基本相同。有的一排类同，有的数排类同，故以此而分为22组，每组1～47坑不等。同一组坑为同一次祭祀的遗迹⑤。

1977年又在殷王陵东区钻探出祭祀坑120座，发掘了40座⑥。坑亦有规律，排列有序，分为十五组，时间上有早晚之别。每组坑也是一次祭祀活动的遗迹。

殷墟王陵区已发掘出如此众多的祭祀坑，并且还有许多已勘探但尚未发掘的祭祀坑，分布范围又如此之大，说明这里是一个殷王室祭祀其祖先的场所，有时祭祀一个祖先，有时祭祀几个祖先，不仅祭盘庚以后的各代先王，还要祭盘庚以前的历代先公先王。

另外，在我国商代的东夷之地发现一处祭祀遗址，即江苏铜山丘湾遗址⑦，遗址在一处依山傍水的台地上，祭祀场所中心直立4块自然

---

① 杨锡璋：《殷人尊东北方位》，《庆祝苏秉琦考古五十五年论文集》，文物出版社，1989年，第311页。

② 北京大学历史系考古教研室商周组编著：《商周考古》，文物出版社，1979年，第47、76～77、116页，图五二。

③ 胡厚宣：《中国奴隶社会的人殉和人祭》（上篇），《文物》1974年第7期。

④ 北京大学历史系考古教研室商周组编著：《商周考古》，文物出版社，1979年，第47、76～77、116页，图五二。

⑤ 安阳亦工亦农文物考古短训班、中国科学院考古研究所安阳发掘队：《安阳殷墟奴隶祭祀坑的发掘》，《考古》1977年第1期。

⑥ 中国社会科学院考古研究所安阳工作队：《安阳武官村北地商代祭祀坑的发掘》，《考古》1987年第12期。

⑦ 南京博物院：《江苏铜山丘湾古遗址的发掘》，《考古》1973年第2期。

石块，是为社主①。周围分布着用于祭祀的祭品：人骨架20具，人头骨2个，狗骨架12具，有的人骨架与狗骨架混杂。人骨架与狗骨架的头向都朝着中央大石。所埋牺牲因不在同一层位，故这里至少举行过两次祭祀活动。另外，社祀遗址周围的商代文化层中，还发现房基、窖穴以及各种生产工具和生活用具，说明这里有村落遗址，社祀遗址可能是这些村落的公共活动场所。

以上是殷商时期的情况，西周时期祭祀遗址尚未见到考古材料，春秋战国时期的祭祀遗址至今已发掘出秦人与晋国宗庙祭祀活动的场所。如陕西凤翔马家庄春秋时期秦人宗庙遗址，发现181座祭祀坑②，绝大部分分布在中庭，少数在西厢南侧的空地上，个别在朝寝及东厢内。其中有人坑、牛坑、羊坑、车马坑、空坑、人羊坑和牛羊坑，多数排列有规律，或两座一列，或三座一排。陕西凤翔是秦故都雍城所在地。

1984年至1986年，在山西侯马呈王路古城发掘的晋国新田绛都早期的宗庙遗址（公元前550—前480年），发现130座祭祀坑，已发掘62座，有马坑、牛坑、羊坑、狗坑与空坑，多数左右成排，或前后成行；每排中两坑为一组，一组坑内牺牲种类相同③。另外，早在20世纪60年代前期，还在侯马牛村古城发掘了又一晋国祭祀建筑遗址，即新田绛都牛村古城晚期的宗庙建筑遗址（公元前450—前420年左右）④。在宗庙前与东西垣墙之间空地上（中庭），发掘出59座祭祀坑，多为长方形，少数椭圆形，有人坑、马坑和猪坑、羊坑、空坑，两坑为一组。再则，在新田古城遗址还多次发现祭祀遗存。在煤灰厂、省建一公司加工厂、

① 俞伟超：《铜山丘湾商代社祀遗址的推定》，《考古》1973年第5期。

② 陕西省雍城考古队：《凤翔马家庄一号建筑群遗址发掘简报》，《文物》1985年第2期。

③ 山西省考古研究所侯马工作站：《侯马呈王路建筑群遗址发掘简报》，《考古》1987年第12期。

④ 山西省考古研究所侯马工作站：《山西侯马牛村古城晋国祭祀建筑遗址》，《考古》1988年第10期。

北西庄和1972年发现的"排葬墓地"，加上侯马盟誓遗址等，其时代都相当或相近，以呈王路新田绛都早期宗庙遗址为中心，半径约1000米，组成了一个规模宏大的祭祀场所①。

以上考古资料表明，自殷商至春秋战国时期，商王朝与诸侯国都城的宗庙是举行重大祭祀活动的神圣场所。无论是在宗庙或者以宗庙为中心的祭祀场所，还是在王陵区举行祭祀，都普遍大量地使用挖掘土坑掩埋人牲或动物牲以祭祖祀神。这些土坑绝大多数为长方形竖穴，极少数为圆形。土坑的功用类似于祭祀用的某种容器，埋入供品敬献给诸神与先祖等。由于土坑直接用于祭祀，故称为祭祀坑。这些祭祀坑排列规整，分为若干组，每组坑是一次祭祀的遗迹。可见，这些祭祀场所是长期使用，比较固定，并精心安排策划的。

到了秦汉时期，祭祀场所亦是固定的和专门的。如山东胶东半岛北端的成山祀日遗址，面积约2万平方米，由土筑的祭坛、庙西建筑基址和烧沟遗迹组成②。祭坛上埋有两组玉器祭品。长达6.2米的烧沟，深4米，沟壁与沟底有烧结层，下部有厚约0.3米的灰烬和烧土堆积。庙西建筑基址附近有排水管道，周围堆积大量秦汉时期的砖瓦残片。《史记·封禅书》云："……始皇遂东游海上，行礼祠名山大川及八神。"八神第七，"曰日主，祠成山。成山斗入海，最居齐东北隅，以迎日出云"。据王永波推论，一组玉器是秦始皇奉祀日主的遗物，另一组玉器是汉武帝所埋，庙西建筑基址是汉宣帝所设的常祠。烧沟遗迹是常规祭祀遗迹③。由此而知，这处规模宏大的祀日主的祭祀场所，使用时间较长，并且是祀日的固定场所。

---

① 山西省考古研究所侯马工作站：《侯马呈王路建筑群遗址发掘简报》，《考古》1987年第12期。

② 王永波：《成山玉器与日主祭——兼论太阳神崇拜的有关问题》，《文物》1993年第1期。

③ 王永波：《成山玉器与日主祭——兼论太阳神崇拜的有关问题》，《文物》1993年第1期。

回过头来看一看三星堆遗址，总面积达12平方公里，发现了古蜀王国的都城，城内面积约3.6平方公里。都城的确定和两个器物坑出土大批精美的遗物，完全证明了古蜀王国已进入了文明时代。两个器物坑所出土的遗物，反映出古蜀王国祭祀内容极丰富而又复杂，与殷商王朝相比也是不逊色的。这些遗物许多应陈藏在宗庙或神庙内，但是，作为古蜀王国的都城，在所谓的"祭祀坑"周围与附近区域，没有发现宗庙、神庙或祭坛一类礼仪性建筑，也未发现与祭祀活动有关的其他场所，仅发现独立的两个器物坑，相距约30米。如在这两个土坑中举行古蜀王国恢宏的"综合性祭祀活动"，实在难以使人信服。祭祀本是国之大事，极受重视，都要修建与之有关的礼仪性建筑以供举行祀典活动，由于受到商文化影响，古蜀王国亦当不例外吧！

有人曾说三星堆遗址中的三座土堆是蜀人祭社的"冢土"，它们与两个"祭祀坑"属于一个整体，是蜀人在此举行各种祭祀的场所①。根据对三座土堆的田野调查，"三座土堆是各长数十米至百米，宽20至30米，高约5至8米，连接成一线的土堆"②。从三座土堆的长宽比例看，不像"冢土"，三座土堆连成一线，更类似一条长土埂，与城墙体亦有相似之处。未见土堆上有任何建筑遗迹的报道，也未见其上有玉石器与铜器及残块的报道。土堆的时代与两个器物坑的时代，二者的关系都不明确，仅猜测土堆是"冢土"，可见其立论的证据不足。土堆的功用究竟是什么？尚待考古发掘来证实。也不排除这种可能：三座土堆原来相连，后经几千年的风雨与人为的毁损，形成今日所见分离的土堆了。

我们认为：古蜀王国恢宏的祭祀典仪，应有与之相适应的庙坛一类的礼仪性建筑或其他大型祭祀场所，作为其经常举行宗教祀典的固定的神圣之地。如前所述，在新石器时代晚期都能出现与氏族、部落与部

---

① 陈显丹：《三星堆一、二号坑几个问题的研究》，《四川文物》1989年《广汉三星堆遗址研究专辑》。

② 四川省文物管理委员会、四川省文物考古研究所、四川省广汉市文化局：《广汉三星堆遗址一号祭祀坑发掘简报》，《文物》1987年第10期。

落联盟或更大的文化共同体相适应的公共祭祀场所或宗教中心；进入阶级社会后，中原殷商王朝以及春秋战国时期的诸侯国的都城，也都有宗庙类的礼仪性建筑。甲骨卜辞中有"坛"的记载①，还有其他祭祀场所；而古蜀王国的都城一定也会有与之相适应的庙坛类礼仪性建筑或神庙，或者其他大型祭祀场所，绝不只是已发现的两个器物坑。

在成都平原已发现一处古蜀王国用于宗教祀典的神圣场所，那就是羊子山祭坛②。其始建于商代晚期③，是一座三级四方无屋榭的土台，台高有十余米，底边103.7米见方，一、二级各宽18米，第三级31.6米见方，总体积为35574立方米，规模巨大。这是一座与古蜀文明相适应的祭坛，是一个宗教祭祀中心，有着祭天礼地等功用。所以，我们坚信三星堆古城范围应有庙坛类以及其他祭祀的场所。

祭祖祀神都要贡奉供品，从考古发掘证明，自新石器时代（或更早）已普遍用牲作供品。东山嘴遗址出土大量猪骨以及鹿骨，还有一具人骨架④，可能是迄今为止发现最早的人牲了。齐家文化祭坛发现牛、羊或全躯或被砍杀后用作供品⑤。殷墟宗庙前祭祀坑中掩埋大量人牲及羊、狗牲⑥，王陵区掩埋人牲与马、羊、猪、狗、牛等，后冈圆形祭祀坑中73具人牲都是用作敬奉祖先神灵的供品。凤翔秦人宗庙和侯马晋国新田绛都两处古城宗庙祭祀坑，除用牛、羊、猪、狗、马与少数人牲

---

① 陈梦家：《殷墟卜辞综述》，科学出版社，1956年，第472页，如"且丁且"等"旦"，"疑假作坛"，可从。

② 四川省文物管理委员会：《成都羊子山土台遗址清理报告》，《考古学报》1957年第4期。

③ 林向：《羊子山建筑遗址新考》，《四川文物》1988年第5期。

④ 郭大顺、张克举：《辽宁省喀左县东山嘴红山文化建筑群址发掘简报》，《文物》1984年第11期。

⑤ 中国科学院考古研究所甘肃工作队：《甘肃永靖大何庄遗址发掘报告》，《考古学报》1974年第2期。

⑥ 杨锡璋：《殷人尊东北方位》，《庆祝苏秉琦考古五十五年论文集》，文物出版社，1989年，第311页。

外，还发现一批空坑，是古人肉祭与血祭的遗迹①。祭祀用牲可分为人牲与动物牲。动物牲自史前时期起便普遍使用；人牲以殷商时代使用最多，春秋战国时期渐少。

古人祭祀除了用牲外，还使用玉石器以作祭品（供物），以通神灵。甲骨卜辞载：

　　　　⊕玉于且丁、父乙。（《粹》192）

　　　　其具用三玉、犬、羊。（《失》783）

　　　　刚于大甲帥玨。（《佚》704）

另外，东山嘴遗址出土的龙形玉璜②、莎木佳祭坛掩埋的磨制石斧③、黑麻板祭坛发现的磨制石斧与石杵④，都与祭祀活动有关。另有山西侯马北西庄五座祭祀坑中，除用牲外还用玉璜、玉璧等祭品⑤。成山祀日祭坛上掩埋的两组玉器，一组4件，有璧1件、圭2件、璜1件，璧居中，圭在两侧，璜在上。另一组玉器3件，璧1件、圭2件，且璧居中，圭在两侧⑥。玉的掩埋反映出摆放有一定的规定。古人祭祀用玉，古籍中亦较多记载，以《山海经》记载最详。《五藏山经》把我国的大

---

①　陕西省雍城考古队：《凤翔马家庄一号建筑群遗址发掘简报》，《文物》1985年第
　　2期；山西省考古研究所侯马工作站：《侯马呈王路建筑群遗址发掘简报》，《考
　　古》1987年第12期；山西省考古研究所侯马工作站：《山西侯马村古城晋国祭祀建
　　筑遗址》，《考古》1988年第10期。

②　郭大顺、张克举：《辽宁省喀左县东山嘴红山文化建筑群址发掘简报》，《文物》
　　1984年第11期。

③　包头市文物管理所：《内蒙古大青山西段新石器时代遗址》，《考古》1986年第
　　6期。

④　包头市文物管理所：《内蒙古大青山西段新石器时代遗址》，《考古》1986年第
　　6期。

⑤　山西省文物管理委员会侯马工作站：《侯马北西庄东周遗址的清理》，《文物》
　　1959年第6期。

⑥　王永波：《成山玉器与日主祭——兼论太阳神崇拜的有关问题》，《文物》1993年
　　第1期。

山划分为二十六区，其中除四区未用玉石器，一区因文漏未记外，余二十一区用玉、吉玉、璋玉、藻玉、珪、藻珪、璧、瑜等玉石祭品，以祭该区神灵，几乎每次祭祀都用玉石器。综上所述，古代先民用于祭祀的供品，除用牲外，还用玉石器（还有用粮食作物与酒等，限于篇幅，此不赘述）。

三星堆两个器物坑中也出土了大批祭祀用的玉石祭品，如璋、琮、环、瑗、璧等。其中一件石璋两面阴刻有祭祀活动的内容①，一件小铜人双手合抱于胸前，手中执一璋，已说明璋的性质——礼神之器。但是，是否坑中掩埋有礼神之器，就是祭祀坑呢？显然不是的。有人已经指出："礼器的功用与埋它们的土坑的性质之间是没有必然联系的。如果说礼器出现在土坑中就必然是'祭祀坑'，那么是否所有出礼器的窖藏都只能是祭祀坑呢？"②我们认为，专门用于埋放祭品（包括玉石祭品）以祀神祭祖等为目的的土坑才是祭祀坑，而应其他的需要或原因在土坑中掩埋礼器，肯定不能确定为祭祀坑，因为二者挖掘土坑和掩埋礼器的用意和目的是完全不同的，譬如使用人牲是作为供品供献给祖先神灵，使用人殉葬则是为了死者死后继续保持生前骄奢淫逸的享乐生活。

另外，两个器物坑还出土数百件青铜器和数十件金器。青铜器中有盛贮酒浆的尊与罍等祭器（亦为礼器），还有神树、大型立人像、小人像、人头像、人面像、跪坐人像、兽面具、爬龙柱形器、虎形器、鸟形饰、夔龙形器和蛇形器等。金器有金杖、金面罩、金虎形饰等。以上这些器物有着不同的性质与功用，学者们经过探索与研究，认为青铜神树是社树，即文献记载的"桑林"③，或是沟通天地的"若木""建

---

① 四川省文物管理委员会、四川省文物考古研究所、广汉市文化局、广汉市文物管理所：《广汉三星堆遗址二号祭祀坑发掘简报》，《文物》1989年第5期。

② 徐朝龙：《三星堆"祭祀坑说"唱异——兼谈鱼凫和杜宇之关系》，《四川文物》1992年第5期。

③ 陈显丹：《广汉三星堆一、二号坑两个问题的探讨》，《文物》1989年第5期。

木"①；大型青铜立人像是"群巫之长"，或为一代蜀王的形象②，或即社神——蜀王杜宇的形象③；青铜人头像是蜀国众多首领和巫师的形象④；青铜人面像和眼形饰是蜀国先民崇拜的祖先神⑤；青铜兽面具可能代表各类自然神灵⑥；青铜"轮形器"可能是祖神的标志⑦；金杖则是蜀王的权杖，是古蜀王国政权的最高象征物⑧。以上论点有的是正确的，有的尚可斟酌。但是有一点可以肯定，这些青铜器不是敬奉给诸神祇的供品，因为其中有的是被祭祀的对象或神祇，有的是通天达地的神器，有的是王权的标志。这些被祭祀的对象、神器和王权标志等物许多被砸破打碎或火烧，反映出它已遭亵渎，与尊、罍等祭器和璋、琮、璧等祭品掩埋于土坑中，表明不会是正常的祭祀活动，而是非正常性的埋藏结果。这些青铜器多是古蜀王国宗庙或神庙中的重器，若没有突发的非常事件或其他原因是不会打碎掩埋的。国之重器如《周礼·春官·天府》所云："凡国之玉镇、大宝器藏焉；若有大祭、大丧，则出而陈之。既事，藏之。"用后收藏起来，并设官派员专门受理与保护。

再则，为举行一两次祭祀活动，专门就地铸造数百件青铜器，加上金器与玉石器等，共计器物近千件，将其毁坏再埋入坑中，也是难以

① 林向：《蜀酒探原——巴蜀的"萨满式文化"研究之一》，《南方民族考古》第一辑，四川大学出版社，1987年。
② 沈仲常：《三星堆二号祭祀坑青铜立人像初记》，《文物》1987年第10期。
③ 王家祐、李复华：《关于三星堆文化的两个问题》，《三星堆与巴蜀文化》，巴蜀书社，1993年，第30页。
④ 赵殿增：《三星堆祭祀坑文物研究》，《三星堆与巴蜀文化》，巴蜀书社，1993年，第83~84页。
⑤ 赵殿增：《三星堆祭祀坑文物研究》，《三星堆与巴蜀文化》，巴蜀书社，1993年，第83~84页。
⑥ 陈德安：《三星堆祭祀坑出土青铜面具研究》，《四川文物》1992年《三星堆古蜀文化研究专辑》。
⑦ 胡昌钰、蔡革：《鱼凫考——也谈三星堆遗址》，《四川文物》1992年《三星堆古蜀文化研究专辑》。
⑧ 屈小强、李殿元、段渝主编：《三星堆文化》，四川人民出版社，1993年，第80~81页。

使人信服的。我们说过，古蜀王国的祭祀内容是极其丰富的，祭祀活动也较频繁。在那样的情况下，如果举行一次祭祀就要耗费掉近千件器物，其国力是否能够承受得了？这是必须考虑的问题。这里我们举殷商王朝的例子来谈一谈。根据陈梦家先生的研究，商人就宗庙祭祖一项，几乎无旬不祭。商人以其祖先死日的天干为庙号，祭日与其忌日的天干相对应。依照羽、彡、劦来编排轮祭的祀统，进行祭祀。殷末，按祀统轮祭一周要十二旬，要祭先王三十四次，祭先妣二十二次，一年可能轮祭三周，共祭先王先妣一百六十八人次[1]，几乎两天就要祭祖一次。此外，商人还有其他许多祭祀活动，涉及面极广。祭祀几乎全用牲，每次祭祀少者一牲，多者达数百牲，其消耗掉的牲数相当惊人，但从未见到一次祭祀要掩埋掉数百件青铜器以及金器与玉石器的例子。而古蜀王国要一次性耗费数目惊人的国家重器，一年中祭祀要耗费多少？古蜀王国持续近千年（自三星堆文化二期至四期），又要耗费多少青铜器呢？可是，在三星堆遗址内外，先后发掘十余次，除发现两个器物坑外，尚未见到同类器物坑，这又说明了什么呢？

另外，商代至春秋战国时期祭祀多用牲，其中的动物牲可能多为饲养的牲畜，而人牲则主要是奴隶。商代的人牲以战俘最多，还有债奴和罪奴。那以后，人的使用价值逐渐被看重，许多战俘就不再用于祭祀，而转变为生产奴隶了。

在《五藏山经》中记载的各山区的祭祀，使用的祭品一般并不丰厚。如《南山经》祭其区十山，"毛用一璋玉瘗，糈用稌米，一璧……"《南次二经》祭其区十七山，"毛用一璧瘗，糈用稌"。《西次三经》对该区二十三山的祭祀，"用一吉玉瘗"。《北次二经》祭其区十七山"毛用一雄鸡彘瘗，用一璧一珪……"等。祭品一般用鸡、狗、羊、彘和一玉一珪一璧，有的加一两件玉器而已。当然也有祭祀隆重的，如被称为"冢""神""魁""帝"的名山，多用太牢或少牢，

---

① 陈梦家：《殷墟卜辞综述》，科学出版社，1956年，第385～386页。

玉器类供品也较多。如《西山经》："华山，冢也，其祠之礼：太牢。羭山，神也，祠之用烛，斋百日以百牺，瘗有百瑜。汤其酒百樽，婴以百珪百璧。"又《中次五经》："升山，冢也，其祠礼，太牢，婴用吉玉。首山，魁也，其祠用稌、黑牺，太牢之具，蘗酿，干儛、置鼓，婴用一璧。"《中次九经》："文山、勾㮉、风雨、騩之山，是皆冢也。其祠之羞酒，少牢具，婴毛一吉玉。"《中次十经》："堵山，冢也，其祠之：少牢具，羞酒祠，婴毛一璧瘗。騩山，帝也，其祠：羞酒，太牢具，合巫祝二人儛，婴一璧。"被称为"冢"的山还有"历儿""骄山""夫夫之山""即公之山""尧山""阳帝之山""玉山"，皆用太牢或少牢之祠。称为"神"的"洞庭""荣余山"，"其祠：皆肆瘗，祈酒太牢祠，婴用圭璧十五，五采惠之"（《中次十二经》）。

上述考古资料和文献资料中，无一处祭祀典仪像三星堆"祭祀坑"那样，一次掩埋近千件珍贵的青铜器、玉石器和金器等，难以找到如此"隆重的综合性祭祀"。

以上我们主要从祭祀的场所与祭祀所奉献给神灵的供品祭品等方面提出问题与分析，对三星堆"祭祀坑说"提出了自己的看法，意见是否定的。当然，前几年已有学人提出了这方面的问题，本文可算是补充。需要重申的是，否定两个器物坑是"祭祀坑"，并不是否定坑中出土大批与祭祀有关的器物的性质，二者应严格区别开来。前面已述，坑中的神树和各类神祇与神灵，原应藏于古蜀王国的宗庙或神庙内，举行祭祀时才使用。那么，两个器物坑既然不是"祭祀坑"，其性质是什么呢？要回答这个问题，有待两个器物坑的全部资料公布后，认真而全面地研究与分析，最后推导出比较合理的结论。

原载《四川考古论文集》，文物出版社，1996年

三星堆方国的巫

——青铜立人像与跪坐人像研究

　　《三星堆祭祀坑》（以下简称《祭祀坑》）的作者将两个器物坑出土的器物，依其功能分为六类，即神像与神灵、巫祝、祭器、礼器、仪仗、祭品[1]。这些器物均与宗教祭祀有关，神像与神灵是接受祭祀的祖先的形象，巫祝是主持祭祀的神职人员，而祭器、礼器、祭品都是祭祀过程中使用的物品或供品，仪仗是祭祀过程中的一种仪式。这些与祭祀有关的东西，种类众多，内涵丰富，气势恢宏，神奇诡谲，从侧面反映出三星堆方国综合国力的强大程度，同时反映出与之相适应的宗教礼仪制度已经相当成熟，形成了三星堆方国自身独特的祭祀文化。

一、三星堆文化的巫祝

　　在三星堆方国祭祀活动中担任着重要角色的巫祝等神职人员，主持着三星堆方国宗教祭祀活动的全过程，是三星堆方国祭祀文化的传播者。《祭祀坑》作者划定的巫祝人员，主要指青铜跪坐人像和青铜立人像[2]。检索两坑出土器物，一号坑出土跪坐人像1件（K1:293）；二

---

[1]　四川省文物考古研究所编：《三星堆祭祀坑》，文物出版社，1999年，第442页。

[2]　四川省文物考古研究所编：《三星堆祭祀坑》，文物出版社，1999年，第443页。

号坑出土3件，有正跪与侧跪二型（K2③:5；K2③:7；K2③:04）①。这类跪坐人像身着长袖衣，耳垂穿孔，腰系带，双手抚膝或置于腹前。手掌姿势相同，也有微殊：一号坑出土者头发后梳又向前卷，衣领右衽，双手各带二镯；二号坑出土者头戴頍，衣为对襟。另外还有一些跪坐人像，如持璋小人像（K2②:143），上身赤裸，下身着裙，腰系带，跣足跪坐，双手持握璋，作献祭之状②，他们都是祭祀的祈祷者③。另外，2号铜树（K2②:194）座上的3个跪坐人像，头部造型与二号坑出土的跪坐人像相同，头戴頍，脸戴面具，身着对襟半袖长衣，上饰勾云纹，腰系带，左手略下，呈握拳状④，原应持有物品，作献祭状。喇叭座顶尊跪坐人像（K2③:48），头顶尊，双手上举扶尊，上身赤裸，下身着裙，腰系带，跣足跪坐于神山上，作祭拜之状⑤。还有，青铜神坛（K2③:296）上层的四兽面组成的山形座上的跪坐人像，头戴帽，身着裙，腰系带，双臂平抬，双手呈环作执握状⑥。神殿（K2③:143-1）方台上仅存半身的跪坐人像⑦，玉璋（K2③:201-4）上的跪坐人像⑧都应归于巫祝。侧跪和顶尊跪坐人像和二号铜树座上的3个跪坐人像其面部与二号坑出土的铜人面具造型相类似，方面、宽颐、粗横眉、立眼、蒜头鼻、阔嘴、长耳，耳垂有孔，有的眉、眼眶、眼球、鬓角涂有黑彩⑨，疑其戴有假面。假面从额到下颌，左右延至腮后，附于颈项上。这些跪坐人或双手握璋，或握他物，或抚膝，或置于腹前，作祭献之状。从其造型本身来看，已向人们明示了他们的身份。

---

① 四川省文物考古研究所编：《三星堆祭祀坑》，文物出版社，1999年，第169页。
② 四川省文物考古研究所编：《三星堆祭祀坑》，文物出版社，1999年，第232~235页。
③ 四川省文物考古研究所编：《三星堆祭祀坑》，文物出版社，1999年，第444页。
④ 四川省文物考古研究所编：《三星堆祭祀坑》，文物出版社，1999年，第219页。
⑤ 四川省文物考古研究所编：《三星堆祭祀坑》，文物出版社，1999年，第169页。
⑥ 四川省文物考古研究所编：《三星堆祭祀坑》，文物出版社，1999年，第231页。
⑦ 四川省文物考古研究所编：《三星堆祭祀坑》，文物出版社，1999年，第232页。
⑧ 四川省文物考古研究所编：《三星堆祭祀坑》，文物出版社，1999年，第358页。
⑨ 四川省文物考古研究所编：《三星堆祭祀坑》，文物出版社，1999年，第169页。

《祭祀坑》作者认为："二号坑的两种立人像的手势和造型基本相同，都呈抱拳状。二号坑神坛（K2③:296）上的小立人像，手握弯曲的藤状物作献祭姿势。这类立人的身份应是居于宗庙殿堂中央经常性地向神灵献祭的大祭司之类，为祭祀中的主祭者形象。"①二号坑出土的大型铜立人像，通高260.8厘米。高大的立人像头戴冠，身着三层衣服，肩斜披一"绶带"，脚踝戴镯，跣足站立于基座之上。基座下部为素面，中部由4个龙头相连组成，上部为四周饰日晕纹的方形台面②，有学者认为基座是一座神山或神坛③。大型立人像双手颇为夸张，左手曲置于胸前，右手上举，手中原执有物，有学者认为手中握着"玉琮"。玉琮是祭祀天地的礼器，大型立人像是主持祭祀的巫师，是蜀人的群巫之长，也可能是某一代蜀王的形象④。二号坑出土1件小型立人像（K2③:292-2），头残，身着内外两层衣，跣足立于方座上，方座四面各有两个乳钉纹组成的山形纹饰。立人双手相握，手中原应握物，《祭祀坑》作者推测其握有"牙璋类物品"⑤。除以上立人像外，兽首冠人像（K2③:264）的造型和手姿与大型立人像相似，两臂平抬，左手略下，手中执握玉琮。身着对襟衣，腰系带，衣饰云雷纹及夔龙纹。因其下身残断，不知其是否站立于神座之上⑥。另外，玉边璋上"山祭"图中亦有立人像，头载冠，身着无袖衣衫，双手揖于腹前⑦，这种手势当是一种献祭之状。神坛（K2③:296-1）上有一立人像，头部无存，身着对襟短袖衫，腰系带，结衽于前，衽中插觿⑧，双臂向前平抬，手掌

---

① 四川省文物考古研究所编：《三星堆祭祀坑》，文物出版社，1999年，第444页。

② 四川省文物考古研究所编：《三星堆祭祀坑》，文物出版社，1999年，第162～164页。

③ 樊一：《三星堆寻梦：古城古国古蜀文化探秘》，四川民族出版社，1998年，第111页。

④ 沈仲常：《三星堆二号祭祀坑青铜立人像初记》，《文物》1987年第10期。

⑤ 四川省文物考古研究所编：《三星堆祭祀坑》，文物出版社，1999年、第164页。

⑥ 四川省文物考古研究所编：《三星堆祭祀坑》，文物出版社，1999年，第164～169页。

⑦ 四川省文物考古研究所编：《三星堆祭祀坑》，文物出版社，1999年、第358页。

⑧ 四川省文物考古研究所编：《三星堆祭祀坑》，文物出版社，1999年，第232页。

呈握拳状，掌心向下，估计原亦握有物品。《祭祀坑》作者定为武士，不确。其衣衫前后饰几何云雷纹，与小型立人像、兽首冠人像衣上所饰几何云雷纹相似[1]。以上所举立人像，多数立于神座之上，有的本身就在神坛上，或双臂平抬，手呈抱握状，手中执握之物，或为玉琮，或为玉璋，等等，均作献祭状。玉边璋图案中的立人像双手揖于腹前，与跪坐人像的手姿相近，亦是献祭姿势之一。立人像衣衫上纹饰较复杂，除大型立人像外，一般云雷纹较常见。再从大型立人像、兽首冠人像和神坛中层的立人像面部造型观之，亦似戴有假面。把他们归入巫祝类，具体归于祭司类，是可从的，无甚大错。

两个器物坑所出土的跪坐人像和立人像，代表着三星堆方国众多的巫祝形象，他们的主要职责，是主持或参与三星堆方国诡秘的宗教祭祀礼仪和经常性地向神灵献祭。中国古代典籍中有关巫祝的记载，有的与三星堆方国的巫祝极相似。

众所周知，中国的巫字，最早见于甲骨文，其后从西周以至秦汉，有关巫的记载史不绝书。巫，甲骨文常作"士"，像两玉交错的形状。《说文解字》巫部："巫，祝也。女能事无形，以舞降神者也。象人两褒舞形。""事无形"就是事神，这是巫的主要职责职能。另外，《说文解字》玉部："灵，巫也，以玉事神。"说明巫以玉为事神的主要灵物和法具之一。在甲骨文中，有关用玉祭祀的记录较多，此略举数列如次：

　　　　其鼎用三玉犬羊。（《合集》30947）
　　　　王占曰：祀珏。（《合集》5611反）
　　　　丁卯贞王其再玉，燎三宰卯……宰。（《合集》32420）
　　　　甲申卜，争，贞燎于王亥其玉。
　　　　甲申卜，争，贞勿玉。（《合集》14735正）

---

① 四川省文物考古研究所编：《三星堆祭祀坑》，文物出版社，1999年，第164～169页。

丙子卜，宾，贞伎珏酒河。（《合集》24951）

癸巳，贞其燎玉山，雨。（《合集》33233正）

这些卜辞，其中有用玉祭山，以求雨顺。又有祭祀先公先王方面的内容。有的举玉而祭，同时置牲于柴上，燎祭也，等等。三星堆两个器物坑出土玉器较多，其中玉璋57件[1]。另外还出土有玉瑗、玉环、玉琮以及石璧。有的玉石器装在铜器中。如一号坑的龙虎尊内装有玉石残器[2]；二号坑的铜尊（K2②:146）内装有玉璧[3]、玉环[4]，铜罍（K2②:88）内装有数十件玉凿（？）[5]和数百颗玉珠[6]，铜尊（K2②:79）内装有象牙珠70颗[7]，铜罍（K2②:103）内装有象牙珠46颗[8]。尊与罍都是祭祀重器，可以盛酒醴以享祖先鬼神。上述数列便是其证。又如持璋跪坐人像，所执的璋与同坑出土的C形玉璋相同[9]。另外，玉边璋上的祭山图中，有一组图案：山上有云气纹和"⊙"形符号，两山外侧各插一牙璋，形制与同坑出土的C形玉璋亦相同[10]。大型立人像、兽首冠人像手中握着玉琮，琮的内圆外方代表着天和地，中间圆穿孔是插天地柱的，巫师通过天地柱在动物的协助下沟通天地[11]。由上述可知，三星堆出土的实物所示与文献所载的"以玉事神"是相吻合的，以玉事神是巫的又一重要职能，玉也可作巫师事神的法器和灵物。

---

① 四川省文物考古研究所编：《三星堆祭祀坑》，文物出版社，1999年，第455页，附表五；第485页，附表二六。

② 四川省文物考古研究所编：《三星堆祭祀坑》，文物出版社，1999年，第33页。

③ 四川省文物考古研究所编：《三星堆祭祀坑》，文物出版社，1999年，第367页。

④ 四川省文物考古研究所编：《三星堆祭祀坑》，文物出版社，1999年，第368页。

⑤ 四川省文物考古研究所编：《三星堆祭祀坑》，文物出版社，1999年，第385页。

⑥ 四川省文物考古研究所编：《三星堆祭祀坑》，文物出版社，1999年，第405页。

⑦ 四川省文物考古研究所编：《三星堆祭祀坑》，文物出版社，1999年，第417页。

⑧ 四川省文物考古研究所编：《三星堆祭祀坑》，文物出版社，1999年，第417页。

⑨ 四川省文物考古研究所编：《三星堆祭祀坑》，文物出版社，1999年，第445页。

⑩ 四川省文物考古研究所编：《三星堆祭祀坑》，文物出版社，1999年，第445页。

⑪ 张光直：《考古学专题六讲》，文物出版社，1986年，第10页。

另外，巫以玉事神在广大南方地区也较流行，并且流行的时间较长。在楚辞中，楚人称巫为灵，如《九歌》中出现的"灵"字，王逸在其注解中说"灵谓巫也"。直到汉代，楚地称灵为巫之习俗一脉相承，《汉书·礼乐志》记载的《郊祀歌》，描写迎灵的仪式便是迎巫之仪式，还保持着楚地古风。

另外，陈梦家还认为巫字本是舞字，"既同出一形，故古音亦相同，义亦相合，金文舞無一字，说文舞無巫三字分隶三部，其于卜辞则一也"[1]，故巫与舞有密切的关联。《尚书·伊训》："敢有恒舞于宫，酣歌于室，时谓巫风。"疏云："巫以歌舞事神，故歌舞为巫觋之风俗也。"郑玄《诗谱》："古代之巫，实以歌舞为职。"杨向奎先生说："舞的确是巫的专长，在甲骨文中無（舞）本来就是巫，也是一种舞蹈姿态……"[2]由此而知巫还"以舞蹈示神"，巫与舞很早就连在一起了，这是巫的一又职能。三星堆两个器物坑出土的玉戈和铜戈型器均非实用兵器，很可能是三星堆方国的巫在宗教仪式过程中进行表演活动所用的舞具，即用以祭神的舞器。

《说文解字》示部："祝，祭主赞词者，从示，从人、口。"巫祝在先秦古籍中常常连用，《左传·定公四年》"君以军行，祓社衅鼓，祝奉以从，于是乎出境"。祓、衅是祭祀中的巫术成分，"祝奉以从"，表明巫祝相通。又《礼记·檀弓》："君临臣丧，以巫祝桃茢执戈，恶之也，所以异于生也。"这里巫祝连用，是祝行巫事之证明也。故《说文》云"巫，祝也"，以祝释巫，巫祝互训，其义同一。郭沫若先生认为甲骨文的"祝"字像跪坐而有所祷告之形。《祭祀坑》的作者认为"二号坑出土侧跪和正跪人像头上戴面具，形象颇似甲骨文字的'兄'（祝）字"[3]。《礼记·曾子问》"祝迎四庙之主"，郑玄注："祝，接神者也。"殷周时期的"祝"是司职祭礼并向鬼神祈祷的神职

①　陈梦家：《商代的神话与巫术》，《燕京学报》第二十期，1936年。
②　杨尚奎：《中国古代社会与古代思想研究》，上海人民出版社，1962年，第163页。
③　四川省文物考古研究所编：《三星堆祭祀坑》，文物出版社，1999年，第443页。

人员，三星堆方国的巫祝与以上记载极其吻合，巫祝同一，不能分职。所以，我们认为三星堆方国的巫祝是担任祭祀仪式的神职人员，经常在神殿宗庙内主持献祭与祷告，他们或跪坐与站立在神坛上，或头顶着铜尊向神灵祭拜，或在山坳插上玉璋以祭祀山神和山上居住的神灵，或手握玉璋向神灵献祭，或手握玉琮以通天地，等等。他们献祭的对象是各种神灵，是以神灵观念为基础，所以他们是祭祀文化体系中的巫祝。

二、人类学家对巫与巫术的认识和界定

在中国有许多学者从不同的角度对巫及巫术进行了有益的探讨与系统的研究。早在20世纪三四十年代，李安宅先生从社会学的角度、瞿兑之先生从历史文献学的角度、陈梦家先生从甲骨文考证入手结合古文献均做了详细的研究；到了20世纪末，宋兆麟先生从民族学的角度、张光直先生从人类学的角度进行了研究，张紫晨先生从人类学、历史学、考古学、宗教学、民族学等多学科多角度开展研究。这些研究对我国的巫和巫术做了横向的比较与纵向的考察，对后来的研究提供了许多有益的借鉴和帮助。但是，过去的研究对巫的含义界定不一，特别是随着时间的推移，巫的含义发生着变化，石器时代与夏商时期、西周时期、春秋战国时期、秦汉以后直到明清及近代，巫的含义都有区别。所以，对巫的含义必须有一个明确的界定，否则，将失去科学研究讨论的前提。

我们研究巫，必须与巫术联系起来，这是因为巫是巫术的表演者和执行者，也是巫术的传承者，换言之，巫术的进行，主要是靠巫来体现的，二者密不可分。另外，国外许多人类学大师对巫术都有系统长篇的论证，对巫术论及较多，对巫术执行者与施行者——巫论述不多。所以，对人类学上巫的了解，便从对巫术的了解开始。

我们对巫术的了解，多从原始文化研究的奠基人爱德华·泰勒《原始文化》开始，系统地了解是阅读了以研究巫术著称于世的詹姆斯·乔治·弗雷泽的《金枝》和人类学功能派大师毕·马林诺夫斯基的

《巫术科学与宗教》等著作。他们把巫术作为世界性的文化现象来考察，并且以广泛的调查为基础，提出了许多重要的理论与见解，奠定了巫术理论的基石，是学术界公认的重要研究成果。让我们以这些公认的重要研究成果作为基础，进行我们下面的讨论。

泰勒说："巫术是建立在联想之上而以人类的智慧为基础的一种能力，但是在相当大的程度上，同样也是以人类的愚蠢为基础的一种能力。"[1]他首先把巫术的思维属性理解为联想。

弗雷泽在《金枝》中把巫术划分为两大类型，一是顺势巫术，或称模拟巫术；另一是接触巫术。前者依据的思维模式是所谓的"相似律"，即基于"相似的"联想建立的，同类相生或果必同因；后者则依据的是所谓的"接触律"，即基于"接触"的联想建立的，物体一经互相接触，在中断实体后还会继续远距离地互相作用[2]。巫师根据"相似律"仅仅通过模仿就会实现他想做的事，如奥吉布威的印第安人企图加害于某人时，他就按那仇人的模样制作一个小木偶，然后将一根针刺入其头部或心部，或把箭头射进去，就可以达到目的[3]。又如在苏门答腊的巴塔克人中，一个不孕妇女为了想当妈妈，就做了一个木偶婴儿抱在膝上，相信这样就可以实现自己的愿望，使怀孕成为现实[4]。另外，英属哥伦比亚印第安人中，如果鱼群在应该来的季节不来，便请一位男巫师制作一个游动着的鱼的模型放入鱼通常来的水域中，并举行祈祷，这样鱼就会立即游来，以实现自己的愿望[5]，等等。这样的例子举不胜举，仅引几例加以说明。巫师根据"接触律"，就能通过一个物体对一个人施加影响，只要该物体曾被那个人接触过，不论该物体是否为这个人身体的一部分。"接触巫术最为大家熟悉的例证，莫如那种被认为存

① ［英］泰勒：《原始文化》，连树声译，上海文艺出版社，1992年，第122页。
② ［英］弗雷泽：《金枝》，徐育新等译，中国民间文艺出版社，1987年，第19页。
③ ［英］弗雷泽：《金枝》，徐育新等译，中国民间文艺出版社，1987年，第22页。
④ ［英］弗雷泽：《金枝》，徐育新等译，中国民间文艺出版社，1987年，第23页。
⑤ ［英］弗雷泽：《金枝》，徐育新等译，中国民间文艺出版社，1987年，第29页。

在于人和他的身体某一部分（如头发或指甲）之间的感应魔力。比如，任何人只要拥有别人的头发或指甲，无论相距多远都可以通过它们对其所属的人身达到自己的愿望"①，也就能达到伤害那人的目的。

弗雷泽又将"顺势巫术"与"接触巫术"统归于"交感巫术"，他认为物体通过某种神秘的交感可以远距离地相互作用。同时他还指出，在"交感巫术"中，不仅有积极的规则，也包含大量消极的规则。积极性的规则是法术，消极性的规则是禁忌。前者告诉人们应该做什么，后者告诉人们不能做什么。禁忌是相似律与接触律的特殊应用②。这些是关于原始巫术研究最有成果的结论之一，一直为现在的人们在研究巫术时所引用与应用。

马林诺夫斯基认为：巫术是基于粗拙信仰的一套实用手段，如"在海岛的社会中，他们常常靠海产生活，在捡拾贝蛤，或用毒药及设堰捉鱼时，只要这些方法是一定可靠的，其中就没有任何巫术，可是在任何危险的、不稳的捕鱼方法中就免不了巫术。在狩猎中，简单而可靠的设阱或射击都只靠知识和技术，若是在那有危险及拿不稳的围猎中，巫术便立即出现了。航行亦然，靠岸的活动，平安无事的，没有巫术；外出远征，没有不带着种种仪式的"，"人们只有在知识不能完全控制处境及机会的时候才有巫术"③。所以，这一使用手段是针对那些无能为力的过程，至于那些有能为力的过程就会使用技术来对付④。马氏还指出，咒、仪式、术士永远是巫术的三位一体，"有某种咒与仪式便可产生某种结果的"⑤，咒语永远是巫术行为的核心，是巫术中最重要的

---

① ［英］弗雷泽：《金枝》，徐育新等译，中国民间文艺出版社，1987年，第58页。

② ［英］弗雷泽：《金枝》，徐育新等译，中国民间文艺出版社，1987年，第31页。

③ ［英］马林诺夫斯基：《文化论》，费孝通等译，中国民间文艺出版社，1987年，第53页。

④ ［英］马林诺夫斯基：《文化论》，费孝通等译，中国民间文艺出版社，1987年，第55页。

⑤ ［英］马林诺夫斯基：《巫术科学宗教与神话》，李安宅译，中国民间文艺出版社，1986年，第75页。

部分①。马氏还认为，巫术的题材全部是与人相关的题材②，即巫术行为皆取向于人类事物而非神事，巫术是为人创造的。巫术与宗教有所不同，"巫术是一件具体而使用的心理工具"，使人"有自信力，使人保持平衡的态度与精神的统一"，巫术的功能使人的乐观仪式化，"提高希望胜过恐惧的信仰"，"自信力胜过犹豫"，"有恒胜过动摇"，"乐观胜过悲观"，在虚假的仪式中保持乐观，提高希望③。

　　弗雷泽在《金枝》中进一步地指出："巫术的出现早于宗教，宗教假定在大自然的可见屏幕后面有一种超人的有意识的具有人格的神的存在，很明显具有人格的神的概念要比那种关于类似或接触概念的简单认识要复杂得多。"④他认为巫术与宗教的区别在于：巫术"对待神灵的方式实际上是和对待无生命物完全一样，也就是说，是强迫或压制这些神灵，而不是像宗教那样去取悦或讨好它们。因此，巫术断定，一切只有人格的对象，无论是人或神，最终总是从属于那些控制着一切的非人力量。任何人只要懂得用适当的仪式和咒语来巧妙地操纵这种力量，他就能够继续利用它"⑤。弗雷泽在澳大利亚看到的情况是："在原始的野蛮人中间，巫术是普遍流行的。而被视为对更高权威的一种调解或抚慰的宗教则几乎不为人所知。可以粗略地说，所有人都是巫师，却没有一个人是神父；每个人都自以为能用'交感巫术'来影响他的同伴或自然的过程，却没有一个人梦想用祈祷和祭品来讨好神灵。"⑥

　　英国宗教学家A. 罗迫逊受弗雷泽的影响，认为"最原始的社会都

①　［英］马林诺夫斯基：《巫术科学宗教与神话》，李安宅译，中国民间文艺出版社，1986年，第56页。

②　［英］马林诺夫斯基：《巫术科学宗教与神话》，李安宅译，中国民间文艺出版社，1986年，第53～63页。

③　［英］马林诺夫斯基：《巫术科学宗教与神话》，李安宅译，中国民间文艺出版社，1986年，第77页。

④　［英］弗雷泽：《金枝》，徐育新等译，中国民间文艺出版社，1987年，第83～84页。

⑤　［英］弗雷泽：《金枝》，徐育新等译，中国民间文艺出版社，1987年，第79页。

⑥　［英］弗雷泽：《金枝》，徐育新等译，中国民间文艺出版社，1987年，第84页。

有巫术，但是并没有宗教"，"在文明社会中有证据证明了：宗教起源于像今日原始人仍然实行的那样的部落巫术。但是从澳洲土人的原始巫术变成古代文化有了发展的宗教，是一个重大的步骤。在澳洲土人的原始巫术中，有仪式而没有崇拜；在古代文化中有了发展的宗教里，仪式则是对于神——假象的外界存在物——的崇拜的一部分。这便是巫术和真正宗教的差别"①，"从巫术过渡到宗教，是和从原始共产制度中阶级社会萌芽的出现有联系的"②。

由上面几位大师们的研究而知，原始巫术是巫师通过某种神秘的交感相互作用的结果，是基于"相似"和"接触"的联想建立的。原始巫术开始是没有神灵的存在，没有崇拜对象，完全施行的是基于自然力的交感巫术，念咒是其最重要的手段之一。原始巫术中出现神灵观念的现象，说明这时的巫术已经有了发展，已不是蒙昧时代的原生形态的巫术了，而已经受到了有神宗教的影响，发展为巫术的次生形态了。另外，原始巫术对待神灵的态度，是要支配神灵，操纵神灵和自然力。而以神灵观念为基础的所谓巫术，已不是人类学家在世界各地见到的原生型巫术，崇拜对象——神灵的出现，说明这时的巫术与发展起来的自然宗教相结合了，他们对待神灵的态度不是"强迫或压制神灵"，而是通过献祭等手段，采取献媚和取悦神灵的态度，满足神灵的要求，以便求得神灵对人们的帮助和福佑。弗雷泽等人类学家对巫与巫术的研究结论，是我们理解和研究巫与巫术的基础或前提。

三、我国文献记载的夏商时代的巫

我们在前面讨论中，大量地引证人类学家关于巫与巫术的论述，

---

① ［英］罗伯逊：《基督教的起源》，宋桂煌译，生活·读书·新知三联书店，1958年，第2～3页。

② ［英］罗伯逊：《基督教的起源》，宋桂煌译，生活·读书·新知三联书店，1958年，第4页。

其目的是要进一步地讨论三星堆方国的巫。从这些人类学家的研究所得出的结论来看，其与我国古代文献记载的巫觋的活动与担任的角色不十分吻合，也与三星堆方国的巫所担任的角色与活动不十分吻合。

首先是时间上不同。人类学家讨论的巫是在人类社会的蒙昧时代，我国文献上记载的夏商时代的巫和相当于夏商时期的三星堆方国的巫，已经进入了阶级社会和文明社会，这时的巫术"都不是原生巫术，而是由原生巫术出发，在文化的早期理性化进化过程中间，在文化发展的进一步阶段上，受到新的发展阶段上的文化体系所制约和影响的，一种次生的、特殊的形态"①。

我国文献记载的夏商时期的巫术，最具有代表性的例子就是"汤祷"的故事。在《墨子》《荀子》《尸子》《吕氏春秋》《淮南子》和《说苑》中都记载了这个故事。如《墨子·兼爱下》中说：汤时天下大旱，为祈求雨水，"汤贵为天子，富有天下，然且不惮以身为牺牲，以祠说于上帝鬼神"。《吕氏春秋·顺民篇》说："天大旱，五年不收，汤乃以身祷于桑林……于是剪其发，䰄其手，以身为牺牲，用祈福于上帝，民乃甚悦，雨乃大至。"《尸子·君治篇》也说汤"以身为牺牲，祷于桑林之野"。《文选·思玄赋》注引《淮南子》曰："汤时大旱七年，卜用人祀天……乃使人积薪，剪发及爪，自洁，居柴上，将自焚以祭天。火将燃，即降大雨。"以上记载都明言因天大旱，为求雨，汤以自己的身体为牺牲，在桑林向神灵祷告，或以自己的身体为牺牲，架于柴堆上，自焚以祭天。这些都反映的是祭祀神灵的行为。但是，一些学者认为"剪其发，䰄其手"和"剪发及爪"的记述与巫术有着密切的关系，"汤祷"的故事实际上是一种祈雨巫术，汤是一个大巫，至少承担有巫的某些职能。我认为汤"剪其发，䰄其手"和"剪发及爪"是为了"自洁"其身，以身为牺牲而献祭于神灵，这里看不出交感巫术的行

---

① 陈来：《古代宗教与伦理——儒家思想的根源》，生活·读书·新知三联书店，1996年，第46页。

张肖马卷

为。另外，我国文献古籍《左传》《庄子》《礼记》《说苑》和《春秋繁露》记载有商、宋、齐、鲁各国为祈雨而"暴尪""焚巫"的传录，陈梦家先生解释说："暴是暴露于烈日之下，焚是焚于积薪之上，后者乃是人祠。"他认为这些传录与甲骨文中的求雨祭的内容是相同的[①]。由此来看，被焚的所谓的巫还是作为一种牺牲献于神灵的。

现在，让我们回到我国一些学者的研究上来。瞿兑之先生在《释巫》一文中认为，我国文献记载的巫对神灵的态度，也是取悦于神灵。他说："人嗜饮食，故巫以牺牲奉神；人乐男女，故巫以容色媚神；人好声色，故巫以歌舞娱神；人富言语，故巫以词令歆神。"[②]同时，他还认为招神、逐疫、禳灾、除不祥是文献记载的古巫的主要职务[③]。张光直先生认为商代的巫师可能是中国古代巫中的佼佼者，其"主要的职务应当是贯通天地"[④]。陈来先生在《古代宗教与伦理——儒家思想的根源》一书中，用大量的篇幅论证了我国夏商时期古巫的活动，又与外国人类学家关于巫与巫术的理论做了对比研究后，认为："中国文献记载的古巫的主要活动，是以舞降神，以救灾祛病。这些活动，与人类学家所说的巫术有两点重要的差异：第一，中国古巫的活动是以神灵观念为基础的，这与弗雷泽所记述的许多蒙昧社会的无神灵的自然巫术，是不同的。第二，中国古巫的活动，主要的不是像自然巫术那样'强迫或压制神灵'，而是献媚和取悦神灵。这两点，使得中国古代巫觋活动更像弗雷泽所说的宗教，而不是巫术。"[⑤]

① 陈梦家：《殷墟卜辞综述》，科学出版社，1956年，第602～603页。
② 瞿兑之：《释巫》，《燕京学报》第七期，1930年，第327页。
③ 瞿兑之：《释巫》，《燕京学报》第七期，1930年，第1328页。
④ 张光直：《商代的巫与巫术》，《中国青铜时代》（二集），生活·读书·新知三联书店，1999年，第261页。
⑤ 陈来：《古代宗教与伦理——儒家思想的根源》，生活·读书·新知三联书店，1996年，第41页。

四、结 语

在前面我们已经论述过，三星堆方国的巫主要是以玉事神，以舞事神，在祭祀活动中向神灵献祭与祷告，他们是要通过献祭等手段，献媚和取悦于神灵，满足神灵的要求，求得神灵对人们的帮助和福佑，这与我国夏商时期的古巫是一样的。三星堆两个器物坑中的大批青铜器、玉器、金器和三星堆古城墙的存在，反映出三星堆方国已经进入了文明时代，三星堆方国的宗教已经进入了宗教祭祀阶段，不仅存在着祖先崇拜，还存在自然崇拜。三星堆方国的巫已不是人类学家所指的那种蒙昧时代的原生形态的巫，而是三星堆方国神灵观念高度发展阶段的次生形态，三星堆方国的巫，与其说是巫，还不如说是祭司。

原载《四川文物》2003年第5期

三星堆二号坑青铜神树研究

　　三星堆两个器物坑的发现已二十年了，1996年《三星堆祭祀坑》报告也正式发表。二十年间，研究三星堆器物坑出土遗物的论文达数百篇以上，著作亦为数众多，其中对二号器物坑中出土的青铜神树的研究是个重点，可见青铜神树在三星堆器物坑出土遗物中占有很重要的位置。这些论作对青铜神树的研究提出了一些很重要很有价值的观点，不乏真知灼见。仔细推敲又觉研究之深度有限，难以使人完全信服。要使我们的认识更加接近历史的真实，更加清楚地揭示出青铜神树在三星堆古蜀国的宗教信仰中应有的位置，尚需进一步地做深入仔细的研究。

　　在《三星堆祭祀坑》报告中，记载了二号坑共出土青铜神树六棵[①]，并且分大小两种。大者是人们熟悉的Ⅰ号神树（K2②:94）和Ⅱ号神树（K2②:194）。其余四棵小型青铜神树残损严重，难观其全貌。《三星堆祭祀坑》报告的作者根据残存树枝的不同造型，确定其为小型神树。其中一棵小型神树（K2③:204、261），残存的主干下端套有一璧形物，上端分出三主枝，主枝上又分出枝丫[②]。另一棵小型神树（K2③:20），主干不存，仅见璧形花托上有一个四瓣花朵，花托下部

---

① 四川省文物考古研究所：《三星堆祭祀坑》，文物出版社，1999年，第214～221页。
② 四川省文物考古研究所：《三星堆祭祀坑》，文物出版社，1999年，第219页。

分出三支下垂的枝，一枝外侧饰夔龙形扉棱，内侧呈凹槽状①。还有一棵神树（K2③:272），主干下部不存，仅存上端极小段，上套有圆箍，并分出三主枝；现存两主枝上端是花朵，花朵上站立一只"人面鸟"；主枝上又有两层枝杈；整个树枝铸成辫索状②。这三棵定为小型神树大致无误。而编号K2③:267的标本定为小型神树③，实在牵强。其仅存一树枝的一段，与其说是一株树，不如说是树上的构件，很难将其定为一棵树。另外，《三星堆祭祀坑》报告中还记载了一个神树底座，树身不存。神树底座（K2③:17）由圆形底圈与三个拱组成，上饰窃曲纹、勾云纹和简化的夔龙纹，直径26厘米、残高20厘米④，形与大型神树的树座相类，是一神树的底座无疑。由此而知，《三星堆祭祀坑》报告说的六棵神树，应算上这件神树底座，去掉编号K2③:267的树枝残枝。

三星堆二号坑出土六棵大小不同、造型各异的青铜神树，反映出三星堆方国时期存在着树信仰的宗教观念。《三星堆祭祀坑》报告的作者认为："这些树被安放在宗庙里，与祭祀神灵的活动有关。"并根据Ⅰ号神树最大，树干上有九枝，每枝上站立一鸟，推定树尖上还有一立鸟，鸟代表太阳，故树上共有十日；树干上和树枝花托下的透雕的炯纹光环，应是太阳之象，此树应是扶桑树⑤。Ⅱ号神树上部残断过甚，难观其全貌。《三星堆祭祀坑》报告的作者认为：Ⅱ号神树和Ⅰ号神树虽有不同——Ⅱ号神树底座呈喇叭形，三方各跪坐一人，双手作握物状，但是，树干上的花托为璧形物，与Ⅰ号神树上的炯纹光环互为因果关系，Ⅱ号神树可能是"若木"或与祭祀月神有一定关系⑥。另一件小神树（K2③:272）树尖站立人面鸟，可能是司木之神"句芒"⑦。对于这

---

① 四川省文物考古研究所：《三星堆祭祀坑》，文物出版社，1999年，第221页。
② 四川省文物考古研究所：《三星堆祭祀坑》，文物出版社，1999年，第221页。
③ 四川省文物考古研究所：《三星堆祭祀坑》，文物出版社，1999年，第219页。
④ 四川省文物考古研究所：《三星堆祭祀坑》，文物出版社，1999年，第227页。
⑤ 四川省文物考古研究所：《三星堆祭祀坑》，文物出版社，1999年，第444页。
⑥ 四川省文物考古研究所：《三星堆祭祀坑》，文物出版社，1999年，第444～445页。
⑦ 四川省文物考古研究所：《三星堆祭祀坑》，文物出版社，1999年，第445页。

些观点,有赞同者也有不赞同者。孙华先生赞同Ⅰ号神树和Ⅱ号神树为扶桑与若木[①];林巳奈夫先生也支持此观点,并进一步指出神树象征太阳柱[②];而俞伟超先生有不同的看法,提出神树是"社树"说,指出当时人们以农业为主,自然就会出现地母崇拜[③];王家祐、李复华先生赞同"社树"说,认为古人立社,必依茂林[④]。另外,林向先生认为Ⅰ号神树是"都广之野"的建木,是古蜀人心目中的"天下之中"的社树,树上的龙是治水大禹的化身,蜀人敬奉的主神之一;同时还认为神树是众神由此上下的"天梯"[⑤]。"天梯说"与赵殿增先生提出的神树是沟通天地的天梯的意见相一致[⑥]。还有一种看法,认为多棵青铜树的出土,反映出三星堆方国时期的人们存在树崇拜[⑦]。这是目前学术界几种具有代表性的意见。

根据民族学的材料,树崇拜现象在世界范围内许多民族的原始宗教信仰中都是普遍存在的。在我国云南,许多少数民族保存着很多树崇拜的资料。虽然现代的少数民族保存的宗教信仰,在历史发展过程中受到文化进化的影响和制约,已不是原生形态,而是一种次生形态,但是其中仍或多或少地保留着原生形态的因素,甚至有的还保存了原生形态主要的因素,这对于我们的研究有着极其重要的帮助。云南的羌族、白族、普米族、彝族、阿昌族、独龙族、傈僳族、纳西族、怒族、苗族、

---

① 孙华:《四川盆地的青铜时代》,科学出版社,2000年,第193页。

② [日]林巳奈夫:《中国古代的日晕与神话图像》,《三星堆与巴蜀文化》,巴蜀书社,1993年,第119~121页。

③ 俞伟超:《先秦两汉美术考古材料中所见世界观的变化》,《庆祝苏秉琦考古五十五年论文集》,文物出版社,1989年,第114页。

④ 王家祐、李复华:《关于三星堆文化的两个问题》,《三星堆与巴蜀文化》,巴蜀书社,1993年,第30页。

⑤ 林向:《中国西南出土的青铜神树》,《青铜文化研究》第一辑,黄山书社,1999年,第63~64页。

⑥ 赵殿增:《三星堆祭祀坑文物研究》,《三星堆与巴蜀文化》,巴蜀书社,1993年,第86页。

⑦ 李安民:《广汉三星堆一号、二号祭祀坑所反映的祭祀内容、祭祀习俗研究》,《四川文物》1994年第4期。

布朗族、佤族等少数民族都有树神崇拜。他们通常把村寨附近的枝干虬盘、叶茂根深的古树作为他们的氏族神、家族神、村社神和祖先神来崇拜。普米族经常举行祭祀神林神树的仪式，用一头花牛作牺牲，在神树前杀死花牛，掏出心肝献给神树，祈求神树赐福村寨风调雨顺，阳光普照，水草丰美[①]。红河南岸的哈尼族有一种较为原始的"祭龙"活动，每年阴历二三月间的"龙"日开祭，历时3天。这种"祭龙"活动，祭祀的对象是树——被视为村寨守护神的神树。祭祀时由"龙头"主持，要杀牲敬献，祈求村寨保护神保佑全村四季平安，五谷丰登，六畜兴旺。在哈尼族的不同支系、不同地区，祭龙的内容和过程不尽相同，关于龙树和祭龙树的观念也不一样[②]。宣威彝族崇拜米塞树，每年旧历二月"龙"日的头一天开始祭祀，也称祭龙。祭祀时大毕摩主持，向米塞树献羊血、鸡血，全村一起杀牲祭祀[③]。另外，傣族的树崇拜，也将神树称为龙树进行祭祀[④]。傈僳族的树崇拜，是将树同日月、山川、星辰、河流都视为崇拜对象，属于自然崇拜的范围[⑤]。纳西族在他们的祭祀天神活动中，在祭坛上竖立三棵树，中间一棵柏树象征"天舅"（祖先神），左侧一棵无枝杈的黄栗树代表天，右侧一棵有枝杈的黄栗树代表地；在三棵树前置三块洁白的三角形石头，代表天地人的本源；三棵树的背后插一根白杨棍，代表顶天柱，将白杨棍上端劈成四丫，上放一个鸡蛋。祭祀开始，首先为鸡血祭，东巴祭司在吟唱祭天经之前把羽毛艳丽的公鸡鸡头扭断，将鸡血涂在那三棵树上；又将鸡血滴在三块白石上。而后把鸡煮熟，将鸡头献给天神，鸡身献给地神，鸡腿献给祖先神，这是熟食祭仪式。再后进行火食祭仪式，在一块燃烧木炭的瓦上，

---

① 杨学政：《原始宗教论》，云南人民出版社，1991年，第60、64页。

② 张紫晨：《中国巫术》，上海三联书店，1990年，第78～81页。

③ 张紫晨：《中国巫术》，上海三联书店，1990年，第78～81页。

④ 覃光广等编著：《中国少数民族宗教概览》，中央民族学院出版社，1988年，第223页。

⑤ 覃光广等编著：《中国少数民族宗教概览》，中央民族学院出版社，1988年，第237页。

烧鸡块鸡翅膀献给天神；把鸡蛋剖开，分献于三棵树前，蛋壳放入木炭上烧烤，献给地神；将一个熟透的黄梨放入木炭上烧烤，献给祖先神。最后，东巴祭司吟唱祭天经。在祭天仪程中同时还要举行祭祀星斗、太阳、月亮、风、雨、雷、电、雾诸神的仪式[①]。

以上列举的云南少数民族的树崇拜，反映出他们不同的宗教信仰。这些被祭祀的树神，代表着自然神、氏族神、家族神、村社神和祖先神等不同的神灵，给我们研究三星堆的神树提供了参考与借鉴。三星堆的六棵神树可能代表了三星堆古蜀人宗教中不同的崇拜对象，对不同性质的树神的崇拜，体现着不同的信仰观念。

提出Ⅰ号神树为扶桑观点的学者，主要是根据Ⅰ号神树上有九枝，每枝上站立一鸟的造型，又参考了我国古籍《山海经》和《淮南子》有关"扶桑"的描述和"十日"的记载。我国古代关于"扶桑"和"十日"的传说有如下的记载：《山海经·大荒南经》："东南海之外，甘水之间，有羲和之国，有女子名曰羲和，方日沐于甘渊。羲和者，帝俊之妻，生十日。"《海外东经》："下有汤谷，汤谷上有扶桑，十日所浴，在黑齿北。居水中，有大木，九日居下枝，一日居上枝。"《大荒东经》："汤谷上有扶木，一日方至，一日方出，皆载于乌。"根据朱天顺先生《中国古代宗教初探》一书中的分析研究，以上这些记载主要反映的是东夷民族的传说，扶桑、扶木为东方神木，且为同一树木。十日不是同时出现，而是"一日方至，一日方出"的描述，这里是一派祥和景象，反映出人们与太阳亲密的关系。他又根据《海外西经》"女丑之尸，生而十日炙杀之……十日居上，女丑居山之上"，以及《楚辞·招魂》"十日代出，流金铄石些"的记载，认为这些都反映出十日轮番出行，金石都被熔化了的情景，并且也是发生在东方的事。《淮南子·本经训》说："逮至尧之时，十日并出，焦禾稼，杀草

---

① 云南省民间文学集成办公室编：《祭天古歌》，中国民间文艺出版社，1988年，第2页，注释②③④；杨学政：《原始宗教论》，云南人民出版社，1991年，第98～100页。

木，而民无所食。尧乃使羿……上射十日……"射落九日后，天上只剩下了一个太阳，人们不再受炎热之苦，禾稼能正常生长，草木茂盛，才出现"万民皆喜"。他认为这些关于十日的记载，反映出人们深受炎热之苦，以及与十日的紧张关系。另外，他还根据《庄子·齐物论》记载的舜回答尧的问话时所言："昔者十日并出，万物皆照，而况德之进乎日者乎！"将十日并出、普照万物比喻为无所不及的德行，而这里的记载是发生在尧之前的。所以，他根据这些有关十日内容各异、时间有别的记载，最后得出结论：它们可能表现出不同的族群对太阳的不同态度，从而反映出这些不同族群有着不同的宗教信仰[①]。从朱先生的研究可以知道，将Ⅰ号神树认定为扶桑是不确切的。扶桑生于东方，Ⅰ号神树出在三星堆，两地相距甚远；一为东夷民族，一为古蜀人，故扶桑不是三星堆古蜀国人们崇拜的神树。

Ⅰ号神树不是扶桑又是什么树？反映了什么样的宗教信仰呢？我认为：Ⅰ号神树上尚存九只鸟，鸟在中国古代用以代表太阳，日载于乌是最好的例子。可知，三星堆方国的古蜀人也有"十日"的传说。对十日进行崇拜，可见古蜀人与十日的关系不是处于紧张之中，而是与十日关系密切，十日没有给古蜀人带来炎热之苦。所以，我认为：Ⅰ号神树就是古蜀人崇拜的太阳神树，反映了古蜀人太阳崇拜的宗教信仰。另外，我们可从三星堆出土的众多器物中找到更多的证据。三星堆二号坑出土的太阳形器，可辨认出六个个体，复原两件，由阳部、放射状五芒和晕圈组成[②]，是当时人们太阳崇拜的实物。同时出土的大批眼形器，以及所谓的神殿顶部饰的炯纹和神殿屋盖上的太阳芒纹[③]，也是古蜀人太阳崇拜的证据。另外，大型立人像冠上的日晕纹、兽首冠人像上的炯

---

① 朱天顺：《中国古代宗教初探》，上海人民出版社，1982年，第9~11页。
② 四川省文物考古研究所：《三星堆祭祀坑》，文物出版社，1999年，第235页。
③ 四川省文物考古研究所：《三星堆祭祀坑》，文物出版社，1999年，第232页。

张肖马卷

047

纹、神坛立人像衣裳前后的炯纹①，这些大小不同的祭司的冠和衣裳上都分别饰有与太阳崇拜有关的纹饰，可能显示出这些大小有别的祭司曾主持祭祀太阳的仪式。这些例证从不同的角度反映出古蜀人太阳崇拜的宗教信仰观念，而且，太阳崇拜在三星堆古蜀国的全部宗教信仰中占有极其重要的地位。所以，Ⅰ号神树突出地反映了三星堆古蜀国太阳崇拜的宗教信仰。同时，Ⅰ号神树的神性不是单一的，它还具有"天梯"的性质。神树上有一条龙沿树干蜿蜒而下，寓意着这条龙上下于天地之间，起着沟通天地的作用。古蜀王可能乘着神龙，沿着神树——天梯上下于天地之间。这点与《淮南子·地形训》记载的生长在"都广之野"（即成都平原），"众帝所自上下"的"建木"相似。

Ⅱ号神树仅存半截，残高193.6厘米。人们根据Ⅱ号神树亦有两层树枝的残痕，每层有三枝，其中第二层一枝保存较好，花瓣上站立一鸟，由此而推定Ⅱ号神树与Ⅰ号神树一样。Ⅱ号神树原本是否有十只鸟，因其不能复原，很难让人们确认与信服。根据Ⅰ号神树进行推测，忽略二者之间的差别，那么，推测只能永远停留在推测上，而不能还原其原初的本来面貌。Ⅱ号神树与Ⅰ号神树相比，除开它们作为树所必须具有的要素外，仔细地观察二者，不能不说二者的差别还是较大的。两棵神树底座由圆圈与分为三等份的三个拱形组成，但是Ⅱ号神树每个拱形间有一方形台，台上跪坐一祭司；Ⅱ号神树每层的三树枝几乎是均等地分布在空间，而Ⅰ号神树每层的三枝树枝只占空间的一半，另一半几乎被神龙占据了；Ⅱ号神树只在树枝的花托处套有圆环，而Ⅰ号神树不仅在每枝树枝的花托处套有炯纹圆环，还在二三层树枝下、树干上套有炯纹圆环；Ⅰ号神树还有一条龙沿树干蜿蜒而下；Ⅱ号神树上的鸟站立于花瓣上，Ⅰ号神树上的鸟是站在花朵内的②。这些差别的存在，说明二者不是相同的树。

---

① 四川省文物考古研究所：《三星堆祭祀坑》，文物出版社，1999年，第162、164～169、231页。

② 四川省文物考古研究所：《三星堆祭祀坑》，文物出版社，1999年，第214～219页。

前面我们已分析了Ⅰ号神树是古蜀人崇拜的太阳树。那么，Ⅱ号神树究竟是什么树呢？有一种意见认为它就是"在建木西，末有十日，其华照下地"的"若木"。由于直接的证据太少，我不敢贸然苟同。为找到答案，还是让我们从二号坑出土的遗物中去寻找线索。

Ⅰ号和Ⅱ号神树以及另一个铜树座（K2③:7）均由圆形底座与三个拱形组成，上饰窈曲纹。我认为神树底座铸成拱形，拱形表现的是山，树座为山形座。在二号坑出土的一些器物上就有许多这种拱形图案，如刻有祭山图案的玉璋（K2③:201-4），每组图案上并列的两座山就是以拱形表示的[①]；小型铜立人像（K2③:292-2）的底座四面各有由乳钉纹组成的山形纹饰[②]；铜神坛（K2③:296）上部图案为四山相连，山铸成拱形，各山均饰倒置的兽面纹[③]。另外，还有一种连续状的拱形图案，原报告称为"波曲纹"[④]，铜圆座（K2③:55）和"神殿屋盖"（K2②:145）上饰有连续状的拱形图案，前者是上下两组，并间饰简化的兽面纹（图一）。我以为这种连续状的拱形图案，是山形的一种变体，是山的几何图形，是山的一种图案化的表现，其真实的意义是代表着山。这样，我们可以说这几棵神树是在山上。由以上的讨论而知，Ⅱ号神树下跪坐的祭

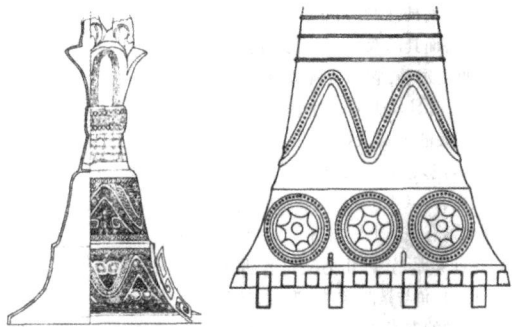

图一　铜圆座和"神殿屋盖"上的山形纹

司，是在山前设坛，跪坐在坛上进行祭祀的，换言之，祭司是跪坐在坛上主持着祭祀。另外，再从民族学提供的资料来看，我国云南少数民族

① 四川省文物考古研究所：《三星堆祭祀坑》，文物出版社，1999年，第358页。
② 四川省文物考古研究所：《三星堆祭祀坑》，文物出版社，1999年，第164页。
③ 四川省文物考古研究所：《三星堆祭祀坑》，文物出版社，1999年，第227、232页。
④ 四川省文物考古研究所：《三星堆祭祀坑》，文物出版社，1999年，第227、232页。

有在树前祭山的习俗。如布朗族在每年的正月初五六日在村寨旁的树前祭祀山神，在树前将一只红公鸡杀死献祭，并将鸡血涂抹在树枝上[①]。基诺族在开辟新山地时，都要在选定的山地中央插一束树枝，举行祭祀山神的仪式。云南武定、大姚的彝族有一种祭祀山神仪式，山神是用树来代替，称为山神树，山神树前有一放置贡品的石台和各家砍来的栗树枝，祭祀时，杀牺牲献祭，将牲血洒在树枝上，希望山神保佑庄稼丰产[②]。可见祭山与树有一定的关系，有的甚至用树来代表山神。

再则，我们还可以从有关祭山的方面来讨论。二号坑出土文物中反映祭山的场景不乏其例。如玉璋上刻的祭山场景，两面共有四组八幅祭山图；每组的两幅祭山图均用带状云雷纹相隔，上幅图中的祭司作站立状，下幅图中的祭司作跪坐状。每幅祭山图都是祭司在上，山在下。玉璋上的这种祭山图景，在所谓的铜神坛上也有反映。神坛的第三层铸成相连的四座山，可能四座山代表四方的山。第四层原报告认为是方形盝顶建筑，中有一排大小与造型相同的跪坐人像——祭司[③]。如果将神坛的第三层和第四层视为一组，我们就会发现这组图景与玉璋上的祭山图惊人地相似，组合成了祭司在上，四山在下的图景，我们不能不认为神坛的这一部分就是反映出了祭山的场景（图二）。只是一个是平面的图景，另一个是立体的造型，不同的手法反映的是相同的主题。另外，我们从二号

图二　玉璋和神坛上的祭山图

---

① 覃光广等编著：《中国少数民族宗教概览》，中央民族学院出版社，1988年，第276页。

② 杨学政：《原始宗教论》，云南人民出版社，1991年，第114～115页。

③ 四川省文物考古研究所：《三星堆祭祀坑》，文物出版社，1999年，第232、358页。

坑器物上祭山图可知，参加祭山活动的祭司有跪坐的，也有站立的，以跪坐的为主。他们主持或参加祭祀活动时，其共同点是都穿着对襟衣衫，腰系带，双手作持物状。在玉璋上刻的祭山场景中，并列的两山侧插立有玉璋，可知古蜀人祭山使用了璋。出土的一件持璋小人像（K2③:325），跪坐，两臂前置平抬，双手握一璋[1]，完全是正在进行祭山的祭司形象。用璋祭祀大山，与《周礼·春官·典瑞》记载的"璋邸射，以祀山川"相合。

　　我们花了这么大的篇幅来讨论祭山活动，主要是为了说明这些跪坐人像是主持祭山的祭司，而祭山属于祭地祇的范畴。在那个时期，古蜀人的神灵观念也有三类，即天神、地祇和人鬼。跪坐人像可能就是祭祀地祇的神职人员。由此可知，Ⅱ号神树山形座前跪坐铜人也应是祭祀地祇的神职人员。从而推定有祭祀地祇的神职人员的Ⅱ号神树，应属于祭祀地祇的对象。因为地祇中包括社，社就是地母神，Ⅱ号神树就是社树，俞伟超先生等人的观点是正确的。俞先生在他的另一篇文章中说：铜树底座上做出三个跪坐铜人，其双手所持之物，按其形态是玉琮。《周礼·春官·大宗伯》"以黄琮礼地"，铜人持琮礼地，当然是祭地之神，大树树根之旁有神祭地，正进一步表明了铜树的性质[2]。以树作为地母神，在云南少数民族的宗教信仰中也是存在的。云南巍山彝族就用树枝代表地母神，称为"米斯"。每年阴历正月初一他们就要到巍宝山林中杀鸡祭祀地母神，祈求保佑五谷丰登[3]，等等。另外，《三星堆祭祀坑》作者认为Ⅱ号神树与祭祀月神有一定关系，实际上也与祭祀土地神有关。《周礼·天官·九嫔》郑注引"孔了云：'日者，天之明；月者，地之理。'"《仪礼·觐礼》注："礼月于北郊者，有太阴之精，以为地神也。""祭地瘗者，祭月也。"《五礼通考》卷四十三引

①　四川省文物考古研究所：《三星堆祭祀坑》，文物出版社，1999年，第232～235页。
②　俞伟超：《三星堆蜀文化与三苗文化的关系及其崇拜内容》，《文物》1997年第5期。
③　杨学政：《原始宗教论》，云南人民出版社，1991年，第102页。

何休《公羊传》注："月者，土地之精也。"由此可知，祭地是与祭月联系在一起的，这也可以佐证Ⅱ号神树作为社树应是无疑的。

编号为K2③:272的小型神树，主干基本不存，可见分出三主枝，树枝铸成辫索状；现存两主枝花朵上站立一"人面鸟"。仔细地观察这个人面鸟身像，我认为，其人面的造型与二号坑出土的兽面具相类。方颐，鹰钩鼻，鼻翼呈旋涡状，唯兽面具的眼睛为柱状。学术界一般都倾向于兽面具是古蜀人的祖先神，有的还将兽面具与蚕丛氏相联系。但是，已有学者提出了另外的观点，在对凸目兽面具（K2②:148）做了详细的研究后，指出这件兽面具的双耳不是人类的耳朵，而是杜鹃鸟的两只翅膀，它的勾啄象征它是鹰隼一类的鸟①，兽面具代表的是杜鹃鸟。再则，人面鸟与文献记载的古蜀人祖先多为鸟的情况相印证。《蜀王本纪》记载，传说中蜀国的蜀王有蚕丛、柏濩、鱼凫、杜宇和开明②，其中的柏濩、鱼凫、杜宇直接与鸟有关。柏濩也写作"柏灌"或"柏雍"，均从"隹"，隹是鸟，以隹为义符表明其为同类。鱼凫，无论是指鱼与凫两族群的联盟，还是指以捕鱼的鸟为其祖神的古族，凫都是指一种鸟。《诗·大雅·凫鹥》注："凫，水鸟也。"杜宇升西山后，亡去为子嶲鸟，子嶲又为子规，又叫杜鹃。在这方面，以往许多学者都做了深入细致的研究工作③，此不赘述。三星堆二号坑还出土大型铜鸟头和精美的铜鸟，以及鸟形饰件，说明鸟在古蜀人的心中占有很高的位置。

从民族学提供的资料来看，许多少数民族都以某种树为自己民族的祖先神。如布朗族、哈尼族和傣族都认为生长在村寨附近的高大挺

---

① 龙晦：《广汉三星堆出土铜像考释》，《三星堆与巴蜀文化》，巴蜀书社，1993年，第93页。

② 参见《太平御览》卷八八八引《蜀王本纪》，中华书局，1985年影印本。

③ 孙华：《四川盆地的青铜时代》，科学出版社，2000年，第338～342页；龙晦：《广汉三星堆出土铜像考释》，《三星堆与巴蜀文化》，巴蜀书社，1993年，第93～95页；张勋燎：《古代巴人的起源及其与蜀人、僚人的关系》，《南方民族考古》第一辑，四川大学出版社，1987年，第57～58页。

拔、枝叶繁茂的大树是他们氏族的祖先，保佑着氏族及其成员的平安，不受外氏族的侵犯和扰乱[1]。纳西族的每个村寨都有他们认定的神树神林，逢年过节都要进行祭祀。他们以栗树或柏树作为自己的祖先神，这两棵树分别代表祖先神"勒俄"夫妇[2]。滇蒗摩梭人称早期的氏族组织为"窝"，意即"一个树根"或"一个树疙瘩"[3]。四川稻城的藏族，男人信奉一种冷杉树为自己的祖先，女人视山中生长的一种名叫山韭的可食植物为她们的祖先，他们不准人砍伐冷杉树和采摘山韭植物[4]。再则，有的少数民族相信他们最早的氏族祖先的灵魂住在树上，如苗族聚居区的每个村寨口都有一棵神树，他们氏族祖先的灵魂就在其上，并左右着他们的命运[5]。还有的少数民族在神林中设祖先像进行祭祀，如沧源地区的佤族，各村寨的神林中都供有一个称为"梅"的祖先石像，作为自己原始氏族或部落共同体的祖先[6]。

由上述分析我们推知，三星堆古蜀国的人们以鸟作为自己的祖先神，也可能还以神树作为自己的祖先神，并将鸟与神树结合在一起，作为自己崇拜的对象。编号为K2③:272的小型神树就是古蜀人祭祀祖先的神树。

总之，三星堆二号坑出土的几棵青铜神树，代表了不同的祭祀对象，反映出不同的信仰观念，有反映太阳崇拜、土地崇拜和祖先崇拜的内容，分别代表了太阳神、土地神和祖先神。这些神在三星堆古蜀国宗教信仰体系中，占有极其重要的地位。

---

① 杨学政：《原始宗教论》，云南人民出版社，1991年，第64页。
② 杨学政：《原始宗教论》，云南人民出版社，1991年，第65页。
③ 杨学政：《原始宗教论》，云南人民出版社，1991年，第164页。
④ 杨学政：《原始宗教论》，云南人民出版社，1991年，第139页。
⑤ 杨学政：《原始宗教论》，云南人民出版社，1991年，第65页。
⑥ 杨学政：《原始宗教论》，云南人民出版社，1991年，第167页。

附图：三星堆器物坑出土青铜器

1. 二号坑出土的
Ⅰ号青铜神树

2. 二号坑出土的
Ⅱ号青铜神树座

3. 二号坑出土的
人首鸟身青铜像

4. 一号坑出土的
龙虎尊

5. 二号坑出土的
青铜尊

6. 二号坑出土的
青铜罍

原载《四川文物》2006年第6期

三星堆二号坑反映出的宗教观念

　　三星堆二号坑出土遗物1300件（含残片和残片中可识别出的个体），有青铜器、金器、玉器和石器，还有象牙和海贝等。其中青铜器735件，器型种类最为丰富，有立人像、人头像、兽首冠人像、跪坐人像、人身形牌饰、人面具、兽面具、兽面、眼形饰、眼形器、眼泡、神树、神坛、神殿、太阳形器、蛇形器、鸟、鸟形器、龙形饰、尊、罍、瑗、戈，以及各种挂饰、铜铃，等等。玉器有璋、璧、瑗、戈等。金器有61件，面罩2件，其余主要是各种饰件①。二号坑出土的青铜器和玉器最能代表与反映古蜀王国时期的宗教观念，是研究古蜀王国宗教信仰最好的资料。本文将对三星堆二号器物坑出土的主要文物作进一步的分析，对二号坑反映出古蜀王国时期存在哪些神灵、有哪些崇拜对象、宗教信仰体系以及祭祀活动进行研究，并借他山之石，结合民族学的资料，参考早期的文献记载，多角度地考证，努力从中找出更加接近合乎历史实际的认识。

---

① 　四川省文物考古研究所：《三星堆祭祀坑》，文物出版社，1999年，第447页。

一、二号坑出土有关被祭祀器物的再认识

三星堆二号坑出土青铜人头像44件。这些青铜人头像造型各异，有椎髻者、平顶编发者、平顶戴冠者、插发簪者；有的青铜人头像有金面罩，多数青铜人头像的眼、眉上涂黑彩，嘴唇上涂朱砂，其中尤以平顶编发者数量最多。《三星堆祭祀坑》报告的作者认为这些青铜人头像代表了不同时代或不同身份的接受其祭祀的祖先的形象，这一观点为较多的人认同。近来，有学者经过进一步的研究认为，这些青铜人头像是蜀国的统治者。但是，一号坑的青铜人像是受祭者，二号坑的青铜人像则是祭祀者。他的理由是：有的青铜人像有金面罩，有的眉与口涂有朱砂和黑彩，所以，二号坑的青铜人像虽然身份未变，但其扮演的角色有所不同①。我们认为：二号坑的青铜人头像显然与青铜人像的身份不同。身为祭司的青铜人像均是全身像（虽然有的青铜人像残缺，但其原貌当是全身像无疑），无论他们是立式的还是跪式的，这是其一。其二，作为祭司的青铜人像大多头戴冠，或站立于祭坛上，或跪坐，双手持植物类物或呈握玉琮或握牙璋等状，反映出他们正在进行某种祭祀活动的情景。而青铜人头像仅是头像，颈部下铸成倒三角形，前长后短，中为圆形空腔。根据其造型，他们更有可能的是安装在某一柱状物之上，立于宗庙中接受祭拜的对象，是受祭者，而不是祭祀者。

凸目面具3件，眼球呈圆柱状前伸，鹰钩鼻，阔嘴，大耳展开，额正中与耳前上下各有一方孔，眉与眼描黑彩，口缝涂朱砂。其中两件小者额中立有一饰件，大者额饰推测已经脱落无存。许多学者认为凸目面具是蜀人的始祖神②，或祖先神蚕丛③。又有学者提出，凸目面具的勾

---

① 施劲松：《三星堆器物坑的再审视》，《考古学报》2004年第2期。
② 四川省文物考古研究所：《三星堆祭祀坑》，文物出版社，1999年，第443页。
③ 赵殿增：《三星堆祭祀坑文物研究》，《三星堆与巴蜀文化》，巴蜀书社，1993年，第85~86页。

啄象征它是鹰隼一类的鸟，其耳朵实际上代表鸟的翅膀①，由此有人指出凸目面具是鸟身人面的形象，与太阳崇拜有关②。我认为凸目面具应是蜀人的始祖神或祖先神，但是，他是不是指蚕丛尚需斟酌。关于蜀人祖先蚕丛的传说，《华阳国志·蜀志》云："周失纲纪，蜀先称王。有蜀侯蚕丛，其目纵，始称王。死，作石棺石椁，国人从之，故俗以石棺石椁为纵目人冢也。"按此记载，蚕丛氏的特点是纵目，其俗死后用石棺石椁为葬具。许多人认为凸目面具反映的是蚕丛纵目的特点，看似有一定的道理。但是，在成都平原，从较早的广汉三星堆仁胜墓地和成都南郊十街坊墓地，到晚期巴蜀文化发现的大批墓地与墓葬，几乎都是以土坑竖穴墓为主，葬具有木棺木椁、船棺与独木棺等，根本不见石棺石椁，与记载的蚕丛氏的葬俗不相吻合。从成都平原考古发现的墓葬遗存来看，很难与蚕丛氏联系起来，或者根本就不可能直接联系起来。另据《蜀王本纪》记载（《古文苑·蜀都赋》章樵注引）"蚕丛始居岷山石室中"，在今茂县叠溪西有蚕陵山，都江堰西有蚕崖关、蚕崖石等遗迹，相传都与蚕丛有关，由此而知，蚕丛氏活动的区域更有可能是在岷江上游一带，而不是在成都平原。所以，有学者认为在岷江上游广大地区发现的大石墓，可能是蚕丛氏的遗迹的观点是有一定道理的。我们认为：凸目面具双目前突，双耳伸展，额中立一夔龙形饰直指苍穹，整个造型更具有沟通天地的神灵的性质。凸目面具两侧上下凿有方形孔，推之其可能是安装在大柱类物体上使用，其性质当是受祭者。

二号坑出土20件所谓的"人面具"，其两侧上下均有一个铸造后凿出的方孔；有的还在额中凿出方孔或留下了方形凿痕；有的眉与眼眶描黑色彩，有的嘴缝涂朱砂。这些"人面具"与凸目面具造型极相似，最大的区别在眼非凸目，双耳是长形而不是向外展开的，额中没有夔龙

---

① 龙晦：《广汉三星堆出土铜像考释》，《三星堆与巴蜀文化》，巴蜀书社，1993年，第93页。

② 刘章泽：《眼形器、纵目面具与太阳神崇拜》，《殷商文明暨纪念三星堆遗址发现七十周年国际学术研讨会论文集》，社会科学文献出版社，2003年，第79页。

形饰件，整个造型较凸目面具瘦长。另外，它的安装方式与凸目面具相同，其性质亦当是受祭者，属于祖先神一类。

二号坑出土青铜神树大小共计6株①，反映出青铜神树在古蜀人的心目中的地位很高。青铜神树在古蜀王国的宗教信仰中究竟属于什么神灵，代表了什么崇拜对象，应作出更接近历史事实的具体的解释。现在对神树的研究有几种代表性的意见：有"扶桑树"和"若木"说②；有"地母崇拜"说③；还有"天梯"说④，等等。论者各自从不同的角度分析研究，阐述自己的观点。虽然研究尚处于开始阶段，可供参考的资料很少，观点不一致，难成定论，但是有了这些研究，将会给进一步研究的人许多启发，推动研究工作的开展。

拙作《三星堆二号坑青铜神树研究》结合学者们研究的成果，参考我国少数民族地区保存下来的原始宗教的资料，特别是纳西族在他们的祭祀天神活动中，在祭坛上竖立三棵树，中间一棵柏树象征祖先神，左侧一棵无枝杈的黄栗树代表天神，右侧一棵有枝杈的黄栗树代表地神的祭祀仪式，给我们对青铜神树的研究带来的极大的启示，提出了我的具体看法⑤。首先，我根据前人对我国先秦时期有关"十日"的传说的研究，认为有关十日的记载内容各异，有的反映出古代人们与太阳亲密的关系；有的反映出人们深受炎热之苦，与十日的紧张关系；还有的则是将十日比喻为无所不及的德行。文献记载的古代人们对十日态度的不同，表现出我国古代不同的族群对太阳的不同态度，从而反映出这些不

---

① 四川省文物考古研究所：《三星堆祭祀坑》，文物出版社，1999年，第214～221页。

② ［日］林巳奈夫：《中国古代的日晕与神话图像》，《三星堆与巴蜀文化》，巴蜀书社，1993年，第118～119页；孙华：《四川盆地的青铜时代》，科学出版社，2000年，第192页。

③ 俞伟超：《三星堆文化在我国文化总谱系中的位置、地望及其土地崇拜》，《四川考古论文集》，文物出版社，1996年，第63页。

④ 赵殿增：《三星堆祭祀坑文物研究》，《三星堆与巴蜀文化》，巴蜀书社，1993年，第86页。

⑤ 张肖马：《三星堆二号坑青铜神树研究》，《四川文物》2006年第6期。

同的族群不同的宗教信仰。再则，认为扶桑树属于东夷民族的传说，反映的是东方民族的思想观念，而不是古蜀人的信仰，扶桑不是古蜀王国崇拜的神树。那么，Ⅰ号神树是什么树？反映了什么样的宗教信仰呢？我认为：Ⅰ号神树上的九只鸟代表太阳是无疑的。用鸟表示太阳，早在我国新石器时代就已出现，如河姆渡遗址出土的"双鸟负日图"。稍后在中原大地、在东部广大地区都存在以鸟代表太阳的观念。在成都平原的金沙遗址出土的"太阳神鸟"金器，就说明古蜀人有以鸟代表太阳的观念。可知，三星堆古蜀王国也有"十日"的传说和对太阳的崇拜。十日没有给古蜀人带来炎热之苦，而是带来恩惠。所以，我认为：Ⅰ号神树就是古蜀人崇拜的太阳神树，反映了古蜀人太阳崇拜的宗教信仰。同时，Ⅰ号神树的神性不是单一的，它还具有"天梯"的性质。神树上有一条龙沿树干蜿蜒而下，寓意着这条龙上下于天地之间，起着沟通天地的作用。古蜀王可能乘着神龙，沿着神树——天梯上下于天地之间。这点与《淮南子·地形训》记载的生长在"都广之野"（即成都平原），"众帝所自上下"的"建木"相似。

拙作《三星堆二号坑青铜神树研究》比较了Ⅱ号神树与Ⅰ号神树所存在的较大差别[1]，认为Ⅱ号神树与Ⅰ号神树分别属于不同的祭祀对象。这里需要补充说明一点，有人认为Ⅰ号神树与Ⅱ号神树分别是扶桑与若木，它们生长在中国古代的东西两极，清晨太阳沿扶桑升起，傍晚沿若木而降落。这种思想观念是否真实地反映出古蜀王国人们的思想观念，还是存在疑问的。古蜀人有没有这样的思想观念，我们今天无从得知，因为有关古蜀人这方面的记载是没有的，所以，研究者用战国时期与汉代的文献作为论据，而这些记载主要反映的是我国东部民族的观念，用这些记载来解释古蜀王国的思想观念，说服力是值得考虑的，由此得出的结论也是存在疑点的。对古蜀人思想观念作出合理的解释，我们需要从出土遗物中去寻找线索，理出头绪，辨明有关遗物的性质，然

---

① 张肖马：《三星堆二号坑青铜神树研究》，《四川文物》2006年第6期。

后深入研究，抽象出这些遗物的理性意义。

Ⅱ号神树下跪坐的祭司，是在山前设坛，跪坐在坛上进行祭祀的。二号坑出土的有关祭祀地祇的祭司，多为跪坐式，祭司跪坐在坛上主持着祭祀，是祭祀地祇的神职人员。俞伟超先生在《三星堆蜀文化与三苗文化的关系及其崇拜内容》一文中指出：铜树底座上做出三个跪坐铜人，其双手所持之物，按其形态是玉琮。《周礼·春官·大宗伯》"以黄琮礼地"，铜人持琮礼地，当然是祭地之神，大树树根之旁有神祭地，正进一步表明了铜树的性质①。以树作为地母神，在云南少数民族的宗教信仰中也是存在的。云南巍山彝族就用树枝代表地母神，称为"米斯"，每年阴历正月初一就要到巍宝山林中杀鸡祭祀地母神，祈求保佑五谷丰登②，等等。另外，出土殷商甲骨文中有了社祭的记载，江苏发现的商代社祭遗址，是用石作社的例子。在我国先秦古籍中也有关于以树为社的记载。《论语·八佾》："哀公问社于宰我，宰我对曰：'社，夏后氏以松，殷人以柏，周人以栗。'"孔颖达疏云："凡建邦立社，各以其土所宜之木。"

关于编号为K2③:272的小型神树，我已在《三星堆二号坑青铜神树研究》做了详细研究③。其枝上站立一"人面鸟身像"，人面的造型与二号坑出土的兽面具相类，唯兽面具的眼睛为柱状。兽面具是古蜀人的祖先神，人面鸟与文献记载的古蜀人祖先柏濩、鱼凫、杜宇都与鸟有关联的说法相一致。所以，这棵铜树与古蜀人祖先崇拜有关。另外，文中还引证民族学提供的资料，如布朗族、哈尼族、傣族、纳西族都以某种树为自己民族的祖先神，每个村寨都有他们的神树神林进行祭祀。以树象征自己民族的祖先神的例子还很多，此不赘述。

三星堆二号坑出土的太阳形器，可辨认出六个个体，复原两件，

---

① 俞伟超：《三星堆蜀文化与三苗文化的关系及其崇拜内容》，《文物》1997年第5期。

② 杨学政：《原始宗教论》，云南人民出版社，1991年，第102页。

③ 张肖马：《三星堆二号坑青铜神树研究》，《四川文物》2006年第6期。

由阳部、放射状五芒和晕圈组成①，是当时的人们太阳崇拜的实物。由于这种铜器的外形酷似车轮，当初人们称它为"轮形器"，甚至直接称之为车轮。"在伟大的原型性象征中最富于哲学意义的也许就是圆圈及其最常见的意指性具象——轮子。在圆圈中开端和结尾是同一的。当圆圈具象为轮子时，便又获得了两种附加的特性：轮子有辐条，它还会转动。轮子的辐条在形式上被认作是太阳光线的象征，而辐条和太阳光二者又都是发自一个中心的生命渊源，对宇宙间一切发生作用的创造力的象征"②。所以，对于意指性具象的"轮形器"，考古学、文化学、神话学界的学者们一般认为是太阳崇拜的符号，所以，太阳形器与"轮形器"的意指性是同一的。三星堆二号坑同时出土大批的器物，其上都饰有"芒纹""炯纹""日晕纹"，这些都是同样的象征与意指。如所谓的神殿顶部饰的炯纹和神殿屋盖上的太阳芒纹③，也是古蜀人太阳崇拜的证据。另外，大型立人像冠上的日晕纹、兽首冠人像上的炯纹、神坛立人像衣裳前后的炯纹④，这些大小不同的祭司的冠和衣裳上都分别饰有与太阳崇拜有关的纹饰，可能显示出这些大小有别的祭司曾主持祭祀太阳的仪式。这些例证从不同的角度反映出古蜀人太阳崇拜的宗教信仰观念，而且，太阳崇拜在三星堆古蜀国的全部宗教信仰中占有极其重要的地位。

二号坑出土了眼形饰5件、眼形器71件和眼泡33件⑤。眼形饰两眼角或呈下钩状或呈上下钩状，有的绘目字纹，眼球描黑彩。眼形器有菱形、钝角三角形、直角三角形三种。钝角三角形、直角三角形的眼形器是否拼合成菱形眼形器，在此我们不作过多的讨论。以往研究这些眼形

① 四川省文物考古研究所：《三星堆祭祀坑》，文物出版社，1999年，第232~235页。
② ［美］威尔赖特：《隐喻和现实》，中译本见叶舒宪选编：《神话——原型批评》，陕西师范大学出版社，1987年，第229页。
③ 四川省文物考古研究所：《三星堆祭祀坑》，文物出版社，1999年，第235页。
④ 四川省文物考古研究所：《三星堆祭祀坑》，文物出版社，1999年，第162、164、231~232页。
⑤ 四川省文物考古研究所：《三星堆祭祀坑》，文物出版社，1999年，第201~213页。

器的学者中，有的认为其是祖先崇拜的对象，更多的认为它是"天之眼"，是太阳崇拜的象征。我更偏向于以上两种与眼有关的器物，反映的是古蜀人太阳崇拜的信仰观念。至于出土的33件眼泡，呈形状略异、高矮不同的柱状，与凸目兽面具的眼球有相似之处。所以，我以为这些眼泡可能是兽面具一类器物的附件，非为成型的完整器。如果我们的推测无误的话，那么，也只能说眼泡与"凸目"有密切的关系，是血缘认同的符号，与祖先崇拜有关。

二号坑出土的一件玉璋，编号为K2③:201-4。这件玉璋正反两面共有四组八幅祭山图；每组的两幅祭山图均用带状云雷纹相隔，上幅中的祭司作站立状，下幅中的祭司作跪坐状。每幅祭山图都是祭司在上，山在下。下幅图的两山之间有一象牙，两山外侧各插立一牙璋。上幅图的两山之间有一倒梯形台，台上立有枝状物，疑为祭台上插有树枝①。玉璋上的这种祭山图景，在所谓的铜神坛上也有反映。神坛的第三层铸成相连的四座山，可能四座山代表四方的山。第四层原报告认为是方形盝顶建筑，中有一排大小与造型相同的跪坐人像——祭司。神坛的第三层和第四层组成的祭祀山神的场景，与玉璋上的祭山图惊人的相似②。另外，我们从二号坑玉璋上的祭山图可知，并列的两山侧插立有玉璋，可知古蜀人祭山使用了璋。另外出土的一件持璋小人像（K2③:325），跪坐，两臂前置平抬，双手握一璋，完全是正在进行祭山的祭司形象。用璋祭祀大山，与《周礼·春官·典瑞》记载的"璋邸射，以祀山川"相合。二号坑共出土玉璋17件，结合一号坑出土玉璋计40件，出土如此众多的玉璋，从另一侧面反映出古蜀王国祭祀山神的重要程度。Ⅰ号和Ⅱ号神树以及另一个铜树座（K2③:17）均由圆形底座与三个拱形组成，拱形象征的是山，树座为山形座。小型铜立人像（K2③:292-2）的底座四面各有由乳钉纹组成的山形纹饰；铜圆座（K2③:55）和"神

<hr />

① 四川省文物考古研究所：《三星堆祭祀坑》，文物出版社，1999年，第358页。

② 四川省文物考古研究所：《三星堆祭祀坑》，文物出版社，1999年，第233页，图一二九。

殿屋盖"（K2②:145）上饰有连续状的拱形图案，前者是上下两组，中间饰简化的兽面纹①。我以为这种连续状的拱形图案，是山形的一种变体，是山的几何图形，是山的一种图案化的表现，其真实的意义是代表着山。二号坑众多的山形造型和山形图案也是古蜀人山崇拜观念的真实反映。

二、二号坑反映出的古蜀王国的宗教信仰

由以上的分析而知，二号坑遗物中有许多是被崇拜的对象，从对它们的梳理中，我们知道了古蜀王国时期存在着太阳、祖先、山、社等的崇拜。古蜀人的祭祀对象与他们的宗教信仰观念是一致的，有某一祭祀对象就存在某种宗教信仰。如对太阳的崇拜，在古蜀人的宗教信仰中占有重要位置，他们铸造了不同的代表太阳崇拜的器物——Ⅰ号神树、太阳形器和眼形饰、眼形器，作为他们崇拜的对象。高大的Ⅰ号神树和神秘的太阳形器及眼形饰、眼形器，以及许多器物上的"炯纹""芒纹"等纹饰，无不反映出古蜀人宗教中的太阳神信仰观念。太阳给古蜀人带来的是幸福与光明，而不是焦禾稼、带来炎热之苦的情景。太阳对于古蜀人的生活极其重要，是光明的象征，是光和热的象征。人们崇拜太阳，祈求光和热，有了光和热，万物才有生机，才有生命。

古蜀人的祖先崇拜是一个较复杂的问题。反映古蜀人祖先崇拜的器物有凸目铜面具、铜人面具、铜人头像、小型铜神树（K2③:272），而且数量之多，不能不说祖先崇拜在古蜀人的宗教信仰中占有突出的位置。对这么多有关祖先崇拜的器物，我以为：凸目铜面具像翅膀一样的双耳、前凸的柱状眼球、鹰隼的鼻子、直耸天穹的额饰和夸张的面部，是古蜀人的始祖神的观点是可从的。铜人面具似人非人、似兽非兽的形

---

① 四川省文物考古研究所：《三星堆祭祀坑》，文物出版社，1999年，第164、227、232页。

象，可能代表了古蜀人的先公先王。这些始祖神、先公先王不仅是接受人们供奉的祖先亡魂，还具有沟通天地的功能，人间的祈愿通过他们达于天上的神灵，天神的旨意又由他们下达于人间。祖先神灵天神化。

众多的青铜人头像也是祖先神灵，但是，他们写实的造型与始祖神和代表先公先王的祖灵是有一定的区别。在44件青铜人头像中平顶的39件；除1件为戴冠的外，38件都是脑后垂一发辫，上端扎束，一般认为这种发式就是编发①。另5件青铜人头像为圆顶，其中1件头盘辫发，1件椎髻，3件头后戴簪。在我国古代，一般说来不同的发式代表着不同的族群，发式是区分不同民族集团的标识之一。所以，有学者认为青铜人头像中的椎髻者可能是蜀人，编发者可能是氐、嶲、昆明等人②。对于不同发式的青铜人头像究竟反映的是哪个民族，不是本文要解决的课题，故不作详细的分析。但是，我们可以看出，古蜀王国时期存在较多的族群，这些不同的族群组成了一个人类共同体。组成这个共同体的各个族群在共同体的祭祀活动中，要对自己族群的祖先进行祭祀，同时，还要祭祀这个共同体的共同的祖先，因为，他们都认为共同体的组成族群的祖先也是与这个共同体的祖先有血缘联系的，属于同一血缘集团。民族学的资料也提供了这方面的佐证，古代的人们不但要祭祀自己氏族的祖先，还要祭祀自己部落的祖先。如云南永宁摩梭人由六个氏族组成，氏族之下个体家庭以上的血缘组织叫"斯日"，由十几个血缘亲族组成。摩梭人保留着祭祀他们母系氏族祖先的习俗。他们不但要祭祀远古母系氏族的首领"阿几夺洛咪"——自己氏族的始祖，还要以"斯日"为单位祭祀自己的两位远祖——母系亲族的祖先——"曹都努依"和"柴洪几几咪"，摩梭人在念诵"口诵经"时，可追述80多代"斯日"祖先的姓名，一代以25年计，约有2000年的历史③。

---

① 四川省文物考古研究所：《三星堆祭祀坑》，文物出版社，1999年，第174页。
② 王仁湘：《从月亮湾到三星堆——葬物坑为盟誓遗迹说》，《文物天地》1994年第6期。
③ 杨学政：《原始宗教论》，云南人民出版社，1991年，第164～167页。

对山的崇拜是古蜀人又一宗教信仰观念，属于自然崇拜的范畴，祭祀由来已久。《蜀王本纪》云：鱼凫"王猎至湔山，便仙去，今庙祀之于湔"[①]。《华阳国志·蜀志》云："鱼凫王田于湔山，忽得仙道，蜀人思之，为立祠。"又云：蜀王杜宇"禅位于开明，帝升西山隐焉"。可见古蜀人与山有着密切的关系，山在古蜀人的心目中是与神灵紧密联系在一起的。"便仙去"与"隐焉"的记述，真实地反映出古蜀人的祖先神灵居住在高山之中，也可以说高峻雄伟的大山是神灵居住的场所，是神秘与神圣的地方。前面已讨论过，古蜀人祭祀山神，还有可能祭祀四方之山。山和四方之山都受祭祀，自然物体的山被赋予了灵性或神性，由此而知，古蜀人的自然崇拜观念中已将神性赋予了自然物体——山，或以自然物体——山具有某种神性为前提。

Ⅱ号神树代表社树，将杜宇"教民务农"与"巴蜀民农时先祀杜主君"相联系，反映了古蜀王国农业在其经济生活中的地位，反映了古蜀人对土地的认识和重视。夏商时期的古蜀人早已进入农业社会，他们在长期的劳作中，对粮食从土地中长出来感到神奇，大惑不解，便产生了土地有神灵相助或土地本身就有神性的观念。为祈求年年丰收而祭祀土地，土地被神圣化了。同时，也进一步反映出古蜀人的宗教信仰中早已存在地母神崇拜的观念。再从民族学的资料来看，人们普遍地祭祀土地神，称土地神为"地母"。土地有"地母"的称谓，是因为其能够生育和养育万物，是万物的母体。人们崇拜大地是为祈地利、报地功。另外，我国先秦时期，既有用大石也有用树作为地母崇拜的体现物，考古学提供了这方面的资料，古代文献有详细的记录，大量民族学的"活化石"资料也给予了佐证，地母神信仰的观念是一致的，所不同的是人们用的地母神的代表物不同而已，古蜀王国Ⅱ号神树反映的是古蜀人的"地母"神崇拜的信仰观念，是社树的代表物。

---

① 见《太平御览》卷八八八引《蜀王本纪》，中华书局，1960年影印本，第3944页。

三、古蜀王国的宗教信仰体系

　　古蜀王国的祭祀活动是怎样进行的，是否频繁地举行祭祀活动，我们从出土器物本身难以找到答案。但是，我们可以从这些器物中找到他们进行祭祀活动的一些方式。对山的祭祀，古蜀人使用的祭器主要是玉璋，另外还有使用象牙的，玉璋上的"祭山图"是最好的注解[①]。用玉璋祭祀的方法有二，一是将玉璋插立地上，一是祭司跪于地双手捧持着玉璋。玉璋上的"祭山图"的两山之间有一钩状物，实际是悬于山间的象牙，可能反映的是用象牙悬祭神灵的事实。《山海经·中山经》中有悬祭的记载："历儿，冢也。其祠礼：毛，大牢之具，县以吉玉。""县"即悬字。《尔雅·释天》云："祭山曰庪县。"《仪礼·觐礼》："祭山、丘陵，升。""县"和"升"都是指将祭品高挂空中献祭。对地母神的膜拜是在社树前设方形坛，祭司跪于坛上，双手捧握着玉琮进行祭祀。古蜀人另外一种祭祀方式是：一上身赤裸的祭司跪坐于喇叭形祭坛上，头顶铜尊，双手上举扶尊进行祭祀。有人推定这是祭祀鬼神的方法[②]。从祭司跪坐于圆形祭坛来看，祭祀天神的可能性更大，但也不排除祭祀祖神的可能性。从另一角度来说，祭祀地祇设方形坛，祭祀天神用圆形坛，暗示着古蜀人可能有了"天圆地方"的宇宙观念。

　　从以上的讨论中可以看出，古蜀王国的祭祀方式可能是多样的，产生了许多的神灵，代表了不同的宗教崇拜对象，反映出复杂的信仰观念，已经具有了一个比较完整的神灵系统，已形成了一个具有天神、地祇和人鬼的三层神灵结构：

---

① 四川省文物考古研究所：《三星堆祭祀坑》，文物出版社，1999年，第358页。

② 四川省文物考古研究所：《三星堆祭祀坑》，文物出版社，1999年，第447页。

一、神：太阳神；

二、地祇：社、山、四方之山；

三、人鬼：王国的始祖神、先公先王；组成王国的各族群的
祖先。

以上各类神灵的具体代表器物，我们目前能认定的有：

一、天神：Ⅰ号神树、太阳形器、眼形饰、眼形器；

二、地祇：Ⅱ号神树、祭山图内容、神坛上的四方之山等；

三、人鬼：小型神树、凸目兽面具、人面具、人头像、眼泡。

在这个宗教信仰体系中我们可以看出古蜀王国宗教信仰的特点：
一、古蜀人的宗教信仰本质上与万物有灵没有较大的区别，但已不是单
纯的万物有灵的形态，而是进入了多神教或多神信仰的阶段。古蜀人的
宗教信仰状态虽然不是纯粹的自然崇拜，但自然崇拜还是存在，并作为
整个神灵系统的一部分，而且，自然神祇已人格化了。二、祖先神灵的
崇拜在古蜀王国的信仰中占有突出的位置，始祖神和先公先王可以上达
于天，可见祖先神灵已天神化。三、在这个多神信仰的体系中，众神之
间没有统属关系。换言之，古蜀人的神灵体系中没有出现"至上神"的
观念，祭祀体系和信仰体系是一致的。

原载《史前研究（2006年）》，陕西师范大学出版社，2007年

三星堆古蜀王国的山崇拜

　　在三星堆二号器物坑中出土一件玉璋，编号为K2③:201-4，通体呈黑色，不透明，通长54.2厘米、射宽8.8厘米、邸长11.4厘米、宽6厘米、厚0.8厘米。玉璋两面线刻完全相同的精美图案，每面两组图案，每组图案分上下两幅，中间用带状几何云雷纹相隔，所以，玉璋正反两面共有四组八幅图案。下幅图案线刻两座山，山间有一钩状物，两山外侧各立一牙璋；山之上刻一平行线，线上刻三祭司并列呈跪状，头戴穹窿形帽，帽上饰圆点纹，两耳戴一对套环耳饰，身着无袖衫与短裙，裙裾外撇，双手相握置于胸前，拇指上翘相对，左手其余四指交于右手四指之上，握成圆拱形。上幅图案亦刻两座山，山间有一"祭台"，两山外侧各有一手置于山腰；山之上亦刻一平行线，线上三祭司平列站立，头戴平顶帽，帽上饰两道圆点纹，两耳戴一对铃形耳饰，身着无袖衫，下裾外撇，足穿靴，手势与前述跪状的祭司手势相同。另外，因邸较射窄，故靠邸部图案上仅刻二祭司。根据玉璋上图案的内容，人们称之为"祭山图"[①]（图一）。这八幅祭山图，每组的两幅祭山图均用带状云雷纹相隔，上幅图中的祭司作站立状，两山之间有一祭台，台上插立枝状物——疑为树枝；下幅图中的祭司作跪坐状，两山之间有一象牙，两

①　四川省文物考古研究所编：《三星堆祭祀坑》，文物出版社，1999年，第358页。

山外侧各插立一牙璋。它们的共同特点是每幅祭山图都是祭司在上、两山在下的布局。

玉璋上刻制精美的祭山图景，反映出三星堆青铜文化时期的古蜀人存在着山崇拜的宗教信仰。祭山图中两山外侧各插立一牙璋，反映出古蜀人使用玉璋祭祀高山，用璋祭祀大山与《周礼·春官·典瑞》记载的"璋邸射，以祀山川"相合。结合二号坑出土的一件持璋小铜人像（K2③:325），跪坐，两臂前置平抬，双手握一璋[①]（图二），我们认为这件持璋小铜人像反映的正是进行祭山活动的祭司的形象，可知玉璋是古蜀人祭山仪式中的重要礼器。另外，二号坑共出土玉璋17件，加之一号坑出土玉璋计40件，出土如此众多的玉璋，从另一侧面反映出古蜀王国祭祀大山的重要程度，祭祀大山在古蜀王国的宗教活动中有着很重要的位置。

二号坑出土文物中反映祭山场景的不乏其例。如青铜神坛（K2③:296）便是一例。青铜神坛第一层为一神兽；第二层是手握藤类植物沟通上下的祭司；第三层塑造成四山相连；第四层呈方斗形，斗的四面各铸有5个造型完全相同的跪坐的祭

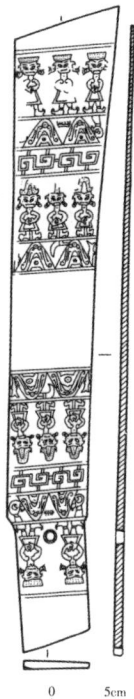

图一　三星堆二号器物坑出土玉璋K2③:201-4（摘自《三星堆祭祀坑》一书，下同）

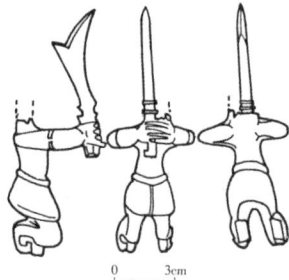

图二　三星堆二号器物坑出土持璋小铜人像（K2③:325）

---

① 四川省文物考古研究所编：《三星堆祭祀坑》，文物出版社，1999年，第232页。

司[1]（图三），这5个跪坐的祭司与上述玉璋上祭山图中跪坐的祭司造型相似。我们将青铜神坛的第三层和第四层视为一组，就不难发现这组图景与玉璋上的祭山图惊人地相似，组成了祭司在上，四山在下的图景，所以，我们认为神坛的第三层与第四层应是一组图景，与玉璋上的祭山图一样，反映的是古蜀人祭山的场景。二者的区别仅在于青铜神坛的祭山场景是立体的造型，而玉璋上的祭山场景是平面的构图，不同的艺术表现手法反映的都是相同的祭祀主题。又如编号为K2③:292-2的小型铜立人像，虽然头部不存，但还是可见一祭司双臂向前平伸，双手呈持玉璋状（双手相握处有一长方孔），跣足站立在一个四面由乳钉纹组成的山形座上[2]（图四）。又如铜神殿顶部（编号K2②:143-1），只要我们仔细地观察便不难看出，喇叭形高台饰龙纹、炯纹、重环纹和波曲纹，波曲纹实际上就是山的另一种表现形式，台上一人作跣足跪坐状，虽然跪坐人像残损，但仍可看出其造型，也是祭司在上、山在下的图景[3]（图五）。从以上所述而知，参加祭山活动的祭司有的跪坐山上，有的站立山上，以跪坐的为主。他们主持或参加祭祀活动时，其共同点是都穿着对襟衣衫，腰系带，双手作持物状。

在三星堆二号坑出土遗物中，与山有关的遗物也不乏其例，如Ⅰ号和Ⅱ号青铜神树的树座，以及编号为K2③:17的铜树座，其造型均由圆形底座与三个拱形物组成[4]（图六），专家们一致认为拱形物象征的是大山，故称其为山形树座。另外，作为象征山的拱形物造型与青铜神坛的四山的造型也是相似的。又如铜圆座（K2③:55）和"神殿屋盖"（K2②:143）上饰有连续状的拱形图案，前者是上下两组，中间饰简化

① 四川省文物考古研究所编：《三星堆祭祀坑》，文物出版社，1999年，第231～232页。

② 四川省文物考古研究所编：《三星堆祭祀坑》，文物出版社，1999年，第164页。

③ 四川省文物考古研究所编：《三星堆祭祀坑》，文物出版社，1999年，第232页。

④ 四川省文物考古研究所编：《三星堆祭祀坑》，文物出版社，1999年，第214、219、227页。

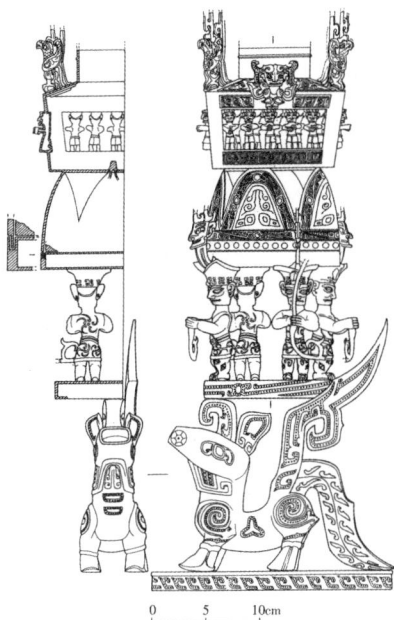

图三　三星堆二号器物坑出土铜
　　　神坛（K2③:296）

图四　三星堆二号器物坑出土小
　　　型铜人像（K2③:292-2）

图五　三星堆二号器物坑出土铜
　　　神殿顶部（K2②:143-1）

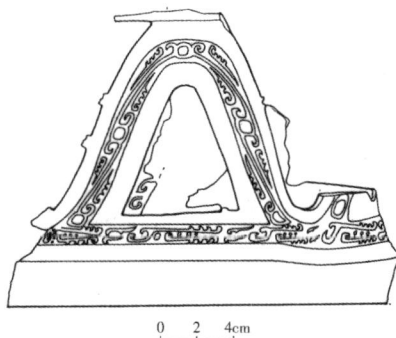

图六　三星堆二号器物坑出土铜
　　　树座（K2③:17）

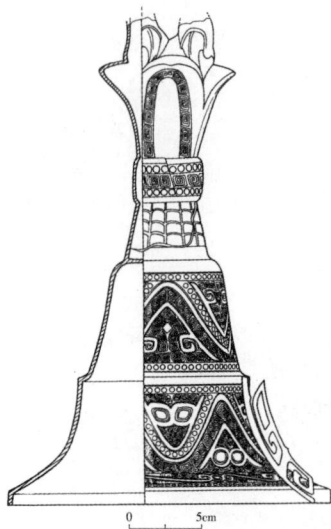

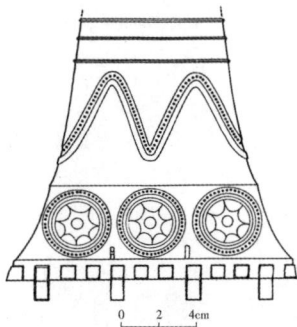

图七　三星堆二号器物坑出土铜　　　　图八　三星堆二号器物坑出土铜
　　　神树圆座（K2③:55）　　　　　　　　"神殿屋盖"（K2②:143）

的兽面纹①（图七），后者为两道拱形线间填充圆点纹（图八）。我以
为这种连续状的拱形图案，也是山形的一种变体，是山的几何图形②，
是山的一种图案化的表现形式，其真实的意义是代表着山。

　　以上所述的二号器物坑中刻有祭山图案的玉璋、青铜神坛、铜神
殿顶部、小型铜立人像都有祭司或站立或跪坐在山上的造型；青铜神树
的山形座、铜圆座和"神殿屋盖"上都饰有连续状的拱形图案——山的
几何图形等，这些众多的祭山场景和山形造型、山形图案，是古蜀人山
崇拜观念的真实反映与真实记载，反映出古蜀人与大山有着不可割舍的
情结。

　　山崇拜在世界许多民族的历史中普遍存在，在我国许多民族的历
史中也普遍存在。史前社会的人们看到高大雄伟、谷深豁险的山峰难以
接近，山中又居住着许许多多的奇禽猛兽，从而产生了一种神秘感。

---

① 四川省文物考古研究所编：《三星堆祭祀坑》，文物出版社，1999年，第227页。
② 四川省文物考古研究所编：《三星堆祭祀坑》，文物出版社，1999年，第232页。

有的山峰高耸入云直至苍穹，他们认为这些山里可能有神灵居住，或者认为这些山峰是通往天上的道路或天梯。在殷墟出土的甲骨卜辞中有大量记载山崇拜的资料，根据陈梦家的研究，殷人祭山神与求雨紧密相连，人们认为山神有兴云作雨的能力，可能将山神作为求雨或止雨的对象来崇拜①，这与《礼记·祭法》记载的"山林川谷丘陵，能出云，为风雨，见怪物，皆曰神"的内容基本吻合。另外，《史记·封禅书》云："《尚书》曰：舜……望山川，遍群神"，并每年对东岳泰山、南岳衡山、西岳华山、北岳恒山进行巡狩，对中岳嵩山"五载一巡狩"，"禹遵之"。到了周代"天子祭天下名山大川……诸侯祭其疆内名山大川"。《封禅书》又云："管仲曰：古者封泰山禅梁父者七十二家"，并列举了从远古至周成王时的十二位"天子"封禅之事，除了已提到的山岳外，还有云云山、亭亭山、会稽山、社首山②。至秦并天下，秦始皇三年（公元前219）"东巡郡县，祠驺峄山"，又封泰山禅梁父。古之帝王"皆受命然后封禅"，其目的是歌颂他们的功业。秦时，鉴于"名山大川或在诸侯，或在天子，其礼损益世殊之"，对常奉的名山大川等做了规定："自殽以东，名山五"，即太室、恒山、泰山、会稽山、湘山；又华山以西有七名山，除华山外，还有薄山、岳山、岐山、吴岳、鸿冢、渎山③。由此可见，秦王朝对大山的祭祀是很重视的。另外，我国另一部古籍《山海经》中也有许多祭祀山神的记载。《山海经·五藏山经》把我国的大山划分为二十六区，南方三个山区四十一山，西方四个山区七十八山，北方三个山区八十八山，东方四个山区四十六山，中央十二个山区一百九十八山，共计四百五十一山，并对其中有山神的山和称为神的山进行祭祀，特别是对那些被称为"冢""神""帝"的名山的祭祀，还用隆重的太牢或少牢之礼。从以上文献记载可知，我国先秦时期至秦汉时期祭祀大山或山神是极为普遍

① 陈梦家：《殷墟卜辞综述》，科学出版社，1956年，第596页。
② 《史记》卷二十八《封禅书第六》，中华书局，1959年标点本。
③ 《史记》卷二十八《封禅书第六》，中华书局，1959年标点本。

的现象，反映出当时的人们对山的崇拜和对山的信仰。

另外，根据民族志的资料，在我国少数民族最为集中的云南省，各民族都崇拜山，但是，各民族对山崇拜的观念以及有关山神的职能各不相同，反映出各个民族的山崇拜观念存在着一定的区别。杨学政在《原始宗教论》中根据他多年对川、滇两省的藏族、彝族、纳西族、普米族、傈僳族等少数民族地区的实地调查认为：这些民族崇拜山，有的是把山作为本民族气质、性格的象征；有的是向山神祈求人口繁衍；有的是向山神祈求谷物丰收；有的是向山神祈求保护不受外族侵略，等等[1]。

对山的崇拜是古蜀人宗教信仰体系中极其重要的观念之一，祭祀活动由来已久。但是，古蜀人祭山反映出什么样的宗教信仰观念呢？古蜀人与大山有着什么样的关系呢？这是需要我们进一步深入研究的。从文献记载和考古发掘提供的资料入手，结合民族志的相关资料来作综合性的考察，方能得出比较合理的解释。

古代文献对古蜀人早期的历史记载不多，仅有的一些记载往往又语焉不详，而对古蜀人早期有关宗教信仰方面的记载几乎没有。但是，在这些语焉不详的记载中幸运地保存着一些极其重要和难得的信息，特别是一些关于古蜀人与山有着紧密关联的记载，是我们探索古蜀人山崇拜不可多得的重要资料。《太平御览》卷八八八引《蜀王本纪》云："（鱼凫）王猎至湔山，便仙去，今庙祀之于湔。"《华阳国志·蜀志》云："鱼凫王田于湔山，忽得仙道，蜀人思之，为立祠。"又云：蜀王杜宇"禅位于开明，帝升西山隐焉"。鱼凫王在湔山忽得仙道，杜宇王升西山隐焉，蜀人为之立祠祭之，或"巴蜀农时先祭杜主君"[2]，可见古蜀王与山有着密切的关系。蜀人祭山的习俗一直延续到了后世，秦灭蜀以后，降蜀王为蜀侯，蜀侯仍坚持祭祀大山。《华阳国志·蜀

① 杨学政：《原始宗教论》，云南人民出版社，1991年，第107页。

② 《华阳国志》卷三《蜀志》，巴蜀书社，1984年校注本。

志》云："（周）赧王十四年（公元前301），蜀侯恽祭山川。"蜀人与大山有着割不断的联系。

另外，从考古资料来看，在成都平原范围内，发现最早的古代文化属于新石器时代晚期的文化，即以三星堆一期文化或宝墩文化为代表的一大批遗址，其年代大致在距今4500—4000年范围内。同时，还陆续发现了一批以宝墩古城址为代表的史前城址，在这些史前城址的周围分布着众多小型聚落遗址，应是村落遗址。在史前城址的周围分布着村落遗址，说明当时的聚落遗址已经出现了分化，城乡之间出现了一定的差别，产生了一些早期文明的因素。不久，在成都平原的古蜀人建立了一个早期的国家，进入了文明社会，相继在三星堆遗址发现的商代时期的环壕城址和成都商周时期的金沙遗址是古蜀国先后的都城所在地。但是，在成都平原则没有发现更早的古代文化遗址。现已发掘的以宝墩文化或三星堆一期文化为代表的一大批遗址，其文化堆积之下的地层已是生土层，没有任何人类活动留下的痕迹。三星堆一期遗存的碳十四测年距今4665±135至4500±150年（注：此数据为树轮校正年代）[①]，宝墩遗址的碳十四标本测定的数据，其年代距今4385±70年和距今4405±95年（注：未经树轮校正的数据）[②]，发掘者将该遗址年代的上限定在距今4500年。三星堆一期遗存和宝墩遗址是成都平原发现的年代最早的古遗址，其上限锁定在距今4500年左右，这就给我们提出了另一个问题，即以三星堆一期文化或宝墩文化为代表的古文化是从什么地方来的？它们的源在哪里？成都平原四周的地理环境是山地与丘陵，我们的寻找视线只能移到周邻的山地与丘陵地区。

---

① 北京大学考古系[14]C实验室：《碳十四年代测定报告（八）》，《文物》1989年第11期；中国社会科学院考古研究所实验室：《放射性碳素测定年代报告（一四）》，《考古》1987年第7期；中国社会科学院考古研究所实验室：《放射性碳素测定年代报告（一〇）》，《考古》1983年第7期。

② 中日联合考古调查队：《四川新津县宝墩遗址1996年发掘简报》，《考古》1998年第1期。

自1989年以来，中国社会科学院考古研究所在四川盆地北缘进行了一系列的考古调查，发掘了广元中子铺遗址①、张家坡遗址②、邓家坪遗址③和绵阳边堆山遗址④，这些遗址都在河流附近的小山或山坡上。中子铺细石器遗存出土的夹砂红褐陶片相当原始，可辨认的三足器的柱状小实足颇接近陕西地区的前仰韶文化时期的同类器物⑤。中子铺细石器遗存的年代距今约6730—6460年，远远早于成都平原新石器时代晚期遗址的年代。而中子铺晚期遗存距今约5939—5731年，邓家坪遗址距今约5225±180年，也早于成都平原新石器时代晚期遗址的年代。绵阳边堆山遗址距今约4505±270年（注：以上所引数据为树轮校正年代）⑥，是与成都平原新石器时代晚期遗址的年代最为接近的，说明它们的年代相当。发掘者认为这几处遗址的石器以小型化为主，以斧、锛、凿工具为多，这与三星堆文化是一脉相承的。陶器方面，陶系多以夹砂粗陶为主，泥质陶为辅，夹砂灰褐陶和泥质灰陶相伴为其传统，还有黑皮陶等。绳纹最普遍，并多附加堆纹，流行口沿和唇部的装饰风格，还有几何形的划纹和戳印纹等。盛行平底器，少量圈足器，几乎不见圜底器，主要的器类是多种形式的罐，还有盆、钵、碗、盘及少量的豆。制陶工艺不甚讲究，比较粗陋，但泥质陶的工艺较进步。以上这些特征在三星堆文化陶器中能找到相同或相似之处，特别是邓家坪和边堆

---

① 中国社会科学院考古研究所四川工作队：《四川广元中子铺的细石器遗存》，《考古》1991年第4期。

② 中国社会科学院考古研究所四川工作队：《四川广元张家坡新石器时代遗址的调查与试掘》，《考古》1991年第9期。

③ 《四川广元邓家坪新石器时代遗址发掘简报》，待刊，资料存中国社会科学院考古研究所。另参考王仁湘、叶茂林：《四川盆地北缘新石器时代考古新收获》，《三星堆与巴蜀文化》，巴蜀书社，1993年。

④ 中国社会科学院考古研究所四川工作队：《四川绵阳边堆山新石器时代遗址调查简报》，《考古》1990年第4期。

⑤ 王仁湘、叶茂林：《四川盆地北缘新石器时代考古新收获》，《三星堆与巴蜀文化》，巴蜀书社，1993年。

⑥ 王仁湘、叶茂林：《四川盆地北缘新石器时代考古新收获》，《三星堆与巴蜀文化》，巴蜀书社，1993年。

山遗址中渐增的细泥灰陶直接影响了三星堆遗址一期文化,三星堆一期文化基本上是以这种陶质为主①。

另外,在四川东部和峡江地区发掘了许多新石器时代的遗址,如巴中月亮岩②、通江擂鼓寨③、忠县中坝遗址一期遗存④、哨棚嘴遗址第一期遗存⑤、重庆合川沙梁子⑥等。这些遗址的共同特征是:陶系有夹砂陶与泥质陶,以夹砂陶为主,泥质陶次之,还有一些褐胎黑皮陶、红陶。最常见纹饰有划纹、绳纹、波浪纹、附加堆纹,流行口沿和唇部装饰花边的作风。器形主要为多种形制的罐,还有盆、钵、碗、器盖等,以平底器为主,少见圈足器,基本不见三足器和圜底器。制陶工艺显得比较粗糙。通江擂鼓寨遗址第九层为早期遗存,其碳十四标本数据为距今4480±120年,树轮校正距今4995±159年,发掘者认为其绝对年代早于三星堆一期文化⑦。巴中月亮岩遗址以夹砂陶为主,泥质陶次之并且火候高,其中口沿唇面饰锯齿状或波曲状纹以及口沿较宽等特点,与三星堆一期文化的特征更加一致,其时代大致相当⑧。哨棚嘴遗址第一期文化出土的陶钵与仰韶文化庙底沟类型的陶钵相类,陶罐与龙山文化早期的陶罐近似,并且,陶器存在较多文唇和附加堆纹的风格,接近庙底

① 王仁湘、叶茂林:《四川盆地北缘新石器时代考古新收获》,《三星堆与巴蜀文化》,巴蜀书社,1993年。

② 雷雨、陈德安:《巴中月亮岩和通江擂鼓寨遗址调查简报》,《四川文物》1991年第6期。

③ 四川省文物考古研究所、通江县文物管理所:《通江县擂鼓寨遗址试掘报告》,《四川考古报告集》,文物出版社,1998年。

④ 孙智彬:《中坝遗址新石器时代遗存初论》,《四川文物》2003年第3期。

⑤ 王鑫:《忠县瓦井沟遗址群哨棚嘴遗址分析——兼论川东地区的新石器文化及早期青铜文化》,《四川考古论文集》,文物出版社,1996年。

⑥ 冯庆豪:《合川沙溪沙梁子新石器遗址调查》,《巴渝文化》第1辑,重庆出版社,1989年。

⑦ 四川省文物考古研究所、通江县文物管理所:《通江县擂鼓寨遗址试掘报告》,《四川考古报告集》,文物出版社,1998年。

⑧ 雷雨、陈德安:《巴中月亮岩和通江擂鼓寨遗址调查简报》,《四川文物》1991年第6期。

沟二期陶器的风格，所以，哨棚嘴遗址第一期的年代相当于仰韶文化晚期至庙底沟二期，下限可至龙山文化早期①，其年代早于巴中月亮岩、通江擂鼓寨、忠县中坝遗址一期遗存、三星堆一期和宝墩遗址。另外，还发现一些遗址，如巫山刘家坝和西坝、云阳太公沱、万县麻柳沱、忠县瞀井沟遗址②等，其文化面貌与三星堆一期文化也比较接近。

另外，在岷江上游重要的考古遗址有营盘山遗址③和姜维城遗址④。这两处遗址的陶质以泥质陶为主，有少量的夹砂陶；陶色以灰陶为主，另有褐陶、黑陶与红陶，还有少量的彩陶。纹饰常见绳纹、附加堆纹以及交错绳纹形成的网格纹，也有绳纹齿状的花边口沿装饰。以平底器为主，有少量的圈足器，不见三足器，器形有罐、盆、瓶、缸等。石器有斧、锛、凿以及穿孔石刀等。这两处遗址的年代距今约5500—5000年，均早于成都平原新石器时代晚期遗址的年代。其文化内涵与以三星堆一期文化或宝墩文化为代表的成都平原新石器时代晚期遗址有较大的区别，是一种具有自身特点的本土文化。其中出土的双唇小口瓶等器物以及彩陶，又明显是受西北地区马家窑文化影响的结果。另外，营盘山遗址和姜维城遗址夹砂陶系中绳纹齿状的花边口沿装饰风格和常见的绳纹、附加堆纹以及喇叭口罐与成都平原宝墩遗址有较多的相似，反映出二者之间又有着一定的联系。另外，在大渡河上游的马尔康地区的

① 王鑫：《忠县瞀井沟遗址群哨棚嘴遗址分析——兼论川东地区的新石器文化及早期青铜文化》，《四川考古论文集》，文物出版社，1996年。
② 中国社会科学院考古研究所四川工作队：《四川万县地区考古调查简报》，《考古》1990年第4期。
③ 成都文物考古研究所、阿坝藏族羌族自治州文物管理所、茂县博物馆：《四川茂县营盘山遗址试掘报告》，《成都考古发现（2000）》，科学出版社，2002年。
④ 四川省文物考古研究所、阿坝藏族羌族自治州文物管理所、汶川县文物管理所：《四川汶川县姜维城新石器时代遗址发掘报告》，《四川文物》2004年增刊。

哈休遗址①、孔龙村遗址②、白赊遗址③文化内涵相近，年代基本一致，距今约5300—4700年，也早于成都平原新石器时代晚期遗址的年代。

从以上所述考古发掘资料而知，早于成都平原新石器时代晚期文化的许多遗址都分布在平原以外的山地，说明成都平原新石器时代文化的源头只能在平原周邻山地与丘陵地区去寻找的看法是正确的。虽然现在的研究才开始，争论还比较激烈，许多问题还没有答案，成都平原新石器时代文化的源头还没有真正找到或确认，但是，寻找的方向是正确的。这也为我们探讨古蜀人与大山有着什么样的关系提供了帮助，对探讨古蜀人为何如此重视祭祀大山与山崇拜的宗教信仰观念提供了帮助。

众所周知，过去治巴蜀史的学者一般认为，在远古时代，有一支氐羌族人从川西高原进入成都平原的边缘地带，这就是以后蜀族的祖先。所以，早期蜀人的活动区域主要在成都平原西北的山区，即岷江上游一带，后来才逐渐向东南方向的成都平原发展，其经济也才由渔猎经济转向农耕经济，促进了经济、社会、人口的发展与骤变。近来，林向撰文指出："就四川盆地周边山区的考古发现来看……汉源富林文化遗址是一处旧石器时代晚期的石器制作场，代表着人类从野蛮走向文明的第一期山林采集狩猎阶段的遗存。广元的中子铺文化则代表着第二期山前农业阶段……三星堆一期文化的陶器则代表更晚一点第三期阶地农业阶段，意味着从山前农业向平坝农业的过渡开始了。"④从过去对巴蜀史的研究，到现在考古发现提供的大量资料来看，古蜀人原本是居住在

① 四川省文物考古研究所、阿坝藏族羌族自治州文物管理所等：《四川马尔康县哈休遗址调查简报》，《四川文物》2007年第4期。
② 成都文物考古研究所、阿坝藏族羌族自治州文物管理所、马尔康县文化体育局：《四川马尔康县孔龙村遗址调查简报》，《成都考古发现（2005）》，科学出版社，2007年。
③ 四川省文物考古研究院、阿坝藏族羌族自治州文物管理所、成都文物考古研究所、马尔康县文化体育局：《四川马尔康县白赊村遗址调查简报》，《成都考古发现（2005）》，科学出版社，2007年。
④ 林向：《论古蜀文化区——长江上游的古代文明中心》，《三星堆与巴蜀文化》，巴蜀书社，1993年。

山区的民族，后来才从山区走向成都平原，成都平原周边的山地是古蜀人祖先居住的地方。所以，古籍上记载的古蜀王鱼凫"田于湔山，忽得仙道"，杜宇"帝升西山隐焉"，真实地反映出古蜀人的祖先神灵居住在高山之中。换言之，高峻雄伟的大山是古蜀人祖先神灵居住的场所，来到平原生活的古蜀人，其王故后，他们的魂魄都要返回到山中，返回到祖先居住过的地方，古蜀人立祠建庙祭祀他们的蜀王，就包含着祭祖的宗教内容。

以山代表自己的祖先，祭山就代表祭祖，这种宗教信仰在民族学中有着大量的佐证资料。例如世世代代居住在崇山峻岭的彝族认为自己是山的后裔，将其居住的大山视为山神并加以崇拜。小凉山彝族支系"塔尔人"不仅将其居住的"塔尔补惹山"作为自己的族名，还视为始祖①。又如云南沧源佤族将其居住的两座山称为"哥哥山"与"妹妹山"，是他们结为了夫妻，繁衍了佤族，故将其视为始祖神崇拜。民族学中还记载了一种习俗，即要将死者的灵魂送到祖先居住的地方。如纳西族的达巴在送魂仪式中，就要替死者寻找祖先居住过的地方及其路线，这一路线正是这些民族迁入云南时走过的路线②。宁蒗的摩梭人认为，死者的亡灵会远涉千山万水返回他们第一代始祖生活过的地方，与历代祖先共同生活。所以，摩梭人在人死后举行一系列仪式，首先要洗尸；在吊唁中人们嘱托死者亡灵替他们为其亡故的祖先捎信，转告他们对祖先的各项愿望；出殡前要举行"洗马"仪式，巫师一边洗着马一边祝祷：希望马驮着死者的灵魂一鼓作气跑到"斯布阿纳瓦"。这个仪式说明的是摩梭人的祖先是从遥远的地方迁徙来的，途中跋山涉水历尽千辛万苦，所以，摩梭人死后灵魂要返回祖先居住的地方。接着，由达巴主持奠祭活动，念"开路经"，进一步为死者亡灵指引返回祖先居住地的路线，让他平安地回到那神秘莫测的祖魂居住的地方③。云南的普

---

① 杨学政：《原始宗教论》，云南人民出版社，1991年，第108页。
② 宋兆麟、黎家芳、杜耀西：《中国原始社会史》，文物出版社，1983年，第476页。
③ 杨学政：《原始宗教论》，云南人民出版社，1991年，第174~176页。

米族也有类似的习俗，举行所谓"给羊子"仪式，人死后先要祭祀宅内鬼魂，目的是不让宅内外的游荡鬼魂纠缠死者亡灵，使其一心返回祖源地；然后，牵一头作为死者替身的白羊，若羊点头，表示死者亡灵同意返回遥远的祖先居住的地方，与远祖们一道生活，若羊不点头，巫师与家属还要搂着羊谈心，直至白羊点头应允；随后又有"开路经"仪式，巫师交代返祖源地途中要经过的山川地名，以及死者亡灵在途中应注意的事项，等等①。

从以上论述可知，无论是考古发掘提供的资料，还是民族学提供的资料，以及文献资料，都揭示出古蜀人原本是居住在山里的民族，后来才逐渐地迁徙到成都平原生活，建立了自己的国家。大山是古蜀人祖先起源地和早期的居住地，迁徙到成都平原生活的蜀族与大山有着割不断的情结，所以，无论是鱼凫王"田于湔山，忽得仙道"，还是杜宇王"升西山隐焉"，都意味着他们的亡灵要返回祖先起源地或早期居住过的地方。古蜀人立祠祭山就是祭祀他们的祖先，三星堆二至四期遗存中出土那么多的与山崇拜有关的器物就不难理解了，古蜀王国的山崇拜是其宗教信仰体系中重要的组成部分。

原载《考古与文物》2010年第5期

张肖马卷

---

① 杨学政：《原始宗教论》，云南人民出版社，1991年，第178～181页。

铜树、社树、钱树

——三星堆Ⅱ号铜树与东汉钱树之研究

三星堆二号器物坑出土六株青铜神树，这无疑反映出古蜀王国时期存在着大树崇拜的习俗。在这六株青铜神树中有两株保存比较好，编为Ⅰ号青铜神树和Ⅱ号青铜神树。研究者们对这两株青铜神树做了大量的研究，众说纷纭，观点不一，Ⅰ号青铜神树有"天梯"说、"扶桑"说、"建木"说、"若木"说、"太阳柱"说，Ⅱ号青铜神树有"若木"说、"社树"说，等等。在这些研究者中，最先提出青铜神树是"社树"说的是俞伟超先生。俞先生在《先秦两汉美术考古材料中所见世界观的变化》一文中指出，受商文化影响的四川广汉三星堆遗存的地母神是以树木来表示的[①]；他在另一篇文章中又说：大铜树"是当时土地崇拜的体现物"[②]。俞先生在此阶段还是笼统地称大铜树是地母神，还没有具体地区分Ⅰ号青铜神树还是Ⅱ号青铜神树是地母神。尔后不久，俞先生在他的另一篇文章中具体地论述了三星堆二号器物坑出土的Ⅱ号铜树是地母神，是社树。他认为：Ⅱ号铜树底座上做出3个跪坐铜人，其双手所持之物，按其形态应是玉琮。根据《周礼·春官·大宗

---

① 俞伟超：《先秦两汉美术考古材料中所见世界观的变化》，《庆祝苏秉琦考古五十五年论文集》，文物出版社，1989年，第114页。

② 俞伟超：《三星堆文化在我国文化总谱系中的位置、地望及其土地崇拜》，《四川考古论文集》，文物出版社，1996年，第63页。

伯》"以黄琮礼地"的记载，Ⅱ号铜树座上的铜人持琮礼地，当然是祭地之神，大树树根之旁有神祭地，正进一步表明了铜树的性质——是地母神，是社树，是早期蜀文化中社崇拜的实物资料①。另外，拙作《三星堆二号坑青铜神树研究》对三星堆二号器物坑出土的几棵青铜神树做了比较详细的阐述，认为这些青铜神树代表了不同的祭祀对象，反映出不同的信仰观念，有反映太阳崇拜、土地崇拜和祖先崇拜的内容，分别代表了太阳神、土地神和祖先神，等等。这些神在三星堆古蜀国宗教信仰体系中，占有极其重要的地位。拙作沿着俞先生的观点，结合文献资料和我国许多少数民族保存着以树为社神的习俗展开讨论，进一步论证三星堆Ⅱ号青铜神树作为地母神——社树，是古蜀人重要的祭祀对象，土地崇拜是古蜀王国重要的宗教信仰之一②，从而反映出我国对社的崇拜是相当普遍和源远流长的。

在我国，对土地的崇拜，对地母神的信仰可以上溯到史前时期，也就是说，早在新石器时代社就出现了。依靠农业生产生存的人们，在土地上年复一年地劳作，看到秧苗破土而出并渐渐地长大、结出果实的过程，便与人类自身妇女十月怀胎的过程相比较并产生联想，产生神秘感，这样，土地神、地母神逐渐地产生了。根据考古发现，早在仰韶文化半坡遗址中就出现了社祀的遗迹，但地面部分已被破坏，只是存埋在土中的陶罐所盛的粟米透出社稷崇拜的信息③。河南杞县鹿台岗遗址发现两座龙山文化晚期的建筑基址，1号基址高出周围地面1米左右，是一座内墙为圆形、外墙为方形、方形外室包围圆形内室的建筑基址，墙均宽0.2米。圆形内室中有一南北向与东西向的"通道"，两条"通道"相交呈"十"字形，土质坚硬，土色为黄色，与室中地面灰黑色土迥

---

① 俞伟超：《三星堆蜀文化与三苗文化的关系及其崇拜内容》，《文物》1997年第5期。
② 张肖马：《三星堆二号坑青铜神树研究》，《四川文物》2006年第6期。
③ 詹鄞鑫：《神灵与祭祀——中国传统宗教综述论》，江苏古籍出版社，1992年，第212页。

异。1号基址北部被破坏，故仅保存西门与南门缺口①。1号基址东北约30米处是2号基址，它由11个圆形土墩组成，其中部为一大圆形土墩，直径1.48米、深0.4米；在大圆形土墩周边围绕着10个直径0.6米～0.65米、深0.4米～0.5米的小圆形土墩，形成了一个直径为4.4米～4.5米的圆圈。这些土墩均先挖圆坑，再在坑壁上涂抹一层黄褐色的草拌泥，厚0.1米～0.2米，然后往坑内填纯黄土，并层层夯打至地面，每坑一般有4～5层夯土②。另外，鹿台岗遗址发现的H75，是人工挖掘的略呈漏斗形的土坑，坑壁涂抹一层草拌泥；在坑底还有一圆形小坑（因出水未发掘到底），出土有鹿角、兽骨以及禽骨类遗物③。发掘者认为这3处遗迹均为龙山时期自然崇拜的遗迹，1号基址是祭祀天地的神庙遗存，2号基址是专门祭祀太阳神的祭坛遗存，H75则是用挖坎掘坑形式专门祭祀土地神的遗存④。另有学者根据2号基址不见有柱洞、墙基以及烧土面等居住痕迹，并且基址露天、上无其他建筑或顶棚覆盖，结合殷墟卜辞和古籍文献资料，推测其为龙山文化时期的社坛遗迹⑤。无论哪种意见更接近历史的真实，这些与土地、与社有关的遗迹都反映出我国龙山文化时期已出现了土地崇拜的宗教信仰。

夏代有关社祭的遗迹至今尚未发现，古代文献中有"夏社"记载。王国维先生最先在甲骨文中发现了祭社的卜辞⑥，江苏铜山丘湾的

---

① 郑州大学文博学院、开封市文物工作队：《豫东杞县发掘报告》，科学出版社，2000年，第37页。

② 郑州大学文博学院、开封市文物工作队：《豫东杞县发掘报告》，科学出版社，2000年，第38页。

③ 郑州大学文博学院、开封市文物工作队：《豫东杞县发掘报告》，科学出版社，2000年，第30页。

④ 匡瑜、张国硕：《鹿台岗遗址自然崇拜遗迹的初步研究》，《华夏考古》1994年第3期。

⑤ 郑杰祥：《新石器文化与夏代文明》，江苏教育出版社，2005年，第306～308页。

⑥ 罗振玉：《殷墟书契考释·三种》（下），中华书局，2006年，第660页。

一处社祀遗址①和三星堆遗址Ⅱ号青铜神树——社树的发现，反映出在商朝时期，无论中原地区的商王朝，还是西南地区的古蜀王国或者东夷的广大地区，社祭活动普遍存在。西周与春秋时期，从周王室到各诸侯国以及基层的邑、里等农村公社组织都设有社，作为对土地占有的象征和土地保护神的象征。如《礼记·祭法》所说："王为群姓立社，曰大社；王自为立社，曰王社；诸侯为百姓立社，曰国社；诸侯自为立社，曰侯社；大夫以下成群立社，曰置社。"到了战国时期进入封建社会，各国都先后实行了郡县制，封建国家的各级政权以及邑、里组织仍然设有社，县以上各级政权之社是由诸侯国设置，县以下组织的社由百姓自己设置。降至秦汉，中央、郡国、县、乡、里等各级行政机构都立社，分别称为帝社、郡社、国社、县社、乡社、里社等②。《史记·封禅书》云："高祖十年春，有司请令县常以春二月及腊祠社稷以羊豕，民里社各自财以祠。"由此可知，汉代的县和县以上的社仍由政府设置，官府致祭，作为封建国家政权管理土地的象征。而县以下的乡社、里社，则由居民自己组织祭祀，祭祀所需的物资与费用由居民自筹自理。

在我国先秦时期，许多祭祀是有等级限制的，《礼记·曲礼》："天子祭天地，祭四方，祭山川，祭五祀，岁遍；诸侯方祀，祭山川，祭五祀，岁遍；大夫祭五祀，岁遍；士祭其先。"所以，士以下至一般百姓许多神是不能祭祀的，所能祭祀的除自己的祖先以外，就只有社了。这种状况一直延续到两汉时期，社祭就成为县以下乡中、里中居民都能参加也可以说是必须参加的最重要的祭祀活动。每年春、秋和岁终（腊）人们举行社祭，屠宰牛羊猪，割杀鸡鸭等家禽，配以酒粮果蔬，用以祈年报功。祭祀后还可以进行宴饮及娱乐活动，社祭之地逐渐成为基层广大民众经常聚集活动的场所。除定期的社祭外，遇有大事，如求雨或止雨，或禳救日食、大水、火灾等，也要祭社。

---

① 俞伟超：《铜山丘湾商代社祀遗址的推定》，《先秦两汉考古学论集》，文物出版社，1985年，第56~57页。

② 宁可：《汉代的社》，《文史》第九辑，中华书局，1980年，第8页。

社神的标志，从考古发现、卜辞与古籍记载以及民族学的资料来看，或用土、或用石、或用树。用大树作为社神标志的，一般称为"社树""社木"或"社丛"。三星堆遗址出土的Ⅱ号青铜神树是一株用青铜铸造出来的社树，是古蜀王国王社的标志。这种用铜铸造社树的实例，在我国先秦时期只在三星堆遗址发现，其他地区则不见有青铜社树出土。Ⅱ号青铜神树虽未复原，但其树座为山形座，树枝上站立着鸟，这些主要的造型与东汉时期在我国今日的四川、重庆、云南、贵州以及甘肃、青海、宁夏等西部地区墓葬中随葬的一种铜质钱树（或称摇钱树）的造型惊人地相似。以四川为例，东汉钱树上端站立有鸟，有许多树座铸造成山的形状，这种造型不能说与三星堆Ⅱ号青铜神树没有直接的关系。另外，社树上有鸟的存在，在古代文献中也有记载。《艺文类聚》卷九十引《博物志》曰："子路与子贡过郑神社，社树有鸟，子路捕鸟……"所以，许多学人纷纷撰文，将古蜀王国的青铜神树与东汉时期的钱树进行比较研究，指出我国古代的树崇拜，以三星堆出土的一组商代青铜树和四川等地发现的大量汉代钱树为集中代表，形成了前后两次发展高峰[1]。当然，早在三星堆青铜神树还未发现前，俞伟超先生就认为四川等地东汉时期的钱树，其形态本身已可证明它是象征社树[2]。三星堆青铜神树发现以后，他又敏锐地指出三星堆青铜神树与东汉钱树之间有一脉相承的关系，四川又是铜质钱树最流行的地区，这自然潜藏着一种历史文化的传统[3]。之后，许多研究者相继撰文赞同这一观点，但是在论证方面均显得单薄或语焉不详。随葬社树与汉代社的关系是什么？这些社树为什么都出现在东汉时期墓葬之中？对于这些问题他们没

---

[1] 赵殿增、袁曙光：《从"神树"到"钱树"——兼谈"树崇拜"观念的发展与演变》，《汉画·钱树·货币文化——中国汉画及摇钱树货币文化学术讨论会论文集》（内部资料），1998年，第38页。

[2] 俞伟超：《东汉佛教图像考》，《文物》1980年第5期。

[3] 俞伟超：《三星堆文化在我国文化总谱系中的位置、地望及其土地崇拜》，《四川考古论文集》，文物出版社，1996年，第63页。

有做出深入的讨论与论证，未能给人们一个满意的合乎逻辑的解释。我们要回答这些问题，还得从讨论汉代的社开始。

汉代县和县以上各级政府的官员由中央派任，所以县与县以上的社是由各级政府所立，换言之，国家所立的社到县为止。县以下的乡社、里社是由百姓自立的。这些乡社、里社虽然不是政府所立，但是，它们是为政府所认可与支持的，除上面所引《史记·封禅书》的记载可证明以外，《春秋繁露》卷十六《求雨》载："春旱求雨，令县邑以水日令民祷社稷山川。……诸闾社通之于闾外之沟"和"雨太多……令县、乡、里皆扫社下"等。此二条记载亦可证乡社、里社为政府所认可与支持，并接受与执行政府的命令。

与上述的社不同的是汉代出现了私社。《汉书·五行志》载："建昭五年，兖州刺史浩赏禁民私所自立社。"颜师古注："张晏曰：'民间三月九月又社，号曰私社。'臣瓒曰：'旧制二十五家为一社，而民或十家五家共为田社，是私社。'"① 可知，汉代的私社是由十家或五家百姓自行组织，并在二月与八月的祭祀时间以外举行祭祀活动，称为田社。这些私社虽被官府禁止，但是，在东汉中晚期社会动荡、政令松弛的大环境下，民间私社的出现想必会越来越多，并影响到了西北边塞地区的烽燧亭障之中。居延汉简中就有关于社的记载，如：

买芯卌束，束四钱给社。（32·16）

诣官封符，为社内买马□。（63·34）

八月戊午社计。（40·9）

对祠具，鸡一，酒二斗，黍米一斗，稷米一斗，盐少半升。（10·39）②

---

① 《汉书》卷二七《五行志中之下》，中华书局，1962年标点本，第1413页。

② 谢桂华等：《居延汉简释文合校》（上），文物出版社，1987年，第49、112、69、18页。

这种在边塞戍卒中存在的社，可能不属于县社、郡社之类由政府设置的社，而是因为官方禁令松弛，边塞戍卒自发组织的社，祭社的钱物应是广大戍卒捐助的，属于私社的性质。私社不仅在民间出现，也在王侯、豪强地主中出现。《太平御览》卷五三二《社稷》引曹植《赞社文》曰："圣朝愍之，故封此县。田则一州之膏腴，桑则天下之甲第，故封此桑，以为田社。"①我们知道，曹植所封的东阿县本有县社，又两汉时期诸王受封，都接受茅土回归封地而以立社稷，称为国社。这些县社与国社都不同于曹植私自封桑所立的田社，自立的田社当属于私社性质无疑。由此而推知，东汉时期的豪强地主的庄园中也自行建立有私社，同时私社已经在社会各个阶层都大量地出现，无论是民间还是王侯或者豪强地主都各自立有私社。这些私社同样设有社主为其祭祀所用，以树为社主也是比较常见的，曹植封桑为田社是最好的证明。这样，众多私社的存在便为厚葬风气盛行的东汉随葬社树提供了可能，尤其是为豪强地主随葬社树提供了可能。墓葬中随葬品多为明器，东汉时期墓葬中出现的钱树就应是社树的明器，也就是人们所说的社树的模拟物。而四川地区早在古蜀王国时期就有铸造青铜神树的习俗，在东汉时期以大批铜质钱树——社树的模拟物随葬就不足为怪了。

四川等地发现的铜质社树，过去一直约定俗成地称为钱树或者摇钱树，这主要是因为这些铜质社树的枝叶上铸有许多钱币，以其外形特征予以定名，但并不能涵盖其本质特征。我们认为：这些铜质钱树是社树的象征，钱树叶片上铸造的钱是社钱的象征，这些钱是供社祭之用的。在我国古代的农村公社中，一直存在着生产与生活上的互助，"乡里同井，出入相友，守望相助，疾病相扶持"②。这种互助所需的物产与开支是从村社成员集体耕种公田的收获中积累而来，社祭的社钱亦然。后来，这种公共耕地的收入被奴隶主和封建主所掠夺，用于互

---

① 《太平御览》，中华书局，1960年影印本，第2416页。

② 《孟子》卷五《滕文公章句上》，上海书店，1986年影印本，第212页。

助的开支与社祭的社钱等，正如《汉书·食货志》所载："战国时，李悝言：'除社闾尝新、春秋之祠，用钱三百。'"就由个体农民自己承担了①。到了汉代，"民里社各自财以祠"。可知，先秦至两汉时期，村社或邑、里社祭的社钱都是由老百姓自行筹集，汉代出现的私社的社钱更是如此。《三国志·魏书·邴原传》裴注引《邴原别传》记载：邴原"尝行而得遗钱，拾以系树枝，此钱既不见取，而系钱者愈多。问其故，答者谓之神树。原恶其由己而成淫祀，乃辨之。于是里中遂敛其钱，以为社供。"俞伟超先生据此记载认为："在社树上系钱，是汉末的一种淫祀，钱树显然就是模仿这种淫祀的。"②在社树上系钱的情景，在四川出土的东汉钱树座上有所展现。如彭山东汉崖墓出土的钱树座雕刻有两组钱树的画面③，树上圜钱盈枝，树下三人，有的左手提钱，右手举钱；有的左手托住树上的钱，右手持一长杆；有的肩负杖端挑一串钱；有的左膝跪地两手捧着盛有钱的筐。过去人们解读这些画面，认为这些人手持长杆在击打树上的钱，手中提的钱与筐中盛的钱都是击打下来的钱，故名为"采钱图"，生硬地去与约定俗成的摇钱树名称相一致。我们只要仔细地辨析就可知，这些图像上的人无论是用手托住树上的钱还是举着钱，应理解为在往树枝上系钱，挑着、提着的钱及筐中的钱是准备系于树上的，手中持的钩状物是帮助系钱之用。所以，钱树座上树与人的画面，与其说是"采钱图"，不如说是"系钱图"，钱系于树以为社供，这更接近历史真实。

　　三星堆Ⅱ号青铜神树与东汉时期钱树在造型上有相似之处，但又有不同之点。Ⅱ号青铜神树因不能复原而难以知晓其全貌，给研究工作带来困难。四川等地东汉时期钱树树座出土较多，完整的钱树与经修复完整的钱树仅几株，还出土大量的钱树枝叶残片。即使这样，这些有关东汉钱树的丰富资料，仍极大地帮助了我们对其做出比较全面的认识与

①　《汉书》卷二十四《食货志》，中华书局，1962年标点本，第1125页。
②　俞伟超：《东汉佛教图像考》，《文物》1980年第5期。
③　南京博物院：《四川彭山汉代崖墓》，文物出版社，1991年，第36~37页。

理解，还为我们了解东汉钱树与三星堆Ⅱ号青铜神树之间的差异提供了极大的帮助。三星堆出土的Ⅱ号青铜神树是古蜀王国的社树，是古蜀王占有土地的象征，也是古蜀王国土地保护神的象征，主要用于祭祀，具有更多神权方面的意义。而四川等地出土的东汉钱树仍作为社树，因其属于私社性质，已经不完全具有先秦时期的土地保护神的特殊性质，而变成了一般意义上的田土之神了，其作为社神的地位大大地降低了，与Ⅱ号青铜神树所代表的社神不可同日而语，也不能与汉代各级政府所立的社以及官方认可和支持的乡社、里社相提并论。

另外，随着时代的变迁，人们对世界总体的看法发生了变化，因而人们的社会观、人生观和价值观也会随着时代的变化而变化，这样的变化也会体现在人们的生活之中。西汉初期国力羸弱，在黄老思想指导下采取"无为而治"的政策，这时的文化氛围是道法自然的宇宙观、养生保真的人生观和"柔能制刚，弱能制强""无为而无不为"的政治思想①。武帝时期，虽然罢黜百家，独尊儒术，儒家思想在思想领域占统治地位，但道家思想仍在汉代社会生活中生生不息，尤其在社会中下阶层有极大的影响，所以，以教化为主要特征的儒家思想与道法自然的道家思想是始终贯穿于两汉时期的两大思潮。同时，董仲舒提出的"天人感应"理论与谶纬迷信思想的结合，以及神仙方术思想的进一步活跃，都对两汉时期的思想文化产生了巨大的影响。佛教在东汉时期传入我国，对东汉时期的思想文化也产生了不可否定的影响。上述各类思想对四川等地出土的东汉钱树产生了极大的影响，打上了深深的时代烙印。其中，最为突出的是钱树与树座上西王母形象、祥瑞图像与佛像的出现。为此，我们对这几个问题作一些简略的讨论。

在许多钱树叶片和树座上铸有西王母的形象。这时的西王母由"虎齿豹尾，穴处"，是"司天之厉及五残"的神，改造成为头戴胜，

---

① 朱存明：《汉画像之美——汉画像与中国传统审美观念研究》，商务印书馆，2011年，第74、279页。

衣着华贵，坐于龙虎座上，掌握着"不死之药"，可以使人"不老不死"的美丽温柔的女神。这种转变是在道家思想的影响下发生的。道家认为生命可以与天地同休（龄），日月同寿，人通过"服食""饵药"等方法，可以长生或升仙不死。另外，在燕齐方士们的鼓吹下，齐威王、齐宣王、秦始皇与汉武帝遍访神仙，寻不死之药，帝王的崇信被广泛流传、上行下效以致民间盛行求长生不死之药，所以视西王母为女神。《汉书·五行志》记载："哀帝建平四年正月，民惊走，持稿或棷一枚，传相付与，曰行诏筹。道中相过逢多至千数，或被发徒践，或夜折关，或逾墙入，或乘车骑奔驰，以置驿传行，经历郡国二十六，至京师。其夏，京师郡国民聚会里巷仟佰，设张博具，歌舞祠西王母。"①民间信仰改造了西王母的形象，从祠西王母的大盛，钱树上大量出现西王母的形象就是顺理成章的事了。

钱树的树干、叶片和钱树座上出现佛像，与崖墓门楣、墓室壁上雕刻的佛像，以及墓中出现制作成明器陶俑的佛像，都反映了佛教刚刚传入我国初期时的状况。佛与神仙不分彼此，佛即是神仙，神仙即是佛，这是当时人们的认识，所以才会出现钱树上西王母与佛像都被视为主神来侍奉，这与文献记载当时人们将道家人物与佛的形象相混杂、一块儿祭祀的现象相吻合。如《后汉书·楚英王传》载："晚节更喜黄老，学为浮屠斋戒祭祀。"②又如《后汉书·桓帝纪》载："桓帝好音乐，善琴笙。饰芳林而考濯龙之宫，设华盖以祠浮屠、老子。"③深深地留下了时代的烙印。与后世的人们对浮屠的祭拜和对道教的信奉是完全不同的情势。

钱树上铸有朱雀、凤凰、灵芝、羽人、仙人骑鹿、仙人博弈，钱树座有飞羊座、天禄辟邪座、麒麟座、蟾蜍座等祥瑞图像，这也是两汉时期祥瑞思想文化发展的反映。我们知道，《汉书》《后汉书》的《本

---

① 《汉书》卷二七《五行志中之下》，中华书局，1962年标点本，第1476页。
② 《后汉书》卷四十二《楚英王传》，中华书局，1965年标点本，第1428页。
③ 《后汉书》卷七《孝桓帝纪》，中华书局，1965年标点本，第320页。

纪》《志》中有许多祥瑞的记载，如凤凰的出现也是帝王改元的依据，董仲舒《春秋繁露》中"天人感应"理论把祥瑞思想系统化，东汉《白虎通义》又进一步地发挥，"天人感应"理论与谶纬思想的紧密结合形成的神学目的论，对东汉中晚期社会思想的影响是很大的，钱树以及汉代墓葬中出现的大量祥瑞图画，从一个侧面反映出祥瑞思想在汉代发展到了全盛时期。

原载《夏商周方国文明国际学术研讨会论文集（2014中国广汉）》，科学出版社，2015年

古蜀时期的
社会生活

古蜀文化的瑰宝——成都十二桥商代遗址

三星堆文明时期的成都社会生活与成都建设

古蜀文化的瑰宝

——成都十二桥商代遗址

成都是一座具有悠久历史和灿烂文化的城市。最近在市西十二桥附近，考古工作者发掘出一商代木结构建筑遗址，出土了大量的陶、石、骨质等文化遗物，具有极高的科学价值，为探索古蜀文化的奥秘、解开巴蜀古代社会这个"历史之谜"，提供了宝贵的实物资料。尤其令人瞩目的是，该遗址的发现，将成都的历史提前了1000多年。

十二桥商代遗址显示出来的文化性质，是一种土生土长的地方性文化，即"古蜀文化"。该遗址出土的小平底罐、尖底罐、尖底杯、尖底盏、尖底盉、高把豆等典型器物，独具特色。具有相同文化特征的陶器，在四川广汉三星堆和月亮湾遗址，新都新繁水观音遗址，成都市区方池街、中医学院、抚琴小区遗址中均有大量的出土，同属古蜀文化的遗存。这一陶器组合所显现的文化色彩，在中原商文化中是不见的；而中原商周文化中常见的陶鬲等遗物，在十二桥遗址中则没有发现。另外，十二桥遗址出土的陶盉、陶觚及卜甲等，与中原同时期的器物有着共同的文化因素。这反映出两地的上古文化既有区别，又有联系与交流；说明至迟在商代，两地的交往已经相当广泛了。再则，十二桥遗址的文化面貌，与西北甘青地区的商文化——辛店文化、寺洼文化，有明显的差别，非同一文化的性质。古蜀文化的分布，是以成都为中心，遍布川西平原的广大地区；湖北西部与陕南一带，亦有古蜀文化的遗迹发现，古蜀文化的范围应该包括以上两个地区。

过去，由于历史的局限和考古资料的缺乏，虽在20世纪40年代初提出了"巴蜀文化"的名称，但人们对蜀文化的认识是较模糊的，所以，有的同志对蜀文化的存在表示了不同的意见。他们认为：在西周之前，蜀文化不在成都平原，只是到了西周时期，才从汉水上游转移到了成都平原；有的认为：蜀文化自西周始，从中原文化脱胎而来，等等。现在，十二桥商代遗址的发现与发掘，古蜀文化的遗迹遗物展现在人们的眼前，它有力地说明，早在距今3600年左右，蜀之先民就在这块土地上劳动、生息，创造出光彩夺目的物质文化，为后世成都平原的素称"天府之国"奠定了坚实的基础。随着考古工作的开展，将会有更多的古蜀文化遗址被发现和进行科学发掘，古蜀文化的面貌将越来越清楚地反映出来，人们将不会再感到"蚕丛及鱼凫①，开国何茫然"了。

十二桥商代遗址的发现和发掘，将成都的历史提前了1000余年。据文献记载，在周朝末年，蜀王开明九世"自梦郭移"，始"徙治成都"②，从此成都便成为重要的都会了。尔后，秦惠王派遣张仪、司马错定蜀，公元前311年，修筑成都城，并与"咸阳同制"，形成"金城石郭"的规模。屈指细算，仅2000多年的历史。近来的考古发现，提供了大量有价值的科学资料，如岷山饭店遗址、方池街遗址、指挥街遗存、中医学院和抚琴小区等遗址，提示了成都早期的城市建设的概况。特别是这次十二桥遗址的发现，庞大的建筑群体，加工精细的庞大建筑，更是充分证明成都在蜀文化中所具有的重要位置。有专家指出：十二桥遗址的大型建筑是宫殿性质的建筑。这就不难看出十二桥遗址确是当时的中心所在地。可见，早期的城市中心便在如今的成都市西一带。正如中国考古学会理事长苏秉琦先生所说：3000多年前的成都，就沉睡在现在成都的西门一带的地底，十二桥遗址就是它的中心。

---

① "蚕丛及鱼凫"，相传是古蜀国的两位国王，详见《华阳国志》卷三《蜀志》，巴蜀书社，1984年校注本。

② 《华阳国志》卷三《蜀志》，巴蜀书社，1984年校注本。

同时，十二桥商代木结构建筑的较完整的发现，填补了我国建筑史商代部分的空白。我国古代的建筑，唐代之前的已保存无几了，商代的建筑则更为罕见。从现有的考古材料看，商代的建筑，如郑州商城的宫殿建筑遗址、殷墟的宫殿遗址，均仅存基础部分；湖北盘龙城宫殿遗址，亦只存基础部分。这些商代建筑遗存的上部结构概未发现。现在对商代古建筑的复原，只能是参考文献记载和凭借其他资料并借助想象来进行，大大地降低了它的科学性。另外，就长江流域考古中发现的木结构建筑而言，浙江余姚河姆渡遗址的"干栏式"房屋，距今7000余年，尚未能复原，因上部构件不存，故上部结构不明。而十二桥商代木结构建筑，不但基础部分保存得较好，而且还保存下来大量的墙体和屋顶的构件，房屋的整体结构较为清楚，它是迄今为止发现的商代建筑中有基础以上构件的唯一的建筑遗址，故科学价值极高。通过一年有余的工作，考古工作者会同古建人员，初步复原了它的结构。该房屋建筑方式采用密集的桩基础，桩基础上绑扎大小地梁，其上铺以木板，形成略高于地平面的建筑基础。尔后立柱，绑扎纵横相交的木构件，使整个建筑形成框架式的主体结构，与高于地面的基础浑然一体，形成了"干栏式"的房屋整体。这一复原，有实物证据，非想象复原，科学性是不可否认的。由此可见，十二桥商代建筑遗存，在我国建筑史上占有极其重要的位置。又因该建筑是蜀之先民因地制宜就地取材建造的具有浓厚地方特色的房屋，这便为研究古代蜀地的建筑形制、建筑风格、建筑技术提供了不可多得的实物资料。

　　仅从目前尚未完全发掘的情况来说，成都十二桥商代遗址，有着丰富的文化遗物和极其重要的建筑遗存；它不仅对研究成都的历史提供了重要的实物资料，更重要的是填补了中国建筑史上的空白，对探索华阳古国、古城、古文化有着重大的科学价值。它不愧为古蜀文化的瑰宝。

原载《文史杂志》1987年第5期

三星堆文明时期的成都社会生活与成都建设

在相当于中原地区夏、商、周时期，四川境内及陕南、鄂西、湘西地区，已形成了一个物质文化共同体的历史文化区。在这个历史文化区内，以成都平原为中心，古蜀先民创造出了高度发达的青铜文化，出现了一个独具特色的古代文明中心，闪烁着古蜀文明的灿烂光芒。

在成都平原广阔的土地上，除广汉三星堆、月亮湾等遗址外，还有属同一文化的遗址数十处之多，如成都市区、彭县、新都等地，都有重要发现。20世纪50年代发掘的成都北郊羊子山遗址[①]、新都新繁水观音遗址[②]、彭县竹瓦街铜器窖藏[③]、成都青羊宫遗址[④]等，向世人报道着早期蜀文化和古蜀文明的辉煌成就。进入80年代，彭县竹瓦街再次发现铜器窖藏[⑤]，在成都市区和新都、彭县等地又发掘出一大批早期蜀文化遗址，特别是成都市西十二桥遗址的发现与发掘[⑥]，向人们揭示出，早在3000多年前，成都就已是早期蜀文化的一个重要都邑中心。它与广汉

---

① 杨有润：《成都羊子山土台遗址清理报告》，《考古学报》1957年第4期。
② 四川省博物馆：《四川新繁水观音遗址试掘简报》，《考古》1959年第8期。
③ 王家祐：《记四川彭县竹瓦街出土的铜器》，《文物》1961年第11期。
④ 四川省博物馆：《成都青羊宫遗址试掘简报》，《考古》1959年第8期。
⑤ 四川省博物馆、彭县文化馆：《四川彭县西周窖藏铜器》，《考古》1981年第6期。
⑥ 四川省文物管理委员会、四川省文物考古研究所、成都市博物馆：《成都十二桥商代建筑遗址第一期发掘简报》，《文物》1987年第12期。

三星堆、月亮湾遗址交相辉映，一南一北，如联珠双璧，举世瞩目，同被视为"研究中国古代文明起源最惊人的发现"①。

第一节　商代成都的社会生活

40多年来，文物考古工作者先后在成都市内发现十余处早期蜀文化遗址。这些遗址沿着古代的河道分布，由西北而东南，有抚琴小区遗址②、中医学院遗址③、十二桥遗址④、省农干院遗址⑤、青羊宫遗址⑥、方池街遗址⑦、人民西路小学遗址⑧、君平街遗址⑨、指挥街遗址⑩、岷山饭店遗址⑪等。尔后，又在人民商场工地试掘，发现早期蜀文化堆积⑫，且文化层极薄，疑其为此类遗迹分布的东北边缘地带。近年来，又在磨子桥棕北小区进行勘探试掘，取得可喜成绩，找到早期蜀文化堆积⑬，一改过去城南无古蜀遗存的认识。再早，1978年2月，在南一环

①　林向：《近五十年来巴蜀文化与历史的发现与研究》，《巴蜀历史·民族·考古·文化》，巴蜀书社，1991年。

②　曾咏霞整理：《成都市博物馆考古队一九八六年考古发掘简况》，《成都文物》1987年第1期。

③　刘复章：《文物调查笔记——一九六五年至一九八二年间我市部分出土文物概述》，《成都文物》1984年第2期。

④　四川省文物管理委员会、四川省文物考古研究所、成都市博物馆：《成都十二桥商代建筑遗址第一期发掘简报》，《文物》1987年第12期。

⑤　宕泉：《青羊宫古蜀文化遗址》，《成都文物》1981年第1期。

⑥　四川省博物馆：《成都青羊宫遗址试掘简报》，《考古》1959年第8期。

⑦　曾咏霞整理：《成都市博物馆考古队一九八五年全年考古发掘清理简记》，《成都文物》1986年第1期。

⑧　雷玉华：《成都市博物馆一九八八年田野工作纪要》，《成都文物》1989年第1期。

⑨　资料存成都市文物考古工作队。

⑩　四川大学博物馆、成都市博物馆：《成都指挥街周代遗址发掘报告》，《南方民族考古》第一辑，四川大学出版社，1987年。

⑪　曾咏霞整理：《成都市博物馆考古队一九八五年全年考古发掘清理简记》，《成都文物》1986年第1期。

⑫　资料存成都市文物考古工作队。

⑬　雷玉华：《一九九一年成都市田野考古工作纪要》，《成都文物》1992年第1期。

路东段曾发现一件西周大铜罍①，距磨子桥棕北小区不足500米。过去这里未被人们重视，现在却在这一区域发现早期蜀文化遗存。这便意味着城南地下也埋藏着早期蜀文化遗迹，并有许多尚未开垦的处女地等待着我们去发掘。

以上众多的发现，使我们可以界定成都市早期蜀文化遗存分布范围，当然，这毕竟只是粗略的轮廓：由抚琴小区至青羊宫一线是其西界；抚琴小区遗址至今盐市口一线是其北界；盐市口至磨子桥棕北小区是其东界；棕北小区与青羊宫相连是其南界。南北约3000米，东西为2400余米，面积约7平方公里。在这片土地上保存着极其丰富的早期蜀文化遗存，而十二桥至中医学院一带则是它的中心区域。

一、商代成都经济与礼仪祭祀

从这批早期蜀文化遗址出土的大量文化遗物，可以看到早在3000多年前，成都古代的社会经济是很繁荣的。农业生产已达到相当高的水平，并能为酿酒提供原材料。手工业已从农业中分离出来，成为独立的经济部门。并且，在手工业内部也有较细的分工，形成了铸铜业、制陶业、制骨业、玉石加工业，酿酒也可能是其独立行业。这些行业有的已具备相当大的规模。这里以十二桥遗址为例说明。十二桥遗址出土的陶器数以千计，以轮制为主，也有手制或模制的，有的陶器内尚留泥条盘筑的痕迹，手制的一般用慢轮修整。陶质以夹砂褐陶为主，其次是泥质灰陶及黑陶。有的陶色不一，同一器物褐黑相杂，也有的泥质陶施黑色陶衣。泥质灰陶的陶土经细致筛选，无杂质，用其制作的尖底杯等器，火候较高，且又精细，器壁仅有0.2厘米厚，代表着当时的制陶水平。陶器多素面，少部分饰弦纹、绳纹、附加堆纹、网格纹、菱形回纹、鸟头纹以及镂孔、戳压等。器类丰富。炊器以小平底罐为主，有的器底尚

---

① 平文：《西周铜罍》，《成都文物》1986年第3期。

留烟火痕迹；另有敞口罐、高领罐及釜等。陶酒器独具特色：陶瓶细颈侈口，其造型与今日四川农村保留下来的小酒瓶酷似。长颈壶和尖底杯也可能是酒器，尖底杯当与器座配套使用。酒器中还有盉与觚，觚与中原商代所出者相同，盉与大汶口文化和二里头文化有许多共同因素，前者显然受后者的影响所致。酒器的发达说明当时蜀地的农业已有较高的水平，除了提供维持人们日常生活所需粮食外，还有剩余，能提供大批粮食用来酿酒；同时，也反映蜀地饮酒之风甚烈。陶器中常见的还有尖底盏、尖底罐、高柄豆、鸟头勺把、花边口沿罐与钵、敛口钵、宽沿器、鸡冠盖纽、器盖、器座以及大批纺轮，等等。浓厚的土著文化色彩，构成早期蜀文化陶器组合的一大地方特色。

石器有打制和磨制两类。其中，生产工具有斧、锛、凿，磨制精细，刃口锋利，有的刃部留下了使用的痕迹。有一种用河卵石打制的盘状器，器身浑圆厚重者是狩猎活动中投掷的武器。有一种用页岩打制的，器身轻薄且有边刃者，或作为刮削用的工具。早期蜀文化中打制石器出现较多，是其特点之一。石器中常见璧、璜、璋，还发现有玉瑗。璧与璋作为礼器，与三星堆、月亮湾和羊子山等遗址发现的相同。石璧大小各异，厚薄不一。还发现较多的石璧半成品，圆形的青石上钻磨有弧形和圆形浅槽，显系为钻磨璧的好孔留下的痕迹。由此而知璧的制作过程之大概：先将石料打制成圆形，再钻磨璧之好孔；好孔钻磨完转入磨制，最后制成石璧。十二桥发现的石璋，上刻线条图案，极细的线条流畅纤细，与三星堆玉（石）璋上图案基本相同。大批石璧、石璋，是用于祭祀等活动的礼器，说明古蜀先民祭祀活动较频繁，也说明古蜀国可能已形成了自己的一套礼制，璧与璋在古蜀先民的社会生活中占有极其重要的地位。

十二桥所出骨器多磨制，有束发用的簪，长17厘米左右，簪身截面多圆形，也有扁方形的；簪帽有饼状、圆锥状和扁三角状。骨锥多经磨制，有的着重磨制尖端，其他部位稍加琢磨；有的用带关节的肢骨制成，上端尚留着骨臼，以便手握使用。骨针残长5.4厘米，截面近方形，宽仅0.2厘米～0.3厘米，首端有一穿。骨针制作讲究，钻磨出系线用的穿在当时是件不太容易的事，反映出制骨技术的高超。骨针、骨锥和大批纺轮的出现，反映出古蜀先民纺织缝纫业的存在很普遍。另外，骨还用于制造战争或打猎用的箭镞，镞锋呈三棱状，穿透力与杀伤力都很强。另外，还发现卜甲，均有圆钻和火烧痕迹，无凿，钻呈梅花状分布。成都其他早期蜀文化遗址中常有卜甲发现，反映出占卜风气在当时较浓厚。蜀国上层统治者每每遇到农事、战争、祭祀、疾病、梦幻、生儿育女等大小事，都要占卜吉凶，乞求多种神灵或祖先的福祐。占卜之风在蜀人的社会生活中也占有较重要的地位。

十二桥遗址出土铜器多为小件，有凿、削等工具，也有双翼式箭镞和柳叶形短剑一类兵器。箭镞两翼有倒刺、方锥状铤，杀伤力极强，与其他地区同时期箭镞相同。柳叶型短剑虽仅一件，但极其重要。它残长20.2厘米，剑身轻薄且有一凸脊，扁茎无格无穿，形制原始，时代在商代中期偏晚，是至今发现最早的柳叶形短剑。无独有偶，1990年在十二桥遗址范围内又发现一件柳叶形短剑[1]，形制与前者完全相同。这种柳叶形短剑发源于四川，是古蜀先民创造制作出来的具有地方特色的青铜兵器。它始于商代中期，沿用到春秋战国时期更臻完善，是其鼎盛时期，被称为"巴蜀式"柳叶剑；甚至于西汉晚期的墓葬中，尚可见它的遗迹[2]。这种柳叶形短剑与蜀文化特有的尖底器一道，在西周时期还传播到了陕南等地。在陕西长安张家坡[3]、宝鸡竹园沟[4]、茹家庄西周

---

① 江章华：《巴蜀柳叶形剑渊源试探》，《四川文物》1992年《三星堆古蜀文化研究专辑》。

② 1988年在天回乡大湾村五组发现一座西汉晚期砖室墓，出土一件柳叶形青铜剑。资料存成都市博物馆考古队。

③ 北京大学历史系考古教研室商周组编著：《商周考古》，文物出版社，1979年，第171页，图一四三①。

④ 宝鸡市博物馆等：《宝鸡竹园沟等地西周墓》，《考古》1978年第5期；宝鸡市博物馆：《宝鸡竹园沟西周墓地发掘简报》，《文物》1983年第2期。

墓①中均有发现。其时器形有了发展进步，剑身厚重，中脊明显，茎末有一至二穿。陕南一带本是早期蜀文化与中原商周文化融合的地区，是两地文化相互传播交流的中介。蜀文化由此地传入中原，中原商周文化亦由此传入四川。因此在这里出现早期蜀文化的器物，当不足为怪，此乃受蜀文化影响的结果。柳叶形青铜短剑真正的源是早期蜀文化；而陕南地区古强国等地发现的青铜短剑以及春秋战国时期四川流行的"巴蜀式"剑则是其流。源与流，泾渭分明。

十二桥遗址及市区其他遗址发现的铜器不多，是否说明早期蜀文化的冶铜制造业不发达？结论是否定的。早期蜀文化已是青铜文化，冶铜制造业的技术很高，这不仅被三星堆出土数千件青铜器所证实，也为成都市区与周围县区的发现所证实。在新都新繁水观音蜀人墓地出土一批青铜器，有斧、削、戈、矛、钺等。彭县竹瓦街两次青铜器窖藏的发现，共出铜罍9件、尊1件、觯2件、戈18件、戟3件、钺5件、矛1件、锛1件②。这批青铜器除铭有"覃父癸""牧正父己"文的两觯及一尊是由中原传入蜀地的外，大多数铜器当系在蜀地制作的产品。1976年在成都交通巷出土的蚕纹戈③，1978年在南一环路东三段以及抚琴小区发现的铜罍等，均反映出早在3000多年前，成都青铜铸造已发展为一独立的手工业部门，并具有较高的冶铜铸造水平。现有的考古资料特别是三星堆的重大发现，反映出当时成都平原青铜文化已达到鼎盛时期。蜀之先民创造出光彩夺目的物质文化，早已进入了文明社会，为成都平原以后被确认为"天府之国"，为这一地区以后政治、经济、文化等进一步的发展，奠定了坚实的物质文化基础。

---

① 宝鸡茹家庄西周墓发掘队：《陕西省宝鸡市茹家庄西周墓发掘简报》，《文物》1976年第4期。

② 参见王家祐：《记四川彭县竹瓦街出土的铜器》，《文物》1961年第11期及四川省博物馆、彭县文化馆：《四川彭县西周窖藏铜器》，《考古》1981年第6期。

③ 石湍：《记成都交通巷出土的一件蚕纹铜戈》，《考古与文物》1980年第2期。

二、商代成都的居室建筑

十二桥遗址发现的商代木结构建筑群，特别是宫殿建筑遗迹揭示在世人面前，以可靠的实物资料和胜于雄辩的事实，再次证明成都是早期蜀文化的又一个重要都邑；十二桥遗址是这一都邑的中心区所在。十二桥商代木结构建筑群，分布范围远远超过1万平方米，已揭露面积1200平方米，约占总面积的12%。十二桥商代木结构建筑有两种不同的建筑形式①。一是用传统榫卯连接法建造的大型建筑。在其遗址发现的地梁，共计5根，Ⅰ～Ⅳ号地梁最长者残长8.51米、宽0.40米、厚0.23米，最短者残长也在6米以上，余同前者；Ⅴ号地梁略小，残长4.33米、宽0.265米、厚0.20米。对地梁复原，可知其长度在12米左右，可以想见原建筑体量之宏大。Ⅰ～Ⅳ号地梁呈南北向平行排列，Ⅴ号地梁呈东西向，与Ⅰ～Ⅳ号地梁南端垂直排列，形同于建筑的地圈梁结构。Ⅰ～Ⅳ号地梁凿有圆形与长方形"柱洞"，左右对称；又Ⅰ与Ⅲ号，Ⅱ与Ⅳ号地梁上"柱洞"前后对应，这与中国传统木结构建筑讲究左右对称的特点相符合。从地梁上"柱洞"对应对称整齐的特点分析，我们有理由推测：其上部已形成较为规矩的梁架结构；就其结构而言，它较中原地区同时期的大型建筑所用的纵向梁架先进一些。另外还发现一根修整齐整的长方木构件，残长4.75米，宽0.30米左右，肯定是地梁遗迹的构件，可能是立于地梁长方形"柱洞"内的。如果推测无误，原来的建筑该是十分高大巍峨、宽敞宏伟的。如此宏大的地梁建筑，肯定不是寻常百姓所有，不应是民居，当为宫殿类建筑之基础。准确地说，它是宫殿建筑的庑廊部分之基础。高大宏伟的宫殿建筑的主体部分仍沉睡于地下，羞怯地不愿一展自己的丰姿，这是它的吝啬，也是我们的遗憾。

---

① 四川省文物管理委员会、四川省文物考古研究所、成都市博物馆：《成都十二桥商代建筑遗址第一期发掘简报》，《文物》1987年第12期。

另一种木建筑相对于宫殿建筑而言，我们称其为小型建筑，但其本身的体量也是不小的。其中一组单体建筑，长度在30米以上，跨度在7米，是宫殿建筑的配套或附属建筑。这一单体建筑是蜀地先民因地制宜，就地取材，采用打桩法、竹篾绑扎与原始榫卯相结合的方法创造的一种具有独特风格的建筑形式。

　　这种建筑的结构是：先将许多下端削尖的圆木桩打入土中，构成密集的桩网；在木桩上端绑扎纵横相交的大小地梁，形成方格网状的基础结构；再在其上铺以木板，作为居住面。居住面高于地面15厘米～30厘米不等。墙体也用圆木纵横交叉绑扎成方格网状木骨架承重，再将编织好的竹篾笆扎于木骨架上，做成既便于冬季围护防寒，又便于夏季通风挡雨的灵便墙体。房顶为两面坡，檩椽上铺以厚厚的茅草，确有冬暖夏凉之功效。这种建筑从基础、墙体到房顶浑然一体，组合成框架式的主体结构，独具特色。

　　这种木建筑的居住面高于户外地面，并且悬空，采用桩基础，起到了防潮隔湿的作用，属于"干栏式"建筑体系。这种"干栏式"建筑与今日傣家竹楼形制大同小异。据江应樑《傣族史》记载：现今西双版纳傣族的干栏式建筑——竹楼可分三类，一是小型民居，二是土司头人住宅，三是官家衙门，规模不同，式样有别。但其共同特点是：楼下空间大，四周无遮拦，可供牲畜栖身或自由活动，楼上则居人，是一种高级形式的干栏建筑。而十二桥的"干栏式"建筑，居住面以下空间低矮，只起防潮湿作用，不供饲养牲畜。这种只留低矮的下部空间可能是干栏式建筑的早期特点之一，它适应当时成都平原河道纵横，又未经整治，洪水时有发生，地下水位高，地面普遍潮湿的地理环境。另外，采用打桩或埋桩法建造干栏式房屋，早在新石器时代已经出现，这种柱桩法均属"干栏式"建筑的早期特点之一①。从考古发掘资料来看，河姆渡遗

---

① 中国科学院自然科学史研究所编：《中国古代建筑技术史》，科学出版社，1985年，第8页。

址的干栏式建筑采用的是埋桩法[①]。其他如马家浜文化、良渚文化的许多遗址都发现了埋在地下的木桩以及底架上的横梁和木板。降至西周，在湖北蕲春毛家咀遗址中也发现规模较大的干栏式建筑[②]，柱桩方法亦与上略同。到了汉代可能才出现下部空间宽大，可供牲畜活动栖身的"干栏式"建筑；汉代画像砖与墓中出现的一些陶房模型，提供了这方面的证据，而且柱桩已不密集了。十二桥的干栏式建筑采用打桩方法，桩柱密集，既保留着南方干栏式建筑的早期的共同特点，又有本地区独有的特点，是依据不同的地理环境采用不同的方法，因地制宜的结果。

十二桥遗址宫殿建筑是文明社会的标志之一，与原始社会的"大房子"是有质的区别的：它显示出一种权力的存在，这种权力显然是凌驾于社会之上的。我们知道，母系氏族公社聚落中心的"大房子"是该社会最受尊重的"外祖母"或另外的氏族首领的住所，同时也是社会被抚养人口（老、弱、病、残和儿童少年）的集体住所，属于公共建筑，为全氏族共有。到了父系氏族时代，"大房子"转变为氏族内公共议事和氏族会议等的场所。随着社会进一步发展，一夫一妻制家庭得到进一步的巩固，私有观念加深，贫富分化以及氏族内部奴役和剥削现象日益普遍，"大房子"变成了父系首领专用的、特权家庭居住和处理统治事宜的场所，"大房子"逐渐发生着质的变化。原始公社解体之时，"大房子"脱胎为历史上第一座统治阶级的宫殿。高耸入云的宫殿，刺破了原始社会末期那层脆薄的幕纱，社会进入了高一级的发展阶段，跨入了文明社会。宫殿的出现遂成为文明社会的标志之一。十二桥宫殿建筑虽仅发掘极小部分，也足以说明它非一般氏族、部落所有。十二桥商代遗址发现的庞大建筑群体，不是一般的村落遗址，而是一座都邑的中心——即宫殿区域，是上层贵族统治者居住活动的地方；而整个都邑当

---

① 浙江省文物管理委员会、浙江省博物馆：《河姆渡遗址第一期发掘报告》，《考古学报》1978年第1期。

② 中国科学院考古研究所湖北发掘队：《湖北圻春毛家咀西周木构建筑》，《考古》1962年第1期。

在我们界定的、成都市区早期蜀文化分布范围之内。

　　成都是早期蜀文化的一个重要都邑，都邑的中心在十二桥遗址一带；而在都邑的北面，还有一座大型祭祀土台。这是古蜀先民举行祭祀活动的圣地。20世纪50年代发现的羊子山土台，规模巨大，是一座方形的三级夯土台。底边103.7米见方，一、二级各宽18米，第三级31.6米见方，高有10米余，总体积为35574立方米[①]。这座土台始建于商代晚期[②]，是迄今为止我国发现的最大的一座商周时期的宗教性祭祀土台。它的存在是国家机器已经产生的结果，并通过宗教的形式反映出政治权力中心的所在。它告诉人们，在它的附近应存在着一座早期的城邑，宫殿所在则是城邑的中心。祭台所在是与城邑紧密相关的宗教祭典的圣地。祭台与宫殿，一南一北，相互说明着这样一个结论：要建成这些巨型建筑，便当拥有一个巨大权力的中心，它包括政治、经济、军事、宗教等诸种权力，并且有着严密的组织网络。只有这样，方能够控制、驾驭和占有建筑所需的大量的人力，以及工程技艺和各种原材料等物力。

第二节　商代成都的城垣建设

　　成都已成为早期蜀文化的一个重要都邑。这个都邑的位置即城址，应在前文勾画出的早期蜀文化分布范围内——在这约7平方公里范围内，古之郫江与检江穿过此区，早期蜀文化遗址主要沿古之郫江两岸分布。这里地理位置适中，交通便利，紧靠河流，既能圆满解决先民大量的日常生活用水和生产劳动用水问题，又能给运输带来便利，对人们的生活极其方便。在这样的地理环境中，成都早期蜀文化都邑当靠近西面与南面，濒临河水，与战国晚期的秦城及以后历代城址的西面与南面相去不远。战国晚期修筑的秦城，为了新的需要，整个城址向北和

---

① 杨有润：《成都羊子山土台遗址清理报告》，《考古学报》1957年第4期。

② 林向：《羊子山建筑遗址新考》，《四川文物》1988年第5期。

向东略有推移。成都秦城分太城和少城，太城在东，少城在西，太城与少城外城郭之总长度为"十二里"，约为今日10里。太城南城墙在今文庙后街一带，北城墙在西玉龙街一线，东城墙在盐市口附近地段。少城西南壁在今通惠门偏东、下同仁路口附近，其北城墙大致在今红光东路以南①。古之郫江由北向南流经城西，折而往东路经城南。古之检江由西向东流经城南，具有天然防御之功能。时至唐代晚期，高骈修筑罗城，城垣的西面与南面变化不大，整个城址似向北面与东面拓展；宋代以降，明清城址亦然。1990年3月，在成都市外南人民路135号基建工地，发现唐宋城门遗址，共计两座城门②。其中1号门址始建于唐代晚期，宋初经过修葺继续使用。2号门址为1号门址废弃后重新修筑，始建于北宋初年，沿用至南宋或更晚③。这两座城门址之上，又有明清时期的城墙遗迹——明清城墙的包砖基础和灰黄黏土堆积④。由此而知，成都历代城址都偏西南与南面，历代相因，城垣虽有兴废和盈缩，但城之西城垣与南城垣变化不大。而城址的新拓展都是向北向东，这是成都自早期蜀文化之都邑到明清古城之一大特点。

成都在商代已是一个都邑，这个都邑有没有城垣呢？有，又是什么样呢？这个问题引起了学术界的关注，一般认为是有城垣的，什么样的城垣则有不同的看法。有的学者引据经典，博引民族学资料，提出了自己的看法，具有代表性的意见认为：成都属南方文化巢居系统，发现了"干栏式"建筑，故推测它早期城之墙是一种栅栏土垒式的，准确地说是木栅城垣⑤。这种意见得到一些同人的赞同与支持，并进一步延

---

① 参见《华阳国志》，巴蜀书社，1984年校注本，第196~197页。

② 成都市博物馆考古队：《成都罗城1、2号门址发掘简报》，《南方民族考古》第三辑，四川科学技术出版社，1991年。

③ 成都市博物馆考古队：《成都罗城1、2号门址发掘简报》，《南方民族考古》第三辑，四川科学技术出版社，1991年。

④ 成都市博物馆考古队：《成都罗城1、2号门址发掘简报》，《南方民族考古》第三辑，四川科学技术出版社，1991年。

⑤ 王文才：《成都城坊考》，巴蜀书社，1986年，第1页。

伸：成都没有中原文化系统那种土建筑的高大城墙，筑土墙围城只是中原、关中等地区自然条件下的产物①。我们对此不敢苟同。虽然，考古发掘方面未提供直接的材料说明城垣的存在，但考古发掘提供了间接的材料，说明这座早期都邑是有土筑城垣存在的可能性。

一、从大地湾房址到三星堆城址

在这里，我们要回顾一下我国城垣的起源、城或城堡的出现，这之中自然有社会经济和历史方面的诸多决定性因素，但也不可忽视一个极其重要的因素或条件，即建筑技术——夯筑技术的创造发明，它为以后城垣、宫殿的营造提供了新的技术手段。考古资料表明，夯筑技术在仰韶文化晚期就出现了，如青海省秦安大地湾遗址405号房址，墙基沟槽立柱后经过夯打，居住面在一层0.2米的料礓石混合土之上又垫一层厚约5毫米~7毫米的白灰面，且均经夯打②；在河南汤阴白营龙山文化遗址F16地面有明显的夯窝③。这些都是较早的夯土实例，仅用于居住房屋上。而仰韶时期的原始部落聚居中心，只发现在周围挖一条几米宽深的壕沟或加设木栅栏作为有效的防御设施，像西安半坡、临潼姜寨、仰韶时期的聚邑中心便是如此。这种防御设施适用于原始部落间的掠夺战争，也适合于抵御野兽的侵袭，但对部落战争中使用火攻就难以抵挡了。总之，它适用于金属武器没有出现之前的社会发展阶段。

生产力的发展促进了战争的发展，铜质武器的出现，使壕沟和木栅栏显得无济于事了。原始社会晚期，部落首领为保护、巩固和扩大疆

---

① 罗开玉：《早期成都城初论——兼论早期南方城市的几个问题》，《四川文物》1992年第2期。

② 甘肃省博物馆文物工作队：《秦安大地湾405号新石器时代房屋遗址》，《文物》1983年第11期。

③ 安阳地区文物管理委员会：《河南汤阴白营龙山文化遗址》，《考古》1980年第3期。

109

域，抵御其他部落的进攻而修筑了城墙，此时应运而生的高大城墙，在火药远未发明，没有巨大威力的火炮轰击的情况下，成了最有效的防卫设施；同时对使用火攻亦能起到极好的防范——这是龙山文化时代。在这个时期，夯筑技术普遍使用，并在修筑城墙中大显身手。另外，淮阳平粮台龙山文化城址，其城墙采用小版筑堆筑法夯筑①，为迄今最早的版筑法资料，说明夯筑技术得到进一步的发展。现在已发现的龙山文化城址有：河南安阳后岗城址②、登封王城岗城址③、淮阳平粮台城址④、龙山镇城子崖城址⑤和寿光边线王城址⑥，1986年又发现了郾城郝家台龙山文化中晚期的城址⑦。以上这些城址均分布于黄河流域。它们采用夯筑技术，平地起建土城墙，松散的泥土要堆高，并要经得起风雨的冲刷而不坍塌，必须采用夯筑方法。具体做法是：人们在平地挖掘口大底小的基槽，逐层填入泥土，用天然河卵石或几根木棍捆绑在一起的"集束夯"分层夯实；而墙体要达到数米之高，其付出的劳动是可以想见的，何况所显示的夯筑技术又是那样的高超！这些夯筑的城多呈方形或长方形，规模都不大。最小的要算登封王城岗城址，面积近1万平方米⑧。寿光边线王城的城圈分内外两圈，内圈早于外圈，属同一城堡

---

① 河南省文物研究所等：《河南淮阳平粮台龙山文化城址试掘简报》，《文物》1983年第3期。

② 胡厚宣：《殷墟发掘》，学习生活出版社，1955年。

③ 河南省文物研究所、中国历史博物馆考古部：《登封王城岗遗址的发掘》，《文物》1983年第3期。

④ 河南省文物研究所等：《河南淮阳平粮台龙山文化城址试掘简报》，《文物》1983年第3期。

⑤ 傅斯年等：《城子崖：山东历城县龙山镇之黑陶文化遗址》，国立中央研究院历史语言研究所，1934年。

⑥ 文物编辑委员会编：《文物考古工作十年（1979—1989）》，文物出版社，1991年，第166页。

⑦ 文物编辑委员会编：《文物考古工作十年（1979—1989）》，文物出版社，1991年，第179页。

⑧ 河南省文物研究所、中国历史博物馆考古部：《登封王城岗遗址的发掘》，《文物》1983年第3期。

的先后两个阶段；内城边长100米，面积1万平方米；外城边长240米，面积3.7万平方米。平粮台城址面积有3.4万平方米。城子崖城址最大，南北长约450米，东西宽约390米，面积17万平方米。这些早期的城，作为有防御设施的军事城堡是合适的。同时，这些城址内一般都有居住房子以及陶窑、墓地等，平粮台城址内还发现高台建筑基址。这些迹象表明，这些城址有的乃具有生产和生活的职能，并非单纯起防御作用的军事城堡。

在龙山文化时期，不只是黄河流域出现了早期的城址，在长江流域也同样地出现了早期的城址。湖北天门石家河、石首走马岭和湖南澧县南岳等地的城址的发现①，无疑宣布了长江流域城市的起源也是很早的，基本上与黄河流域是同步的。这些城址的资料目前可能尚在整理之中，但从有关的一些报道中，我们仍知道这些城虽在南方，却不是用木栅栏围着的，不是所谓南方系统的木栅栏"城垣"。石家河还发现一些墓葬，有的随葬100多件器物，有的瓮棺随葬50多件玉器②。据说澧县出土玉器，有佩、璜等③，其社会发展水平也不比良渚文化和龙山文化低多少，相应的其政治组织、阶级、国家的形成也并不是很晚的。所以，无论在北方还是南方，无论在黄河流域还是长江流域，既发明和使用了夯筑技术，便都会出现早期的城址，用土堆筑起高大的城郭；这是历史的事实，并非为北方诸文化所特有。同样，进入了文明社会，北方和南方也会出现属于各国统治中心的、规模较大的都邑和方国都城，郑州商城、黄陂盘龙城商城和广汉三星堆古城等城址的出现，是社会发展的必然结果。

三星堆古城，1984年始进行调查，1989年开始对南城墙、东城墙进行了四次发掘，获得第一手材料，对城墙的体形、筑法、建造年代和范围有了一定的认识。东城墙长1100米，顶宽20米，基宽40米，残存高

---

① 严文明：《略论中国文明的起源》，《文物》1992年第1期。
② 石河考古队：《湖北省石河遗址群1987年发掘简报》，《文物》1990年第8期。
③ 段渝：《关于长江文化研究的几点思考》，《东南文化》1992年第1期。

度4米，全用人工夯筑而成。城墙的顶部还发现土坯砌筑的"梁埂"。南城墙外还有深2.8米的壕沟，整个城址东、南、西三面夯筑城墙，北面是鸭子河。城外又有壕沟围绕，城内面积约2.6平方公里。城内外遗址群密布，出土青铜、玉石、陶器、漆器等数万件珍贵文物标本，足以说明这是一座早期蜀文化的中心都邑[①]，也有人认为是蜀国国都所在[②]。三星堆城址之墙用土堆筑，经夯打锤拍而成，下层还采用了斜面夯筑方法，完全说明蜀之先民已熟练地掌握了筑墙的夯土技术，所以能在成都平原营造如此宏大的城址，并与郑州商城的规模相当，与中原地区其他城址相比，亦不逊色。

二、商代成都也有夯筑土城墙

事实雄辩地告知人们，成都平原早在3000多年前就夯筑了庞大的城墙，夯筑技术并非中原、关中地区独有；并暗示人们，不排除成都这座早期蜀文化的都邑，也会有土城墙的可能性。

另外，成都北郊羊子山土台，也是一座巨大的夯土建筑，底边103.7米见方，高约10米。土台用土坯砌墙以代替木版，墙间填充黄土，分层夯筑；夯窝揭露出来仍清晰可见，直径9厘米左右，是用木杵或石锤夯打的。这种以土坯墙代版的夯筑方法，省去了装撤木版的工序，既省工又省料又省力，是蜀之先民的创造发明，与中原等地的版筑技术有别。河南郑州商城和湖北黄陂盘龙城商城，采用版筑技术筑造。以郑州商城为例，其城墙主体采用木模型板，将两侧壁和一个横头都用木板相堵，在这一段逐层夯筑，然后撤除横堵板和两壁板，以此逐段夯筑。这种版筑方法，传至西周、春秋时期，又有了新的发展：用立

---

① 林向：《近五十年来巴蜀文化与历史的发现与研究》，《巴蜀历史·民族·考古·文化》，巴蜀书社，1991年。
② 赵殿增：《三星堆考古发现与巴蜀古史研究》，《四川文物》1992年《三星堆古蜀文化研究专辑》。

柱、插竿、橛子、草绳来固定木板，并在分段夯筑的基础上采用了方块夯筑的方法[①]，使夯筑技术更加成熟完善了。成都羊子山土台体积巨大宏伟，采用一般的版筑法一段一段地夯，一版一版地筑，难度较大，而采用以墙代版之方法，则是一项成功的技术措施。土台为三层，每层外用土坯砌成墙，墙厚达6米，中间填土夯实，墙与土浑然一体，反映出蜀人砌筑土坯工程技术水平是相当高的。这种以墙代版的技术，在三星堆东城墙上似有发现。有报道说：东城墙顶上有土坯砌的"梁埂"，土坯之间用夯土填实[②]。这种现象，难道不是蜀人以土坯墙代替木版夯筑法之发端吗？到修筑羊子山土台时，这种筑墙方法就更臻完善了。羊子山土台以墙代版夯筑，使用土坯的数量在当时是罕见的，估计有土坯1376496块以上，且土坯制作水平较高：土坯规格统一，长65厘米、宽36厘米、厚10厘米，用木匣制作，四边整齐，坯中掺和草筋，上下经舂打，性能好，抗压力强。土坯砌垒时，还用灰白色细泥浆粘接。总之，羊子山土台以墙代版和砌筑土坯墙及土坯的制作，其水平无疑处于当时的先进行列。

三星堆城址和羊子山土台展现在世人面前，蜀之先民们有能力夯筑三星堆城墙，又有能力夯筑起羊子山祭台，难道就没有能力在成都——早期蜀文化的城邑上夯筑起土城垣吗？没有夯筑技术的发明，要营造土城垣是根本不可能的；在夯筑技术发明后，熟练地掌握了夯筑技术的人们要营造土城墙则是完全可能的。蜀之先民这方面的技术是不缺的，并且又具先进性，为什么非要筑一周木栅栏"城垣"呢？木栅栏围护是原始部落聚居的防御措施，是古代至近代村寨防卫的建筑，怎么能与已进入文明时代的都邑相匹配呢？怎么能与十二桥宫殿建筑相匹配呢？又怎么能与羊子山祭祀圣地相匹配呢？

① 中国科学院自然科学史研究所编：《中国古代建筑技术史》，科学出版社，1985年，第30页。
② 文物编辑委员会编：《文物考古工作十年（1979—1989）》，文物出版社，1991年，第253页。

早期都邑没有发现城墙，原因是多方面的。前文已说过，成都历代城址变化不大，特别是城的西面与南面更是如此，仅盈缩或较小移动，城址之拓展主要是向北、向东面罢了。又因历代营建频频，晚期的活动对早期的遗迹破坏极为严重——这在十二桥遗址地层关系中表现得最为突出。隋唐至南北朝时期的青瓷窑址分布广泛，堆积极厚且丰。在整个烧窑活动中对汉代层堆积破坏严重。早在汉初，这一带就开始烧窑，先烧陶器，东汉时期又有烧陶俑的，这便对其下层的遗址破坏更为严重。虽然发现了战国秦汉之际夯土台基遗迹，面积400平方米，终因晚期的烧窑与动土频繁而使夯土台基面目全非，难以复原，不能弄清其结构与性质。而战国秦汉之际的夯土台遗迹又直接压在春秋战国之际的建筑遗址上，且破坏程度更大。再下便是商周遗址了。由此可见，历代兴建动土，人们频繁活动，因而早期遗址面貌不全，早期都邑之城垣可能挖掘殆尽，不能保全至今，也是可以理解的事了。与此相应的是，与"咸阳同制"的成都秦城，虽文献记载较详："筑城取土，去城十里"，然今日也并未发现其城的断垣残墙之遗迹，但人们却仍肯定它过去的存在，并未武断地否定之。

城之城垣未被发现，是否就说明成都不是早期文化的一个都邑呢？当然不是，十二桥宫殿建筑遗迹和羊子山大型祭祀土台的存在，已说明了问题。又以二里头文化来说，也是只发现宫殿基址群，未发现城墙，却出土一些青铜武器和礼乐器，拥有一种青铜文化，显然已进入了文明时代，国家政权已经产生；并且，有的学者还认定它是夏朝的都城[1]。宫殿建筑是王权的象征，是最大的奴隶主和贵族专政的工具，是奴隶制国家发号施令的政治中心，这已成为人们的共识。

总之，在相当于中原商代时，成都平原的农业生产已相当发达，手工业已成为独立的经济部门，并已分工较细，形成了青铜冶铸业、制

---

① 邹衡：《夏文化分布区域内有关夏人传说的地望考》，《夏商周考古学论文集》，文物出版社，1980年。

陶业、玉石加工业、制骨业、酿酒业等，具备了城邑的社会经济条件；而宫殿的发现，祭祀圣地的揭示，则说明成都已经是早期蜀文化的一个重要的都邑了。

原载《三星堆文化》，四川人民出版社，1993年

墓葬研究

前后蜀墓葬制度浅论

自20世纪40年代始，在成都平原先后发掘清理了一批五代十国时期前后蜀国的墓葬，其中帝陵两座，即前蜀王建的永陵[1]和后蜀孟知祥的和陵[2]；文武大臣墓有：前蜀晋晖[3]，后蜀张虔钊[4]、孙汉韶[5]、徐铎及其妻[6]、李辈[7]、宋琳[8]、高晖[9]以及成都107信箱、火车东站[10]等地后蜀墓；一般官吏墓有：成都双流县籍田[11]和市郊[12]清理的一批墓葬。以

① 冯汉骥：《前蜀王建墓发掘报告》，文物出版社，1964年。

② 成都市文物管理处：《后蜀孟知祥墓与福庆长公主墓志铭》，《文物》1982年第3期。

③ 四川省文物管理委员会：《前蜀晋晖墓清理简报》，《考古》1983年第10期。

④ 成都市文物管理处：《成都市东郊后蜀张虔钊墓》，《文物》1982年第3期。

⑤ 成都市博物馆考古队：《五代后蜀孙汉韶墓》，《文物》1991年第5期。资料由毛求学、刘平同志提供，书此志谢。

⑥ 成都市博物馆考古队：成都65厂后蜀墓两座，《文物》1991年第5期。M1为徐铎墓，M2据发掘者见告为徐铎夫人墓。本文从此意见。该资料由王黎明、毛求学同志提供，书此志谢。

⑦ 任锡光：《四川华阳县发现五代后蜀墓》，《考古通讯》1957年第4期。

⑧ 四川省博物馆：《四川彭山后蜀宋琳墓清理简报》，《考古通讯》1958年第5期。

⑨ 徐鹏章、陈久恒、何德滋：《成都北郊站东乡高晖墓清理简报》，《考古通讯》1955年第6期。

⑩ 成都107信箱后蜀墓一座，火车东站后蜀墓一座，资料均存成都市博物馆。

⑪ 成都双流籍田区后蜀墓，资料存成都市博物馆。

⑫ 洪剑民：《略谈成都近郊五代至南宋的墓葬形制》，《考古》1959年第1期。

上资料，有的已公布于世，有的待刊，有的尚在整理之中，这为研究前后蜀国的墓葬形制、构筑方法、埋葬制度、石刻绘画艺术和社会生活等诸多方面，提供了难得的实物资料，可补史籍之缺。

一

前后蜀帝陵有封土（亦称陵台、坟冢），为圆形，用黄土堆积，层层夯实。封土下部垒砌长条形石条，既可美其外观，又可防止黄土流失。前蜀永陵封土"现高约15米，直径约80米，圆形，周围界以石条……共九层……"[1]后蜀和陵封土亦为圆形，下部亦界以石条[2]。前后蜀文武大臣墓一般都有封土，略呈圆锥形，层层夯实，封土下部砌以青砖。如后蜀孙汉韶墓封土现高约7米，面积残存80平方米，上部略呈圆锥状，下部东北侧残存叠砌有序青砖一段，长约5米、高0.60米、厚0.40米[3]。前后蜀文武大臣墓的封土，有的下部尚不见界以青砖的，如后蜀徐铎夫妇墓（即成都65厂后蜀M1和M2，下同），两墓同用一个封土，并列埋葬，相距一米许，外观亦呈圆锥状[4]，又彭山后蜀宋琳墓，封土"高3.5米，南北径约15米"[5]，以上墓葬封土均夯筑而成，但未见有用青砖砌界的记录。由此可知，前后蜀陵与墓的封土有圆形、圆锥形两种，下部界以石条或界以青砖，有的则无；并采用的是"积土为陵"和"积土为墓"的构筑形式。所谓"积土为陵"是指在地表凿出一片平地，砌建墓室，尔后运来泥土填筑，经夯实后形成封土堆。另外，与前后蜀国同时期的南唐二陵，其封土亦为"积土为陵"的形式[6]。可知，

① 冯汉骥：《前蜀王建墓发掘报告》，文物出版社，1964年。

② 成都市文物管理处：《后蜀孟知祥墓与福庆长公主墓志铭》，《文物》1982年第3期。

③ 成都市博物馆考古队：《五代后蜀孙汉韶墓》，《文物》1991年第5期。

④ 成都65厂后蜀墓两座，待刊稿。

⑤ 四川省博物馆：《四川彭山后蜀宋琳墓清理简报》，《考古通讯》1958年第5期。

⑥ 南京博物院编著：《南唐二陵发掘报告》，文物出版社，1957年。

五代时期的帝陵普遍采用此种方法，其封土均为圆形。而汉唐以来至宋朝之帝陵，凡"积土为陵"者均构筑层台式方形土冢，史有"方上"之称，现又称覆斗式土冢①，一般为帝后、太子及公主、王一类皇室人物所用。杨宽先生在《中国古代陵寝制度研究》一书中指出："就是在李唐王朝的皇族中使用什么样的土冢，又有嫡庶之别，嫡系亲属使用方形台式土冢，庶系则使用圆锥形土冢。如长乐公主，太宗第五女，嫡系，用方形台式土冢；而太宗第十一子赵王福，杨妃之子，庶系，则用圆锥形土冢。"②显然，一般文武大臣是不允许"僭越"此制的，只能用圆锥形土冢。

但是，五代时期前后蜀帝陵与南唐二陵不用"方上"之制，则筑圆形土冢，似与人臣墓之圆锥形土冢相类。有人以为这是受长江流域"无方冢之习"的影响；有人以为是受地理因素的制约。但我以为更主要的原因是：封建割据的地方小朝廷与大一统帝国两者国势、经济实力诸方面的巨大悬殊在构筑帝陵上反映了出来。另外，前后蜀帝陵与人臣墓之封土相类，是否就说明两者便无等级区别了呢？当然不是。前后蜀帝陵封土下部界以石条，人臣墓封土下部叠砌青砖；帝陵封土呈浑圆形，规模较大，人臣墓封土呈圆锥形，上部稍尖，其规模远非能与帝陵相比，这就是由封土外观上反映出来的尊卑高下的等级观念。

二

前后蜀的墓葬多为长方形纵列式券拱顶多室墓或单室墓。后蜀和陵则是穹窿顶三室墓，是为特例。墓室主要用石料与青砖构筑，前蜀永陵用红砂岩石起券十四道构筑而成，后蜀和陵用青石构筑，文武大

---

① 刘庆柱、李毓芳：《西汉诸陵调查与研究》，《文物资料丛刊》第6辑，文物出版社，1982年；贺梓城：《"关中唐十八陵"调查记》，《文物资料丛刊》第3辑，文物出版社，1980年。

② 杨宽：《中国古代陵寝制度史研究》，上海古籍出版社，1985年。

臣墓和一般官吏墓用青砖构筑。前蜀永陵石券拱为1～3层，文武大臣墓拱一般为2～7层，如张虔钊墓拱4～7层，孙汉韶墓拱3～6层，徐铎墓拱3～4层；一般官吏墓拱则为内外两重。券拱的缝隙用陶瓷片楔之，使之牢固。墓壁与拱用泥浆粘连，但帝陵则使用白垩作黏合剂，前蜀永陵使用较少①，后蜀和陵全用白垩黏合。墓壁一般采用二顺一丁法砌建，即先纵向平铺两层砖，再竖立一层砖，有的墓还见三平一丁的砌法，这些是当时较通行的方法。个别墓采用错缝法，如后蜀宋琳墓，纵向平铺青砖，层层错缝叠压②。另外，前后蜀墓的耳室，上部起券呈拱形，一般用1～3层砖砌拱。有的墓出现的壁龛亦为拱形，如张虔钊墓后室一对壁龛便是。

前后蜀墓室内多抹有白垩，涂以颜料，绘描壁画或图案。如前蜀永陵四壁先敷细泥一层，其上涂以白垩，白垩表面，券顶涂青色，壁均涂朱色，然后绘制人物、彩画③。又后蜀张虔钊墓室抹白垩一层，上涂以赭色，再绘壁画④，惜已剥落殆尽。有的墓仅抹一层白垩便绘以花纹图案，如成都65厂后蜀M2便是采用此种方法，在白垩上用黑色线条勾画出图案，再根据需要涂以其他颜色⑤。

前后蜀墓葬多遭洗劫，墓室严重损毁，保存完整者较少，故发现墓道的仅两座，即后蜀和陵和张虔钊墓，皆为斜坡形阶梯式墓道。后蜀和陵阶梯计22级，张虔钊墓阶梯计14级，平面呈梯形，长8米、宽4.80米～5.80米⑥。其他墓葬尚未见有墓道的报道，但就孙汉韶墓而论，其规模与结构均与张虔钊墓基本一致，亦当有斜坡形阶梯式墓道，只因遭毁坏而不复见。一般官吏的墓葬，可能就无此种墓道了。另外，前蜀永

---

① 笔者参加了1989年始的永陵维修工程，亲眼见到券拱与墓壁上有白垩痕迹。资料待整理后公布。

② 四川省博物馆：《四川彭山后蜀宋琳墓清理简报》，《考古通讯》1958年第5期。

③ 冯汉骥：《前蜀王建墓发掘报告》，文物出版社，1964年。

④ 成都市文物管理处：《成都市东郊后蜀张虔钊墓》，《文物》1982年第3期。

⑤ 成都65厂后蜀墓两座，待刊稿。

⑥ 成都市文物管理处：《成都市东郊后蜀张虔钊墓》，《文物》1982年第3期。

陵完全建于地表，自然不需用墓道了。

上述葬制可能是承袭四川地区唐墓的旧制，并对四川地区的宋墓也产生了一定的影响。1978年8月，四川省博物馆在万县驸马公社清理了一座唐代砖室墓①。该墓为长方形纵列式券拱顶。墓壁用三顺一丁法砌建，券拱用二顺一丁法。有六个拱形耳室，仅一层砖起券。墓壁抹有石灰泥（我以为是先抹一层泥，再涂白垩），甬道两壁绘青龙与白虎，墓室上方绘星辰图。万县唐墓的形制、砌建方法和壁画的绘制方法，与前后蜀墓葬几乎完全相同，是一脉相承的关系。另外，四川地区的宋墓，如洪雅县北宋中期程文贤夫妻墓②和成都东郊沙板桥北宋张确夫妻墓③，墓壁用二顺一丁的方法砌建，前者有4个拱形壁龛，两两相对，室内涂泥抹灰，亦是先抹泥，再涂白垩，后绘制彩画；后者亦有4个拱形壁龛与一个拱形后龛等。这些方法显然与前后蜀墓的方法同出一辙，是受前后蜀墓葬形制影响的结果，故前后蜀墓葬具有承前启后的作用。

三

前后蜀墓室平面布局，已知的有以下几种类型：

Ⅰ：石构三室，前蜀永陵（图一）和后蜀和陵均如此。永陵全长30.8米，内长23.4米，前、中、后三室相连，无耳室。中室最大，置有棺床；后室次之，设置石床；前室最小。各室由木门间隔。和陵为左、中、右三室并列，中室最大，棺床横陈其中；左右室大小相同，与中室有门互通④。

---

① 四川省博物馆：《四川万县唐墓》，《考古学报》1980年第4期。
② 四川省博物馆、洪雅县文化馆：《四川洪雅宋墓发掘简报》，《考古》1982年第1期。
③ 待刊稿，资料由罗伟先同志见告，书此志谢。
④ 原《简报》称为左、右耳室，我以为称左、右室较妥，见成都市文物管理处：《后蜀孟知祥墓与福庆长公主墓志铭》，《文物》1982年第3期。

Ⅱ：砖构三室，均为大型墓，其规模仅次于两座帝陵。前蜀晋晖墓残长12米以上（图二）；后蜀张虔钊墓全长27米，墓室长18.7米（图三），孙汉韶墓室长18.8米（图四）。均前、中、后三室相连，中室最大，置有棺床，前室次之，后室最小。前室与中室左右壁设置耳室，晋晖墓中室残存耳室4个，内设供台放置随葬品。张虔钊墓有耳室8个，前室为2小，中室是4大2小，后室另有壁龛一对。孙汉韶墓有耳室6个，前室2个、中室4个。张、孙二墓耳室内无供台①。

Ⅲ：砖构二室，均为中型墓。后蜀徐铎及其夫人墓室长近11米（图五、图六），由甬道、前室、后室相连，前室大，棺床陈于其中，后室小。徐铎墓前室有耳室4个，徐铎夫人墓不设耳室②。后蜀宋琳墓全长7.64米（图七），前室设耳室2个③，余与徐铎墓同。耳室中无供台。

Ⅳ：砖构单室，为中小型墓，均不设耳室。高晖墓全长约6米，室内设一石棺（图八）④。其余的单室墓长4米～5米、宽1.2米～2米，设有壁龛和后龛，室内设简易棺床（参见图九）⑤。

小型墓至今未见报道，情况不明。

上述四类墓，其主人之社会地位区别明显。Ⅰ：帝陵。Ⅱ：前蜀晋晖为武泰军节度使、弘农王，卒后追赠太师；后蜀张虔钊为山南西道节度使，卒后追赠太子太师；后蜀孙汉韶为武泰军节度使，卒后追赠太尉。三人生前均为三品以上官，死后均又追赠与赐谥，其下葬可能按正从一品礼，礼遇极高。Ⅲ：后蜀徐铎，志文载其为守彭州刺史⑥。我们

① 见四川省文物管理委员会：《前蜀晋晖墓清理简报》，《考古》1983年第10期；成都市文物管理处：《成都市东郊后蜀张虔钊墓》，《文物》1982年第3期；成都市博物馆考古队：《五代后蜀孙汉韶墓》，《文物》1991年第5期。

② 成都65厂后蜀墓两座，待刊稿。

③ 四川省博物馆：《四川彭山后蜀宋琳墓清理简报》，《考古通讯》1958年第5期。

④ 高晖墓室之长，原《简报》的尺寸与原《简报》上的图比例不合，今按图测长为6米。

⑤ 洪剑民：《略谈成都近郊五代至南宋的墓葬形制》，《考古》1959年第1期。

⑥ 成都65厂后蜀墓两座，待刊稿。

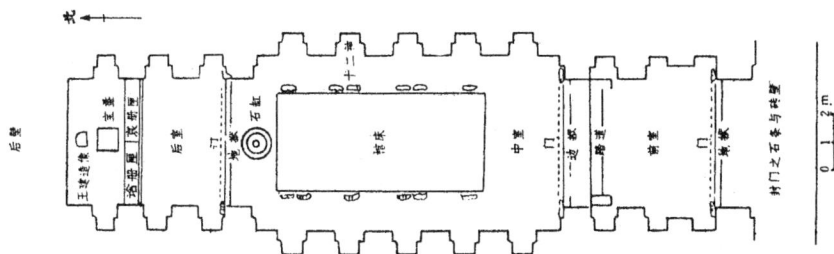

图一 前蜀永陵（王建墓）平面图

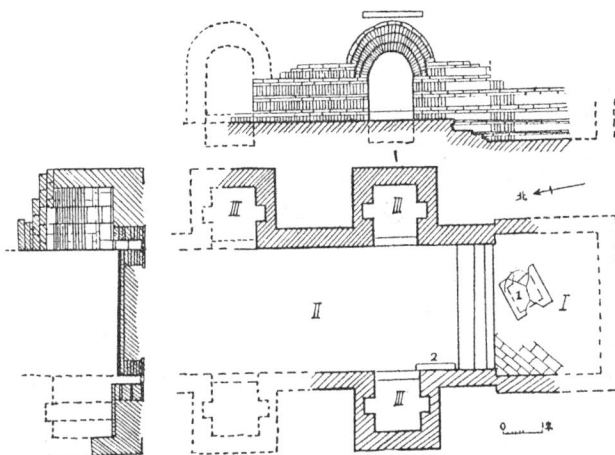

图二 前蜀晋晖墓平面图

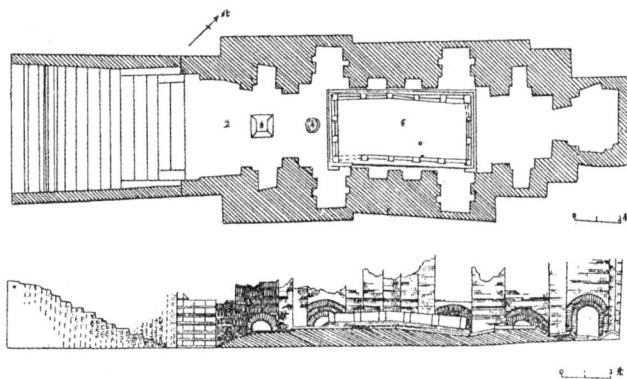

图三 后蜀张虔钊墓平、剖面图

张肖马卷

125

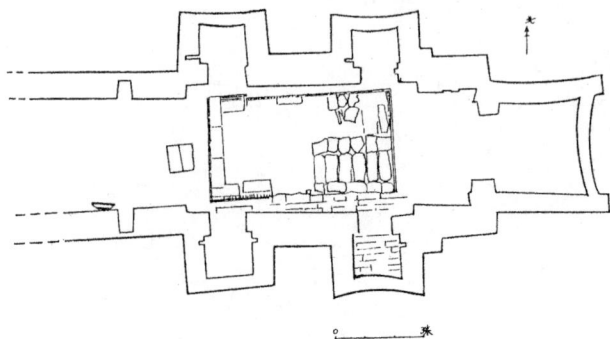

图四　后蜀孙汉韶墓平面图

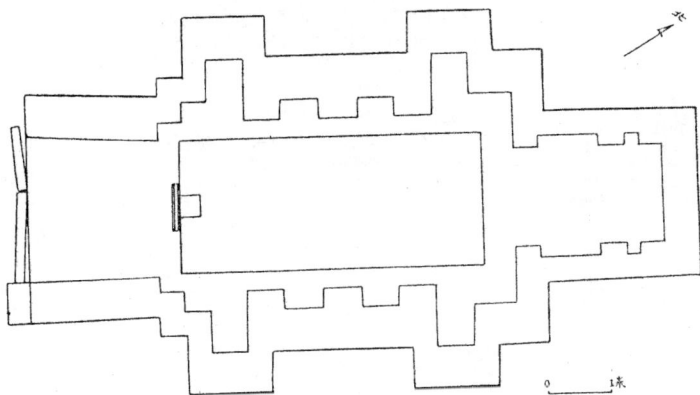

图五　成都65厂后蜀M1（徐铎墓）平面图

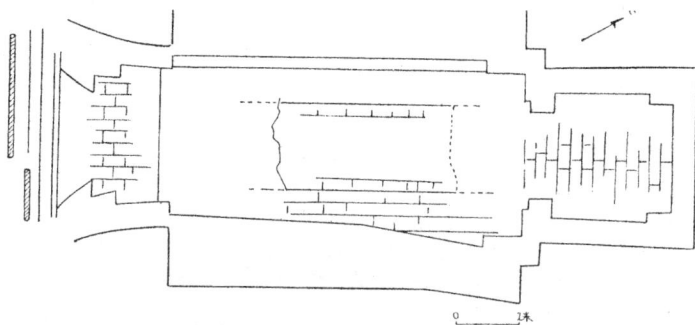

图六　成都65厂后蜀M2（徐铎夫人墓）平面图

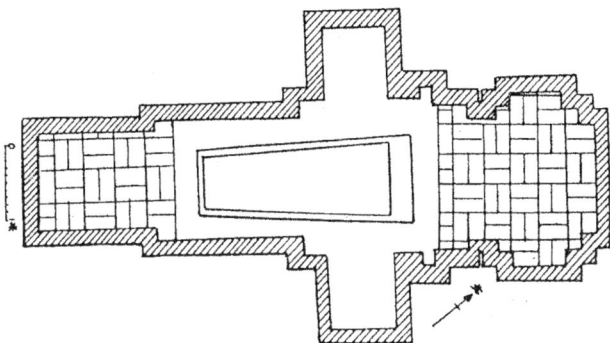

图七　后蜀宋琳墓平面图

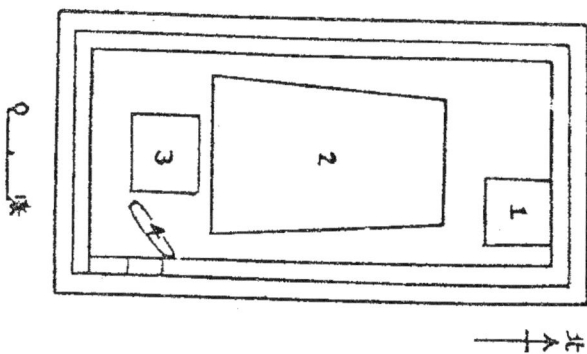

图八　后蜀高晖墓平面图

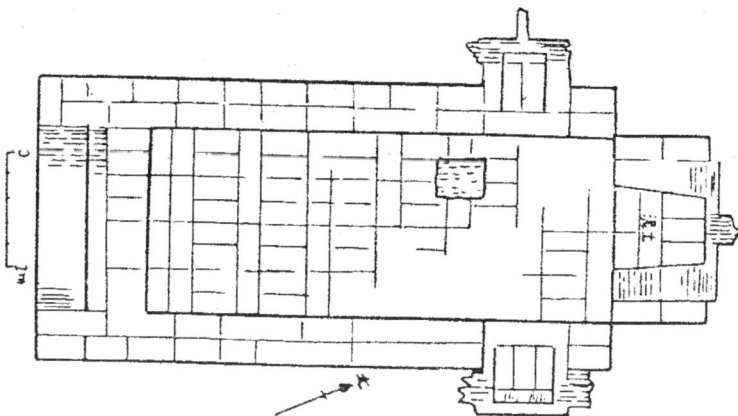

图九　后蜀广政十四年墓平面图

知道，在唐代州有上、中、下之别，刺史官阶亦有差等，上州刺史从三品，中州刺史正四品上，下州刺史正四品下①。彭州自唐初始为大州，刺史官品同上州刺史。但是，在唐代，以官阶低的担任较高职务的称"守某官"，五代承唐制，故徐铎之官品不可能为从三品。又据徐铎墓志而知，其妻为"清河县君张氏"②，按唐制，五品官之母与妻称县君③，故其官品又不低于五品。又，后蜀宋琳的官阶不详，但根据其墓葬之规模和石质棺椁的使用，结合文献资料所载"凡棺椁不计有官品，并不得于棺椁上雕镂画饰，施户、窗、栏、槛、楹等"④来看，其为品官无疑，并可能与徐铎官品相当。Ⅳ：高晖墓较特殊，使用石棺椁并雕刻精美，出土其妻墓志一方，称高晖之妻张氏为"县君"⑤，故高晖官品不低于五品。Ⅳ类墓除高晖外，其余的墓出土遗物不丰，且不使用墓志，更不见用石棺椁，因而其墓主的情况无从得知。但一般平民百姓又不可能营建这些墓，故推其当为一般官吏的墓葬。

由上述而知，前后蜀帝陵用石构三室之制，文武大臣用砖构三室、双室或单室之制，一般官吏只能用砖构单室墓，这与唐代的埋葬制度基本吻合。三室之制是唐代帝陵专用的⑥，五代十国时期基本沿用此制，除已述前后蜀帝陵外，南唐李昪钦陵和李璟顺陵⑦，南汉刘晟的昭

---

① 《旧唐书》卷四十四《职官三》，中华书局，1975年标点本。
② 成都65厂后蜀墓两座，待刊稿。
③ 《旧唐书》卷二十三《礼仪三》，商务印书馆，1958年缩印百衲本。
④ 《五代会要》卷十八，《丛书集成初编》，中华书局，1985年影印本。
⑤ 徐鹏章、陈久恒、何德滋：《成都北郊站东乡高晖墓清理简报》，《考古通讯》1955年第6期。
⑥ 王仁波：《懿德太子墓所表现的唐代皇室埋葬制度》，《中国考古学会第一次年会论文集》，文物出版社，1980年。

⑦ 南京博物院编著：《南唐二陵发掘报告》，文物出版社，1957年。

陵①，吴越王钱元瓘墓②均用三室之制。这里还需强调说明一点，五代十国时期帝王陵墓用三室之制，多使用青砖构筑，亦有用砖石混合构筑的。如规模宏大的南唐二陵，李昇钦陵前、中二室用砖构筑，后室用石构筑；李璟顺陵全用砖构筑三室。其他的如南汉刘晟昭陵、吴越王钱元瓘墓均用砖构三室，仅前后蜀帝陵用石料构筑墓室。这种石构三室与砖构、砖石混用构筑三室的现象，正如《南唐二陵发掘报告》指出的那样："国家强盛的时候，皇帝陵内的玄宫大致全是石料或至少以石料为主，到衰微的时候，由于人力、财力不足，可能全用砖或以砖为主。"又五代后周太祖郭威临终前说："陵寝不须用石，枉费人功，只以砖代之。"③可见，使用什么样的材料构筑规模宏大的帝陵玄宫，是依其国家的财力而定的，尤其是在割据小朝廷林立的五代十国时期更是如此。我们知道，前后蜀时期蜀中战乱甚少，与中原地区比较，社会相对稳定。特别是王建立国后，采用保全两州、守境息民的政策；孟知祥在中原王朝无力西顾的条件下，亦采取了一些安定民生的措施，故四川地区的经济得以恢复与发展，"仓廪充溢"。所以，前后蜀帝陵全用石料构筑三室，无疑是其经济恢复与发展的结果，与其国势的渐强是一致的。

前后蜀文武大臣的墓葬，一般仍遵循唐制，使用砖构双室与砖构单室的制度。但是，亦出现了砖构三室的特殊情况，如前蜀晋晖，后蜀张虔钊、孙汉韶墓，似有僭越之嫌。我们知道，五代十国是唐代藩镇割据的直接产物，割据小朝廷林立，封建军阀称王称帝，藩镇和帝王合二为一，正如《资治通鉴》卷二百八十二所说的："成德节度安重荣每谓人曰：'今世天子，兵强马壮则为之耳。'"真是一箭中的。而那些拥握重兵、挥舞枪矛戈戟的武臣则是当时社会的中坚，有极高的社会地

---

① 麦英豪：《关于广州石马村南汉墓的年代与墓主问题》，《考古》1975年第1期；商承祚：《广州石马村南汉墓葬清理简报》，《考古》1964年第6期。

② 苏州市文物管理委员会、吴县文物管理委员会：《苏州七子山五代墓发掘简报》，《文物》1981年第2期。

③ 《旧五代史》卷一百一十三《太祖纪四》，商务印务馆，1958年缩印百衲本。

位，享有较多的特权。晋晖与前蜀皇帝王建始末相随，掌领兵权。初，他与王建皆为都头，同"迎僖宗于蜀"，后随王建图两川，建前蜀，"功推第一"，故其死后，前蜀后主赠为太师、弘农王，赐谥献武，礼遇极高。又后蜀张虔钊和孙汉韶，二人于公元934年"举两镇之地降于蜀""……俾知祥坐获山南之地"①，蜀主孟知祥获此二人，如虎添翼，委以重任，倍加礼遇。二人先后去世，后主"念切元臣，特加异礼"②，赠张虔钊为太子太师，赐谥温穆；赠孙汉韶为太尉、梁州牧，赐谥忠简，以表二人功德。在武臣当道的特定历史环境中，三人的墓葬使用三室之制，当属"特加异礼"之例。朝廷对武臣死后以侈葬，是对他们的一种极高的特殊的礼遇，这种情况在汉唐之世亦不乏其例，如汉之卫青、霍去病，唐之李靖、李勣，其墓冢都为山形③，唐之汾阳王郭子仪的墓冢，代宗下诏特加十尺④，均为彰其武功之特礼。

前后蜀文武大将墓多有耳室，个别无，耳室的多寡与墓主的社会地位有一定的对应关系。砖构三室者：张虔钊墓耳室为8个，孙汉韶墓耳室为6个，晋晖墓因毁坏过甚，残存耳室4个。这里我们参之南唐二陵分析，李昪钦陵侧室10个、李璟顺陵侧室8个，可能为帝陵之数。又参之四川万县唐墓，该墓有耳室6个，墓主冉仁才历任澧州、永州等刺史，志文载："公尚汉南县主"⑤，据《新唐书》卷四十六载："亲王女为县主，从二品"⑥，故其妻为汉南王之女。发掘者认为"冉仁才的社会地位当然也就随此而特殊，他的葬仪亦必然隆重"⑦。以此推定，

① 《旧五代史》卷七十四《列传二十六》，中华书局，1976年标点本。

② 见张虔钊墓志，墓志存成都市博物馆。

③ 刘庆柱、李毓芳：《西汉诸陵调查与研究》，《文物资料丛刊》第6辑，文物出版社，1982年；贺梓城：《"关中唐十八陵"调查记》，《文物资料丛刊》第3辑，文物出版社，1980年。

④ 《新唐书》卷一百三十七《列传第六十二》，中华书局，1975年标点本。

⑤ 四川省博物馆：《四川万县唐墓》，《考古学报》1980年第4期。

⑥ 《新唐书》卷四十六《百官一》，中华书局，1975年标点本。

⑦ 四川省博物馆：《四川万县唐墓》，《考古学报》1980年第4期。

其墓葬可能按从二品之礼构筑，耳室用6个。由上述可知，前后蜀三品以上官员墓设用6个耳室，并不得超过8个耳室。另外，后蜀徐铎墓耳室为4个，官阶在四至五品，仅次于徐铎墓的宋琳墓设用耳室2个，而高晖墓则不设耳室，情况属待例。综上所述，前后蜀文武大臣墓，墓主官阶三品以上者用耳室6个，三品以下、四至五品官一般用耳室4个，再次之用耳室2个，亦有不设耳室者。当然，一般官吏墓就根本不见有耳室，只使用壁龛罢了。其等级界线非常明显，故耳室之多寡是区别等级地位的标志之一。

四

前后蜀陵墓中的棺床，已知的有须弥座式石棺床、须弥座式砖棺床、平台式石棺床、平台式砖棺床、简易式棺床。

须弥座式石棺床至今为止发现四座，即前蜀永陵、后蜀和陵及张虔钊、孙汉韶墓之棺床。它们一般采用红砂石或青石构筑，以石柱为骨，柱间嵌连长方形石板，上雕刻壶门；床中填以黄土，上平铺石板一层。前蜀永陵棺床上铺珉玉一层，其棺床长7.45米、宽3.35米、高0.84米；共计28个壶门，东、西、南三面的壶门中刻乐伎24个，北面的刻莲荷花；石柱及余地刻莲荷花、鸾凤等纹饰；棺床方涩上东、西、南三面皆刻双龙戏珠或三龙浮雕，龙身皆贴有金；棺床东西两侧列置十二神像，着甲胄或戴冠，双手置于棺床下作抬棺状[1]。后蜀和陵须弥座式石棺床，从已公布的资料得知，棺床长5.10米、宽2.75米、高2.10米，可分上、中、下三层。上部雕双龙戏珠浮雕一周；中层四角各有身披甲胄、面部表情各异的力士一人，作跪地负棺状；下层前后各有裸身

---

① 冯汉骥：《前蜀王建墓发掘报告》，文物出版社，1964年。

张肖马卷

卷发的力士五人，余刻有莲瓣花纹[1]。张虔钊墓须弥座式石棺床长6.90米、宽3.60米、高0.82米；16个石柱上各雕一力士，裸身卷发作跪地托棺状；16个壸门中雕刻动物画像，发掘时仅出土14方，计有7种动物，上涂朱红颜色[2]。孙汉韶墓须弥座式石棺床长6.45米、宽3.25米、高约0.52米；石柱上所雕力士与张虔钊棺床上的相类似，出土13件；壸门中亦有动物画像，出土仅8方，计有5种动物，上亦涂朱红[3]。该墓如未经盗掘，棺床保存完整的话，其托棺力士与动物浮雕之数亦当为16种。

须弥座式砖棺床，见一座，即后蜀徐铎之墓。棺床长5.10米、宽2.20米、高0.46米，全用青砖砌建，其上平铺青砖一层，床身由上而下用一平一丁青砖，下部平铺四层青砖做成须弥座，棺床中填以黄土，四周无花纹装饰[4]。

平台式石棺床，平面呈梯形。后蜀宋琳墓的棺床，长2.98米、宽0.82米～1.18米、高0.24米，四壁有浮雕花纹，正面有击拍板、吹篪乐伎和舞伎三浮雕，四角均有一力士，头披风帽，赤足裸身作跪地托棺状。棺床与上部的棺墙、棺盖组成完整的棺椁。棺之正面有仿木建筑石刻，并有一妇人作启门欲进状，两旁是青龙白虎等浮雕[5]。高晖的棺床，原《简报》未言及其长宽尺寸，据其平面图测算，棺床长2.5米有余，棺床、棺墙和棺盖组成石棺椁。其上亦有门、武士浮雕及朱雀、玄武、青龙、白虎四神图像[6]。

平台式砖棺床，见徐铎夫人墓[7]。棺床残长3米、宽1.48米、高0.28

① 成都市文物管理处：《后蜀孟知祥墓与福庆长公主墓志铭》，《文物》1982年第3期。
② 成都市文物管理处：《成都市东郊后蜀张虔钊墓》，《文物》1982年第3期。
③ 成都市博物馆考古队：《五代后蜀孙汉韶墓》，《文物》1991年第5期。
④ 成都65厂后蜀墓两座，待刊稿。
⑤ 四川省博物馆：《四川彭山后蜀宋琳墓清理简报》，《考古通讯》1958年第5期。
⑥ 徐鹏章、陈久恒、何德滋：《成都北郊站东乡高晖墓清理简报》，《考古通讯》1955年第6期。
⑦ 成都65厂后蜀墓两座，待刊稿。

米，用五层青砖错缝平铺四壁，中填黄土，上铺砖一层，无花纹装饰。

简易式棺床，只见于一般官吏墓中。棺床周边仅用一块青砖站立护沿，中填以土，再平铺一层砖[①]。此类棺床因原资料公布不详，长宽高不明，但据其所用之砖宽不过0.2米来推测，其高度不会超过砖之宽度。而棺床的构筑亦极其简陋。

以上五类棺床，其差别是明显的。简易式棺床为一般官吏墓中常见，文武大臣及其妻墓中可用平台式砖棺床、平台式石棺床、须弥座式砖棺床、须弥座式石棺床，皇帝只用须弥座式石棺床。显然，前后蜀陵墓中的棺床，以须弥座式石棺床为最尊，须弥座式砖棺床次之，平台式石棺床、平台式砖棺床再次之，简易式棺床为最下。不同形式的棺床反映出等级尊卑的观念，并且，棺床的规模长短高低也随墓主之地位高低而递减。这里，重点谈谈四座须弥座式石棺床的问题。

以上已介绍了四座须弥座式石棺床在总体结构上的相似点以及棺床上雕刻的牡丹、莲瓣、荷花等精美花纹的相同情况。但是，两座帝陵的棺床与人臣墓的棺床又有着明显的区别：帝陵棺床上所刻的二龙戏珠和龙浮雕，前蜀永陵棺床上的二十四伎乐俑——反映宫廷乐舞的石刻，棺床平面铺设珉玉等，是人臣张虔钊和孙汉韶墓中棺床上没有的，而张虔钊和孙汉韶棺床上的其他动物石刻，也不见于前后蜀帝陵的棺床上。另外，前蜀永陵后室石床上亦刻龙浮雕，出土遗物中的玉大带、玉册标首上都刻绘有龙，据冯汉骥先生统计："王建墓内刻绘龙……一共不下一二十条。"[②]后蜀和陵之门楼与中室顶正中亦刻绘龙。又南唐二陵之一的李昪钦陵，棺床的前、左、右侧面刻有八条龙，前两条，左右侧各三条，与王建永陵棺床上龙浮雕的布局几乎一致。李昪钦陵中室北壁上也有双龙戏珠的浮雕。这就不难看出当时帝陵中多有龙浮雕图案，并较常见。而五代十国时期，特别是前后蜀国人臣墓中，至今尚未发现有此

---

① 洪剑民：《略谈成都近郊五代至南宋的墓葬形制》，《考古》1959年第1期。

② 冯汉骥：《王建墓内出土"大带"考》，《考古》1959年第8期。

类龙浮雕者（注：人臣墓中表现四方星座的四神图像中的青龙浮雕，与帝陵中的龙浮雕，其含义截然不同），只见有其他动物浮雕，这无疑在暗示我们，南面而立者与北面而朝者虽均可使用须弥座式石棺床，但亦存在着严格的差别，这一差别是小朝廷的君臣之别。其实早有人指出："龙凤纹自元代始已成为皇家所专用，成为皇权的象征。"[1]据此，前后蜀帝陵中刻绘的龙纹，即应作为皇权的象征了。这里，尚需说明一点，须弥座式石棺床的使用，以及棺床上雕刻的莲瓣、荷花等图案，肯定是直接受佛教的影响所致，反映出前后蜀国的统治者十分崇尚佛教和佛教在前后蜀国的兴盛，故有学者提出前后蜀陵与墓中的须弥座式棺床为"佛座说"[2]，这无疑是正确的。但是，无论前后蜀统治者怎样崇尚佛教，无论佛教在当时有多么高的地位，在中国古代等级森严的社会结构中，必然融进尊卑有序的等级内容，使其为之服务。上述须弥座式石棺床的明显区别，便是对这一问题的最好解释。

张虔钊与孙汉韶墓棺床上的动物浮雕，有什么寓意呢？发掘者认为：一是装饰佳作，二有祥瑞之意。我以为仅此尚未全面地揭示出它的深刻含义。众所周知，自唐朝到五代十国时期，从考古发掘和文献记载得知，花卉禽兽题材在当时大量使用，如墓葬中精美的壁画、棺床上精雕细琢的石刻、随葬品上精细的装饰即是如此，而文武大臣的服饰亦用此类题材，它始于武则天执政时期。《通典》卷六十一载："武太后延载元年五月，内出绣袍，以赐文武三品以上官。其袍文仍各有训诫：诸王饰以盘石及鹿，宰相饰以凤池，尚书饰以对雁，左右卫将军饰以对麒麟，左右武卫饰以对虎，左右鹰杨卫饰以对鹰，左右千牛卫饰以对牛，左右豹韬卫饰以对豹，左右玉钤卫饰以对鹘，左右监门卫饰以对狮子，左右金吾卫饰以对豸。"又云：开元"十一年六月，敕诸卫大将军、中

---

① 刘璐：《服饰与皇权——为故宫博物院赴澳大利亚"清宫服饰展"而作》，《故宫博物院院刊》1989年第2期。

② 沈仲常：《王建、孟知祥墓的棺床为佛座说试证》，《成都文物》1989年第4期。

军、中郎将袍文，千牛卫瑞牛文，左右卫瑞马文，骁卫大虫文，武卫鹰文，威卫豹文，领军卫白泽文，金吾卫辟邪文，监门卫狮子文……"①《新唐书》亦有记载，但语焉不详。这些绣文是皇帝恩赐给"三品以上官"特用，是一种特殊的礼遇。这样，此类动物纹饰，其功用已远远超出了花纹的装饰性质，深深地烙上了上下有序的等级烙印。

后蜀张虔钊棺床上已知有七种动物石刻，即马、羊、狮、貘、麒麟、鹿、獬豸；孙汉韶棺床已知有五种动物石刻，即羊、狮、鹿、虎、象。这些动物画像与圣赐绣袍之动物纹饰基本相同。二人又是后蜀重臣，官阶在三品以上，并按一品礼下葬，使用此类动物石刻是与其地位相符合的。又如，在其他文武大臣墓中，如徐铎、宋琳、高晖等人，官品远在张虔钊和孙汉韶之下，他们的棺床有的为砖须弥座式的，有的平台式石棺床上刻有精美的石刻浮雕，但均未使用此类动物浮雕。

可见，前后蜀三品以上武臣，其棺床上的马、狮、麒麟、獬豸、鹿等动物石刻，一为装饰，二有瑞祥之意，三是等级地位的标志。这与唐以来的敕"三品以上官"绣袍之动物纹饰，有着一定承继关系。尚需说明，这一制度在赵宋王朝绣袍上仍然沿用，并且更加制度化了，对此，《宋会要辑稿》记载犹详，此不赘述。

另外，便是关于棺床上与棺床侧的力士或神像的问题②。前蜀永陵棺床东西两侧立披甲贯胄的神像12个，后蜀和陵棺床上裸身卷发力士10个，披甲贯胄力士4个，均作跪地负棺状。张虔钊和孙汉韶床上的力士，完整之数应为16个，张虔钊墓出土14个，孙汉韶墓出土13个，均不完全。两棺床的力士都是卷发披头，作跪地负棺状，面朝外。彭山宋琳墓之平台式石棺床，其四角各有一个力士，头披风帽，赤足裸身，面朝外，作跪地负棺状。后蜀几座棺床上的力士，多为裸身卷发，作跪地负

---

① 《通典》卷六十一《礼二十一·沿革二十一·嘉礼六》，中华书局，1988年标点本。
② 关于棺床上的人物石刻、石像，冯汉骥先生在《王建墓发掘报告》中定为十二神，其余的发掘简报称各墓中的人物石刻为力士，看法未取得一致。为叙述之便，各墓中所出的人物石刻，均按各墓的《简报》上的定名叙述。

棺状，面朝外，这是其共同特点。披甲贯胄者仅后蜀和陵有4个。前蜀永陵神像均面向棺床，"股以下埋于地中"作抬棺状。又如，无论力士或神像，数量均不一，后蜀陵墓中的力士与前蜀永陵的十二神像是什么关系？有无区别？如有，区别何在？这些神像与力士的含义又是什么？各陵墓中使用的数量不一，说明一个什么问题？等等，均待进一步探讨。笔者在此仅提出问题，期冀智者解答。

五

前后蜀墓葬几乎都遭洗劫，随葬品所剩无几。在仅存的遗物中，玉册、谥宝、玉大带、石墓志、买地券等，是一批难得的宝贵资料。

前后蜀帝陵皆出土了玉册。前蜀永陵的玉册保存较好，分为哀册与谥册两副，皆置于册匣中。哀册51简，谥册50简，为珉玉质地。后蜀和陵的玉册仅存数简，又出土孟知祥之妻福庆长公主墓志一盒。前后蜀文武大臣，如晋晖、张虔钊、孙汉韶、李肇、徐铎、高晖等，墓中皆出土石墓志一盒。张虔钊墓还出土一买地券。宋琳墓不见墓志，仅出土一碑形买地券，并有石座子。一般官吏墓中只出土石质买地券，多近方形，但亦有碑形买地券。如成都双流县籍田区的一座后蜀墓中，出土一碑形买地券①。由此可知，前后蜀皇帝使用玉册，文武大臣使用石墓志，也有使用碑形买地券的。另外，福庆长公主迁葬于和陵，使用墓志一盒。因其死时，孟知祥尚未称帝，故不能循唐制用玉册。一般官吏墓中只能使用买地券，同时也有使用碑形买地券的，可能后者的地位又较前者略高。这些情况基本上都是承袭了唐代的埋葬制度，只是碑形买地券非常少见。

总之，上面我们从墓冢、墓室形制、各类棺床的区别，玉册、墓志和买地券与墓主的社会地位诸方面，讨论了在前、后蜀墓葬中反映出

---

　　① 成都双流籍田区后蜀墓，资料存成都市博物馆。

来的等级制度及其他问题，目的在于抛砖引玉，促使前、后蜀史的研究更上一层楼。

（附记：本文所用之图，由彭朝蓉、曾霁二同志描摹，在此表示衷心的感谢。）

原载《成都文物》1990年第2期，后收入《华西考古研究（一）》，成都出版社，1991年（文章名有更改）

巴蜀墓葬杂谈

　　本文所指的巴蜀文化墓葬，显然是青铜时代的以巴蜀文化遗物为主要组合的具有巴蜀文化内涵的墓葬。青铜时代的巴蜀墓葬，从现有的资料看一般可分早、晚两个大期——早期即商周时期，晚期即春秋战国时期——这只是粗线条的勾勒。因资料不足，尤其是西周中期至春秋时期资料几乎不见，物质文化链条上出现较大的缺环，做细致全面分期的条件尚不成熟。早期墓葬发现极少，仅有广汉三星堆[①]、新繁水观音[②]和汉源背后山[③]的小型竖穴土坑墓。这些墓葬多与早期蜀文化遗址共存，当为蜀人墓葬。晚期墓葬资料发现较多，都是战国时期的，它以新都马家大墓[④]、成都羊子山172号墓[⑤]、小田溪竖穴土坑墓[⑥]和大批的船棺墓、

---

① 四川省文物管理委员会、四川省博物馆、广汉县文化馆：《广汉三星堆遗址》，《考古学报》1987年第2期。

② 四川省博物馆：《四川新繁县水观音遗址试掘简报》，《考古》1959年第8期。

③ 注：四川汉源土坑墓未见正式简报发表，仅见于赵殿增《巴蜀原始文化的研究》一文中，原载《巴蜀考古论文集》，徐中舒主编，文物出版社1987年出版。

④ 四川省博物馆、新都县文物管理所：《四川新都战国木椁墓》，《文物》1981年第6期。

⑤ 四川省文物管理委员会：《成都羊子山第172号墓发掘报告》，《考古学报》1956年第4期。

⑥ 四川省博物馆等：《四川涪陵地区小田溪战国土坑墓清理简报》，《文物》1974年第5期。

独木棺墓为代表，反映出巴蜀青铜器时代最后阶段的物质文化特征。

一、早期蜀文化的墓葬

这时期墓仅发现小型竖穴土坑墓。1980年广汉三星堆发掘四座[①]，墓向基本一致（在30至40度间），墓葬开口均在第一文化层下。墓坑最长2.38米（M2），最短者0.92米（M3），宽在0.30米~0.60米之间，坑深0.22米~0.52米。除M1为一成年女性外，余均为小孩幼儿。葬式有仰身直肢（M1）和侧身屈肢（M2），以及仰身屈肢三种。四墓均不见随葬品，仅M1、M2填土内有几片夹砂褐陶片及夹砂橙黄陶片、泥质灰陶片。发掘者将第一文化层分定在第三期[②]。此期以夹砂褐陶为主，泥质褐陶次之。主要器形有高柄豆、小平底罐、高领罐、盉、鸟头形勺，而以高柄豆、鸟头形勺、小平底罐为最多。完全与四川其他地方商殷遗址出土器物相类，故其时代当在商殷时期。

新繁水观音墓[③]，原《简报》分为早晚两期，早期五座（即M3~M7），仅M4、M5有随葬品。M4出陶器3件，两件小平底罐（原《简报》称钵）重叠放置于墓主头部一侧，其上置一器盖。M5仅有陶器1件。余三墓无随葬品，墓主生前地位极其低下。又M4的小平底罐是早期蜀文化中的典型器物之一，广汉三星堆、月亮湾和成都十二桥遗址中出土很多，形制基本相同，当为蜀人的墓。

水观音晚期墓三座（即M1、M2、M8）[④]。M8被扰乱，M1、M2保存较完整。M1、M2均在墓坑边缘用陶罐围成一个长方形，即沿墓主头

① 四川省文物管理委员会、四川省博物馆、广汉县文化馆：《广汉三星堆遗址》，《考古学报》1987年第2期。

② 四川省文物管理委员会、四川省博物馆、广汉县文化馆：《广汉三星堆遗址》，《考古学报》1987年第2期。

③ 四川省博物馆：《四川新繁县水观音遗址试掘简报》，《考古》1959年第8期。

④ 四川省博物馆：《四川新繁县水观音遗址试掘简报》，《考古》1959年第8期。

部与左右两侧放置陶罐，足部不置陶罐封口，其余随葬品多靠近墓主遗骸。另外，M1头顶处放置的陶罐两行排列，并重叠堆置，与水观音M4陶器安放有相同之处，可能表现为同一埋葬意识，这些现象也可能表现了早期蜀文化墓葬的特点。

水观音M1、M2随葬品以陶器为主、铜器次之，亦有石器等。M1陶器44件，多为长颈侈口球形腹圜底罐，有少量的平底罐和尖底罐①。M2陶器24件，其中罐23件，形制与M1相同，甑1件，陶质均为夹砂灰陶。M1、M2的青铜兵器有：戈各3件、矛各1件、钺各1件及削各1件。M1另有铜斧1件，M2发现小铜饰15件。戈均为细长援，上下有栏，方内，内上有的有圆穿，有的无，与商殷时期铜戈相类。如与郑州二里岗殷墓和山西长子县戈相同②。铜矛为长骹宽叶式，骹下端有一对耳，耳下饰凸弦纹一周。铜钺为圆刃向后收成弧形与銎相连，銎达于刃顶，銎首长方形。这些铜戈、铜矛、铜钺在四川其他地方尚有出土。如汉源背后山土坑墓出的细长援有栏戈、舌形钺均与水观音的相同③。彭县竹瓦街先后两次铜器窖藏出土细长援有栏戈共5件④，1980年窖藏出土舌形钺3件⑤，唯刃部增大，器身加长，上饰牛头纹、圆点纹和凸弦纹。这种铜钺明显的是由新繁水观音和汉源背后山舌形钺发展而来的。又1959年窖藏亦有宽叶式矛，与水观音发现的相近，唯叶与骹上增加了变体雷纹和壁虎纹罢了。这些戈、矛、钺均具早期的特点。戈的形制是受中原殷商文化影响所致。舌形钺则可能是蜀人先民的制造发明品，一直沿用到战

---

① 四川省博物馆：《四川新繁县水观音遗址试掘简报》，《考古》1959年第8期。

② 郭勇：《山西长子县北郊发现商代铜器》，《文物资料丛刊》第3辑，文物出版社，1980年。

③ 注：四川汉源土坑墓未见正式简报发表，仅见于赵殿增《巴蜀原始文化的研究》一文中，原载《巴蜀考古论文集》，徐中舒主编，文物出版社1987年出版。

④ 王家祐：《记四川彭县竹瓦街出土的铜器》，《文物》1961年第11期；四川省博物馆、彭县文化馆：《四川彭县西周窖藏铜器》，《考古》1981年第6期。

⑤ 王家祐：《记四川彭县竹瓦街出土的铜器》，《文物》1961年第11期；四川省博物馆、彭县文化馆：《四川彭县西周窖藏铜器》，《考古》1981年第6期。

国晚期至秦汉之际，发展为晚期巴蜀文化墓葬中常见的"圆刃折腰式"钺了。

水观音M1、M2均有石器，使人感兴趣的是M1出土的条形石器16件，"边棱显著，两端成斜尖，断面长方形或三角形，长13厘米～17厘米，多数呈白色"[①]，这种条形石器过去发现甚少，未能引起重视。近年来，在广汉三星堆发现两个器物坑中，出土一种"玉（石）凿"与此极其相似。如三星堆2号坑出土41件，大部分装在铜尊内。原《简报》分为4型，A型K2②89附9"白色、圆柱形，两头略比中间细小，双面斜弧刃，长20.5厘米、直径2厘米"[②]。又D型I式K2②89附28"白色、残、体呈棱形，双面斜尖圆刃，残长16.8厘米、宽2.7厘米、厚1.9厘米"[③]。这种中间略粗，两端尖斜状有刃的条形石器，盛于铜尊之内，与众多的祭祀器同出，以"凿"为名是否确切，尚可斟酌。它在两地的不同遗迹单位中发现，时代相近或相同，恐非偶然与巧合，尚有某种必然的联系，此谨提出问题，期望智者解答与指正。

新繁水观音墓葬的时代：早期原《简报》将其划在殷商时期是可从的，晚期划在春秋或西周时期则尚可讨论。从水观音M1所出的尖底罐（原《简报》定为Ⅱ式罐，编号M1:26），直领、圆肩、曲腹，最大腹径在肩部，与成都指挥街遗址下文化层早期BI式尖底罐基本相同。后者的时代发掘者定在西周后期，但同时又指出："早期地层中有少量的器物，其器表被水冲刷严重，从器形观察，也表现出更早的一些特征，所以这部分陶器的时代应早于地层的时代，可能为西周早期。"[④]尖底罐尚属此种情况。故水观音晚期墓葬的年代下限不会晚于西周早期。

① 四川省博物馆：《四川新繁县水观音遗址试掘简报》，《考古》1959年第8期。
② 四川省文物管理委员会、四川省文物考古研究所、广汉市文化局、广汉市文物管理所：《广汉三星堆遗址二号祭祀坑发掘简报》，《文物》1989年第5期。
③ 四川省文物管理委员会、四川省文物考古研究所、广汉市文化局、广汉市文物管理所：《广汉三星堆遗址二号祭祀坑发掘简报》，《文物》1989年第5期。
④ 四川大学博物馆、成都市博物馆：《成都指挥街周代遗址发掘报告》，《南方民族考古》第一辑，四川大学出版社，1987年。

二、晚期巴蜀文化的墓葬

晚期巴蜀文化的墓葬总的说来为竖穴土坑墓。但又可根据其葬具的不同，分为竖穴土坑木椁墓、竖穴土坑船棺墓、竖穴土坑独木棺墓、竖穴土坑墓几类。这里需说明一点，凡因葬具腐烂毁坏，辨认不出者，一并归入竖穴土坑墓内。

（一）竖穴土坑木椁墓

至今发掘的晚期巴蜀文化的竖穴土坑木椁墓不多，有新都马家大墓[1]、成都羊子山172号墓[2]、大邑五龙M1和M2[3]。《四川船棺葬发掘报告》载狭长方坑墓和长方坑墓多为木椁墓[4]，但大部分不能辨出葬具，尚能确知者为宝轮院M4和M13，原发掘报告归在长方坑墓中。

新都马家大墓于1980年3月发掘，是一座"甲"字形竖穴土坑木椁墓。墓向正西，墓道长8.82米；坑长10.45米、宽9.2米，墓坑平面面积约150平方米。坑壁基本垂直。木椁全用楠木构筑，长8.3米、宽6.76米，椁中央为棺室，周围有头箱、足箱、边箱共8个。棺室内置一具独木棺。椁底有一"腰坑"，四壁与底亦用木枋构筑，上用木枋作盖。木椁及"腰坑"四周、底部均填以白膏泥封固。木椁的构筑方法是底木枋平铺于二枕土上，壁上下用木枋叠砌，连接处用榫槽。该墓早年被盗，椁室内仅存一些小件器物，但保存良好的"腰坑"内出土成套成组的青铜礼器、兵器和工具188件，光泽如初。如此宏大规模的墓葬和精美的

---

[1]　四川省博物馆、新都县文物管理所：《四川新都战国木椁墓》，《文物》1981年第6期。

[2]　四川省文物管理委员会：《成都羊子山第172号墓发掘报告》，《考古学报》1956年第4期。

[3]　四川省文物管理委员会、大邑县文化馆：《四川大邑五龙战国巴蜀墓葬》，《文物》1985年第5期。

[4]　四川省博物馆编：《四川船棺葬发掘报告》，文物出版社，1960年。

青铜器的发现，引起了学术界极大关注，不乏研究论述，其中为"蜀王墓"说可从①。

羊子山172号墓为一中型竖穴土坑木椁墓，无墓道，墓坑上大下小，因墓坑上部塌毁，仅知下部长6米、宽2.7米，平面面积近17平方米。木椁腐朽过甚，仅知其高1.47米。木椁四壁及底部填有厚0.5米的白膏泥。椁内西部依稀可见朱漆木棺一具，内有人骨架一具，头东足西。出土随葬品460余件之多，有青铜礼器和金、银、玉、琉璃等，属于蜀国上层贵族之墓。近来，有的学者据其随葬品多置于椁的东部、死者头端，推论其可能有宽大的头箱②，无不有其道理。

大邑五龙M1和M2，广元（昭化）宝轮院M4和M13为小型木椁墓。大邑五龙M2坑长4.3米、宽0.9米、深2.05米。椁长3.7米、宽0.7米、高1.3米，亦用白膏泥封固。坑北有一熟土二层台，未发现有木棺③。宝轮院M13木椁长4.1米、宽1.38米、高1.12米。椁内南部置一木棺。大部分陶器和部分铜器放置在椁的北部（见《四川船棺葬发掘报告》插图26），铜兵器等置于棺内④。

晚期巴蜀文化中的木椁墓这一墓葬形制，许多学者认为它具有浓厚的楚文化因素，如新都马家大墓是一座典型的楚文化墓葬⑤，羊子山172号墓也有较浓的楚文化因素。又指出："蜀国后期的统治者不是蜀人，而是来自荆楚地区的开明氏，这就很自然地带来了楚人的文化，因而这（些）墓有较多的楚文化因素，就不难理解了。"⑥这些观点无不

① 四川省博物馆、新都县文物管理所：《四川新都战国木椁墓》，《文物》1981年第6期。
② 林向：《羊子山一七二号墓新考》，《成都文物》1990年第2期。
③ 四川省文物管理委员会、大邑县文化馆：《四川大邑五龙战国巴蜀墓葬》，《文物》1985年第5期。
④ 四川省博物馆编：《四川船棺葬发掘报告》，文物出版社，1960年。
⑤ 沈仲常：《新都战国木椁墓与楚文化》，《文物》1981年第6期。
⑥ 四川省博物馆、新都县文物管理所：《四川新都战国木椁墓》，《文物》1981年第6期。

有其道理，但意未尽，尚需申述之。这些墓葬形制虽受楚文化影响，或由荆人鳖灵入主蜀国带来，均应与当地土著文化相融合，并且，在相互融合的过程中，土著文化显然起着主导作用，外来文化逐渐地融入土著文化之中，并给土著文化或多或少地烙上了一些新特点。但是，外来文化绝不可能取代土著文化。换言之，荆人鳖灵王蜀，带来了楚人的文化，但并不能改变土著文化的面貌，犹如庄蹻入滇，只能是"变服，从其俗以长之"，主要是接受了当地土著文化。所以，晚期巴蜀文化木椁墓仍以土著文化因素为主，带有一些楚文化因素（注：巴蜀墓还受中原文化因素的影响），这已为越来越多的考古材料所证实。

晚期巴蜀文化的木椁墓，无论是规模宏大的蜀王墓，还是中型贵族墓，抑或是墓主社会地位相当于士级的小型墓，在使用棺椁方面多为一椁一棺，亦有一椁无棺的，而不见一椁二棺、一椁三棺和二椁三棺等情况。这与文献所载的中原文化"周制"不类，也与楚墓之棺椁制度截然不同。《荀子·礼论》和《庄子·杂篇·天下》云："天子棺椁七重，诸侯五重，大夫三重，士再重。"①此言棺椁合计数。又《礼记·檀弓上》云："天子之棺四重"。郑玄注："诸公三重，诸侯再重，大夫一重，士不重。"②此仅指棺而言。文献记载互有出入，又因中原棺椁保存完好的例子不足，尚难考其详尽。楚墓棺椁保存较完整，有一椁三棺、一椁二棺、一椁一棺及单棺墓，与"周制"亦有出入，形成楚墓自身的棺椁制度，故治楚文化的学者指出："庶人用单棺，士用一椁一棺，下大夫用一椁二棺，封君用一椁三棺。"③这种以棺椁数的多寡区别墓主身份等级乃是楚墓一大特点。但是，如用以解释晚期巴蜀文化墓的棺椁制度，显然是行不通的。如上所述，无论是蜀王墓，或是贵族墓，还是士或相当于士一级的墓，不分尊卑等级均用一椁一棺之

---

① 《荀子·礼论》《庄子·杂篇》，《诸子集成》，中华书局，1954年影印本。
② 《礼记·檀弓》，《十三经注疏》，中华书局，1980年影印本。
③ 彭浩：《楚墓葬制初论》，《中国考古学会第二次年会论文集》，文物出版社，1982年，第33~40页。

制，这一点与楚墓是完全不同的。

那么，什么可以区别等级卑尊呢？我认为晚期巴蜀文化墓葬用椁室的多寡来区分尊卑等级，这一点又与楚墓有相似之处。

俞伟超先生曾指出"木椁本是作为地上居室的象征物而出现的……自然可以从各级贵族的居住制度来分析周代椁制"①，并以战国楚墓木椁为例，认为信阳长台关M1、M2和江陵天星观M1使用七室之制，其"头箱当即象征前朝（堂），棺箱象征寝（室），边箱象征房，足箱或即象征北堂和下室"②，这是"周制"中的诸侯之制，"自然就是战国时期列国中封君等最高贵族之制"，即封君或卿一类贵族之制。"大夫的宫室有左、右房，但其基本制度是前堂与东房、西室"③，由此推知大夫使用五室或三室之制，三室为基本制度。江陵望山M1、M2和长沙浏城桥M1属此类。士用两室，即前堂、后室之制。晚期巴蜀文化木椁墓之椁室之制与此基本符合。如新都马家大墓椁室为九室之制，较信阳长台关M1、M2及江陵天星观M1七室之制还多二室，墓主的地位显然高于列国封君或卿，当为王一级。在古代，只有王一级才能用九室，《考工记·匠人》云："周人明堂……内有九室，九嫔居之"④可以为证。另外，有学者对1933年被盗的安徽寿县李三孤堆楚幽王墓的椁室做了论证复原，推定其椁为九室之制，是战国时期王一级椁用九室之制的补证⑤。再则，从随葬品分析，亦为王者之制。新都马家大墓仅存

① 俞伟超：《汉代诸侯王与列侯墓葬的形制分析——兼论"周制""汉制"与"晋制"的三阶段性》，《中国考古学会第一次年会论文集》，文物出版社，1980年，第332～337页。

② 俞伟超：《汉代诸侯王与列侯墓葬的形制分析——兼论"周制""汉制"与"晋制"的三阶段性》，《中国考古学会第一次年会论文集》，文物出版社，1980年，第332～337页。

③ 俞伟超：《汉代诸侯王与列侯墓葬的形制分析——兼论"周制""汉制"与"晋制"的三阶段性》，《中国考古学会第一次年会论文集》，文物出版社，1980年，第332～337页。

④ 《周礼·考工记·匠人》，《十三经注疏》，中华书局，1980年影印本，第928页。

⑤ 郭德维：《关于寿县楚王墓椁室形制复原问题》，《江汉考古》1982年第1期。

腰坑内的188件铜器，其中不仅有鼎、罍、壶、缶、敦、豆、鉴、甗、匜等礼器，还出土青铜乐器编钟和大批兵器及工具，这是巴蜀墓葬出土铜器最多的一次。从椁室内残存的盖弓帽和管形车器看，原来一定随葬一批车马器。随葬品的特殊组合，如戈、矛、钺、刀、剑组成五兵之用，是中原大丧之礼的五兵之制，缶、甗、豆、甑、敦、鉴、盘、匜、勺一套宴享之用的九器组合，"表明墓主人身份是君王地位"[①]。

羊子山172号墓，近来有学者据其木椁西部置朱漆木棺，木椁东部（即死者头端）陈置许多随葬品，推论其原有一宽大头箱[②]。尚需进一步指出，原报告言木棺北侧有铜匜、铜矛、铜镦及一批砺石等文物，据此笔者以为木棺北侧原有一长条形边箱，木棺所在是棺箱，故羊子山172号墓椁为三室。又其椁长近6米与望山M1、M2相等。出土大鼎、盥缶（原报告称罍）、提梁盉、提梁炉、甗等青铜器，在王侯级墓中较多发现，如寿县蔡侯墓和随县曾侯乙墓[③]，亦在楚国大夫级墓中也可见到部分。出土大批车马器（计399件），与封君大夫墓随葬车马器以代替车马坑的设置是一致的，士级墓一般不葬车马器。又该墓未发现编钟一类青铜乐器，楚大夫级墓也不出编钟、编磬，如江陵望山M1、M2[④]，藤店M1[⑤]，浏城桥一号墓[⑥]等。由此可知，羊子山172号墓椁的规模大小，所出青铜礼器和大批车马器，以及不出编钟、编磬等乐器，与楚墓椁为三室者同，当为一个等级的墓葬。

小型木椁墓为两室或一室，宝轮院M13、M14，夫邑五龙M1、M2

---

① 李复华、匡远滢：《新都战国蜀墓里中原文化和楚文化因素初探》，《西南民族研究》，四川民族出版社，1983年，第400～412页。

② 林向：《羊子山一七二号墓新考》，《成都文物》1990年第2期。

③ 安徽省文物管理委员会、安徽省博物馆：《寿县蔡侯墓出土遗物》，科学出版社，1956年。

④ 湖北省文物局文物工作队：《湖北江陵三座楚墓出土大批重要文物》，《文物》1966年第5期。

⑤ 荆州地区博物馆：《湖北江陵藤店一号墓发掘简报》，《文物》1973年第9期。

⑥ 湖南省博物馆：《长沙浏城桥一号墓》，《考古学报》1972年第1期。

属此，当为士或相当士一级的墓葬。宝轮院M13虽无明显的头箱设置，但其棺前留出一块位置陈置陶器和铜器，这种情况可视为头箱。铜器有釜甑、釜、鍪、盘一组，陶器有罐、壶、盂、盆等，戈、矛、剑、钺齐全，计30件，墓主地位显然高于庶人。又大邑五龙M1、M2，有椁无棺，视为一室，M2出随葬品39件，以铜器为主，有釜甑、鍪，兵器有戈、矛、剑、钺、弩机，陶器有鼎、豆、釜，值得高度重视的是出土陶鼎3件，可视为仿铜陶礼器，虽然在战国时期已"礼崩乐坏"，不能严格按中原礼制硬套，但也不可排除尚存在一些严守礼制者，故墓主身份为士一级应是无疑的。该墓还出銮铃和玉璧，也是庶人墓所不见之物。

另外，晚期巴蜀文化的木椁墓仅蜀王墓有斜坡墓道，贵族与士一级墓侧不见墓道，这一点与楚墓较多使用斜坡墓道截然不同。楚幽王墓，封君、卿和大夫级墓多有墓道，士一级的仅少数有墓道[1]。周代礼制则是"天子葬用隧，诸侯县下"[2]。《左传·僖公廿五年》载晋文公助周襄王定国之乱，后"请隧"，周襄王"弗许"，诸侯"用隧是二天子"，当为僭越行为[3]。到了战国时期礼制遭破坏，中原地区墓葬出现墓道，亦仅限于身份较高者的墓。而巴蜀墓葬则只见蜀王墓有墓道，像羊子山172号贵族墓无有墓道，这是否反映开明蜀还保留着周代礼制，并严格遵守不二呢？还是反映开明蜀本身就有蜀王用隧，余用县下的礼制呢？再则，新都蜀王墓的腰坑，与中原和楚国、秦国腰坑有区别。腰坑并不是楚墓和秦墓的显著特点，所以，认为蜀王墓之腰坑是受楚或秦的影响所致的意见是不确切的。腰坑的出现早见于殷周墓葬，内置狗一类殉牲，其性质是"模拟地上建筑物的'奠基坑'"[4]。楚或秦的腰坑

① 郭德维：《楚墓分类问题探讨》，《考古》1983年第3期。
② 贾谊：《新书·审微》，抱经堂校定本。
③ 《左传·僖公廿五年》，《十三经注疏》，中华书局，1980年影印本。
④ 俞伟超：《汉代诸侯王与列侯墓葬的形制分析——兼论"周制""汉制"与"晋制"的三阶段性》，《中国考古学会第一次年会论文集》，文物出版社，1980年，第332～337页。

主要是承袭殷周遗因而来的。新都蜀王墓的腰坑与此不类，它是全用楠木枋砌叠而成，下有底板上有盖板，其中置188件青铜礼器、乐器、兵器和工具，不置殉牲，俨然是一座器物贮藏室，与"模拟地上建筑物的'奠基坑'"的腰坑显然不符合。类似的腰坑在成都也有发现。1987年11月，在石室中学图书馆工地清理一座战国竖穴土坑墓，墓底有一长方形腰坑，内置5件铜器[①]。由此看来，这种不盛殉牲而置铜器的腰坑，是晚期巴蜀文化墓葬自身的特点，与楚、秦墓的腰坑有着显著的区别。

上述巴蜀墓之木棺也与楚墓木棺有别。新都的蜀王墓为独木棺，其为晚期巴蜀墓中最具土著文化因素者（下面我们还要谈及，此不赘述）。还有一种长方形木棺，用底板、四壁板、挡板和盖六块木板拼合而成。如宝轮院M13等是此类。而楚墓木棺以江陵地区为代表，普遍使用悬底弧棺和悬底方棺[②]，即棺之底板嵌入壁板中下部，悬于半空不着地，只壁板下端贴地，这种悬底棺在巴蜀墓中从未发现过。两地木棺分属不同的地方性文化便是不言而喻的了。

晚期巴蜀文化木椁墓，无论大型的还是小型的，所出随葬品以巴蜀文化器物为主，亦具一些外来文化因素，而且墓主生前地位越高，其随葬品中外来文化因素愈浓。新都马家大墓的铜容器中釜、甑、鍪、盘是晚期巴蜀墓葬中常见的组合。大批戈、矛、剑、钺青铜兵器和斧、斤、削、凿等青铜工具亦是巴蜀墓中的典型器物。尚存的陶豆及圜底罐、圜底釜几乎是晚期巴蜀墓必出之物。仅存的一件漆耳柄两耳奇异，形似蝙蝠翼，与楚墓及其他文化所出耳杯有显著区别，当为巴蜀文化的遗物。另外，大批青铜器及漆器上铸刻的"巴蜀图语"，完全为该墓打上了土著文化的烙印。尚需强调一点，该墓大部分铜器上均刻铸有一图形符号，过去较少见。近年来，成都西城青羊三区一大型战国墓出土的

① 曾咏霞整理：《成都市博物馆考古队一九八七年工作简况》，《成都文物》1988年第1期。

② 湖北省荆州地区博物馆：《江陵雨台山楚墓》，文物出版社，1984年。

大部分铜兵器和容器上，亦刻铸一图形符号[1]，与新都马家大墓铜器上的图形符号基本相同，亦有微小差别。这样一墓中一大批铜器上铸刻同一图形符号，不仅说明这批器物属于一人，也可能标志墓主所属氏族的族徽。新都马家大墓出土随葬品有二百余件，属巴蜀文化的遗物有一百余件，占整个器物的百分之六七十。余百分之三十左右为外来文化因素的遗物，其中具有楚文化因素的有鼎、敦、盥缶等。一件铭有"邵之食鼎"文字的鼎，鼎盖上龙形纽套一环，盖边有三立牛纽，盖与腹部饰凤纹，蹄足较高，器身扁圆，这些均显示出楚式鼎的特征。鼎盖内刻的"邵之食鼎"的字体与曾侯乙墓所出甬钟上的铭文字体相同[2]，这种字体是春秋战国时期楚地流行的形体。余四件鼎模仿此鼎而作，亦具楚式鼎风格特征。又球形敦乃楚墓中常见之物，盥缶与随县曾侯乙墓所出者相同[3]，又与江陵天星观M1的相近[4]。该墓器物具有中原文化因素的有甑鬲分铸的甗、罍、盖豆、壶和中原式剑。该墓的时代，现有四种意见：（1）战国早中之际；（2）战国中期偏早；（3）战国中期偏晚；（4）战国中期。笔者以为战国中期偏早一说可从。学界论述较多，此不赘述。

羊子山172号墓年代较新都马家大墓晚，在秦举巴蜀以后，其外来文化因素较浓厚一些。所出的铜盥缶（原报告称罍）、大口鼎、铜镫、楚式剑和铜镜与楚墓同类器物相似。小铜鼎、甗、提梁炉、提梁盉等又具中原文化因素，山西长治分水岭战国早期M26的提梁炉[5]，浅腹、三蹄足，腹饰蟠虺纹与此相似，同地战国晚期M36提梁盉[6]，三蹄

① 资料存成都市博物馆，整理待刊。

② 湖北省博物馆编印：《随县曾侯乙墓发掘简报与论文汇编》，1979年。

③ 湖北省博物馆编印：《随县曾侯乙墓发掘简报与论文汇编》，1979年。

④ 湖北省荆州地区博物馆：《江陵天星观1号楚墓》，《考古学报》1982年第1期。

⑤ 山西省文物管理委员会、山西省考古研究所：《山西长治分水岭战国墓第二次发掘》，《考古》1964年第3期。

⑥ 山西省文物管理委员会、山西省考古研究所：《山西长治分水岭战国墓第二次发掘》，《考古》1964年第3期。

足，提梁作龙形，盖顶有纽，系三连环于提梁上，与羊子山172号盉相同；小铜鼎与洛阳中州路战国早期2717号墓的102号鼎相似（原报告定为V式）[①]。另外，羊子山172号墓所出铜钫2件，亦与长治战国晚期所出近似[②]。该墓所出的茧形壶显然受秦文化影响，所出的绳纹圜底罐、铜釜、釜甑、盘、三角援戈等巴蜀文化遗物，亦占相当大的比例。该墓的年代，我以为在秦举巴蜀之后，当在战国晚期为宜，不会晚至秦统一时。

小型木椁墓随葬品外来文化因素极少，大邑五龙M2仅铜带钩似接受中原文化影响；宝轮院M13仅一件陶壶似与楚墓所出相近，其余为绳纹圜底罐（釜）、豆和巴蜀铜容器：釜、釜甑、鍪、盘，兵器：戈、矛、剑、钺等；大邑五龙M4铜容器仅见鍪和釜甑；宝轮院M13四件齐全，但不出铜戈。此类墓器物组合与下面将论及的船棺墓和独木棺墓的基本相同，地方性因素浓，外来文化因素小于大、中型墓。大、中型墓主生前为王或上层贵族，手中握着政治、经济、军事等大权，享有特权，拥有较多的青铜礼器，并且，这些铜礼器本身具有中原和秦、楚文化因素，因此，他们墓中发现较多外来文化因素的遗物是不足为奇的。

大邑五龙M2、M1的年代，原《简报》定在战国中晚期，我以为定在战国晚期偏早较宜。而宝轮院M13出土了"半两"钱币等，其年代可能略晚于大邑五龙M2、M1，在战国晚期偏晚较宜。

（二）船棺墓、独木棺墓

土坑竖穴船棺墓、独木棺墓是晚期巴蜀文化中最具浓厚的土著文化因素的墓葬。

工作人员最早于20世纪50年代在巴县冬笋坝和广元（昭化）宝轮

①　中国科学院考古研究所：《洛阳中州路（西工段）》，科学出版社，1959年。
②　山西省文物管理委员会、山西省考古研究所：《山西长治分水岭战国墓第二次发掘》，《考古》1964年第3期。

院科学发掘了三十座土坑竖穴船棺墓①，引起学术界关注。许多人据此资料，结合船棺墓中许多青铜兵器上铸有虎纹，而虎与巴人的历史传说——廪君魂魄化为白虎有某种联系，又川东为巴人活动的区域，是巴国所在地，指出船棺墓是巴人的文化遗存②。自20世纪70年代始，先后在成都市区、广汉、绵阳、双流、什邡等地清理发掘了一批船棺墓，方知其分布甚广，不仅川东、川北发现，就是在蜀国的中心亦有船棺墓分布，而且所出青铜兵器上亦有较多的虎纹，器物的基本组合与川东地区基本相同，这就对船棺墓是巴人遗存的观点产生了动摇和冲击。后来，又有人认为船棺墓时代巴人势力微弱，放弃了江州（重庆）退居阆中一带，近年所发现的船棺墓均在蜀的势力范围之内，因而可证船棺墓与蜀人有较大关系③。但是，以现有的资料分析尚不能明确判定何为巴人墓葬，何为蜀人墓葬，因两地在葬制上有着一致性。

由已公布的资料得知，船棺墓坑为狭长形，一般长5.30米，最长者7米余，如成都教育学院工地发现的船棺，最短者4米余（冬M7），宽在0.9米～1.60米之间。多为单人葬，坑内置船棺一具。近年来，在成都抚琴小区发现一座合葬墓，坑口长5.25米、宽2.90米，两具大小一致的船棺平行排列于墓坑内④。另外，少数墓坑有二层台，在坑壁一侧者，长与坑同，如冬M5和冬M8；两壁有二层台的长与船棺同，如冬M9；不见四壁有二层台者，并且二层台低矮狭窄，在晚期巴蜀文化墓中不多见，可能为外来文化影响所致。我们知道楚墓中少有二层台，秦墓中较多见，特别是在关中秦墓中较多：如朝邑战国秦墓⑤；陕西凤翔八旗屯

---

① 四川省博物馆编：《四川船棺葬发掘报告》，文物出版社，1960年。

② 四川省博物馆编：《四川船棺葬发掘报告》，文物出版社，1960年。

③ 四川省博物馆：《四川文物考古工作三十年》，《文物考古工作三十年（1949—1979）》，文物出版社，1979年。

④ 曾咏霞整理：《成都市博物馆考古队一九八七年工作简况》，《成都文物》1988年第1期。

⑤ 陕西省文物管理委员会、大荔县文化馆：《朝邑战国墓葬发掘简报》，《文物资料丛刊》第2辑，文物出版社，1978年。

秦墓四十座，除一座土洞墓外，三十九座竖穴墓有二层台[1]；还有沣西客省庄、咸阳黄家沟战国秦墓都有较多发现[2]。秦蜀毗邻，有交通道路相连，经济文化之交往较频繁，秦文化因素在巴蜀船棺墓中留下痕迹，当是情理中事。特别是秦举巴蜀以后，巴蜀之地直接受秦的统治，秦文化因素在此地出现就不足为怪了。

　　船棺用一整根楠木劈去一半，挖凿一段树心做成船舱，两端斜劈起翘呈船舷状，上凿孔以备系绳，棺底稍加削平整，完全像舟船之状，长度一般在5米左右。冬笋坝和宝轮院船棺为此类。成都抚琴小区[3]、绵竹清道船棺[4]一端起翘呈船舷状，一端平直无翘首，与前者微殊。另外冬笋坝和宝轮院船棺墓中，出现一椁一棺的情况，即船棺演变成船椁，船椁内置一木棺。木棺有两种，一为整木挖凿而成，一为用六块木板拼合而成[5]。船棺墓中一椁一棺的出现，从发掘报告的分析，显然较船棺的出现晚些。

　　船棺墓所出随葬品，陶器以圜底罐、矮把豆为主，铜容器以釜甑、釜、鍪较常见，有的还伴出一件铜盘，似形成一套较固定的组合，青铜兵器戈、矛、剑、钺和工具削、凿、斤较常见，各墓所出不一。如冬笋坝21座船棺墓都随葬圜底罐，少者2件，多者6件；除三座墓（冬M5、M10、M16）外，均随葬陶豆，少者1件，多者达14件，一般4～5件。另有5座船棺墓还出土平底罐，其时代当在秦举巴蜀以后，但不出平底罐的船棺墓的时代比起上述5座船棺墓的时代略早一点，当在秦举巴蜀前后。随葬铜容器：釜甑、釜、鍪、盘均出的有七座；其余为

①　陕西省雍城考古工作队吴镇烽、尚志儒：《陕西凤翔八旗屯秦国墓葬发掘简报》，《文物资料丛刊》第3辑，文物出版社，1980年。

②　秦都咸阳考古队：《咸阳黄家沟战国墓发掘简报》，《考古与文物》1982年第6期。

③　曾咏霞整理：《成都市博物馆考古队一九八七年工作简况》，《成都文物》1988年第1期。

④　王有鹏：《四川绵竹县船棺墓》，《文物》1987年第10期。

⑤　四川省博物馆编：《四川船棺葬发掘报告》，文物出版社，1960年。

鍪、盘或鍪、釜甑或釜、鍪各以两件组合成的，除冬M7和M14一件不出外，余下的墓也有随葬一件鍪①。青铜兵器有三座（冬M14、冬M12、冬M47）不出，余均有。钺是最普通的兵器之一，几乎每墓皆有，多者2件，多为圆刃折腰式。"巴式剑"有十二墓出土，多为一件，最多两件。冬M49出一件中原有格式剑，冬M50出一件受中原文化因素影响的改装式剑。矛仅2墓各出一件，较少见。戈亦然，有5座墓各出一件，其中冬M9和M11所出为三角援戈，这种三角援戈被称为蜀戈。冬笋坝21座船棺出铜削的计13座，多为一座一件。上述器物为巴蜀墓中常见的器形。

成都抚琴小区船棺墓保存较完整，但仅有消息报道，未发简报。由简短的消息报道中获知，该墓陶器亦有圜底罐和豆，另出尖底盏、器盖等。铜兵器有矛、钺、剑，铜容器以釜甑、釜、鍪为组合。除陶尖底盏、陶盖外，其余与上述川东船棺墓的器物基本相同。

绵竹清道船棺墓之规模同于一般的船棺墓，但出土铜器达150余件。数量之大，种类之多，在船棺墓中极为罕见。其中，巴蜀文化遗物有120余件（注：笔者初步统计），占总数的80%左右。有常见的釜甑、釜、鍪之组合一套。巴蜀式兵器约80件，戈、剑、矛、钺齐全，矛37件，剑和戈各17件，钺仅3件，还出有斧、刀和剑鞘等。另外所出尖底盒5件，与百花潭中学十号战国墓所出的相同。还有大批巴蜀墓中常见的工具——削、斤、凿、雕刀等。该墓器物还具中原文化因素和楚文化因素。具有中原文化因素的有：环首有格式剑2件。6号提梁壶与洛阳中州路M2717:88提梁壶相同②，口微敞、短颈、鼓腹，肩腹界线不明显。盖豆与新都蜀王墓所出者同，又与洛阳中州路M2717③和长治分水

① 四川省博物馆编：《四川船棺葬发掘报告》，文物出版社，1960年。
② 中国科学院考古研究所：《洛阳中州路（西工段）》，科学出版社，1959年。
③ 中国科学院考古研究所：《洛阳中州路（西工段）》，科学出版社，1959年。

岭M53[①]的盖豆相似。具有楚文化因素的有：鼎与新都蜀王墓所出者相同。3号提梁壶与江陵雨台山M480的Ⅲ式壶相似，口微敞、长细颈、鼓腹、矮圈足，龙蛇提梁及提梁上饰鳞纹，但腹部纹饰有别，前者饰蟠兽纹，而腹最大径在器中部，圈足还要低一些，腹下部无衔环铺首，形制似早于江陵雨台山M480的提梁壶，后者的时代在战国晚期前段[②]，前者当为战国中期偏晚是可信服的。该墓铜器文化因素显示出的复杂性，与新都马家蜀王墓、羊子山172号墓的情况有相同之处。受外来文化因素影响的铜器多为礼器，拥有这些铜礼器反映出墓主社会地位的高尊，当属上层统治者之列，原《简报》以为墓主是蜀国军队中一位将领，故有此众多的青铜器随葬品。

土坑竖穴独木棺墓，自20世纪80年代始在彭县、大邑、蒲江等地发现以后，方为世人知晓。土坑与船棺墓相同，呈狭长条形。但其葬具为独木棺，与船棺略异。顾名思义，其为一楠木挖凿而成，与船棺相同；但棺之两端切割平直未做成翘首，与船不类。有棺盖，棺室呈圆弧形，与船棺有别。船棺一般5米长，未见9米长者。独木棺一般长7米余，蒲江东北和彭县太平便是。大邑五龙M4的一号独木棺长达9米。在合葬墓中发现有长3米余的独木棺，情况较特异。

独木棺墓中有一坑单棺的单人葬（彭县太平和蒲江东北M1[③]），和一坑二棺和一坑三棺的合葬墓，如蒲江东北M2坑内平行排列两具独木

① 山西省文物管理委员会、山西省考古研究所：《山西长治分水岭战国墓第二次发掘》，《考古》1964年第3期。

② 湖北省荆州地区博物馆：《江陵雨台山楚墓》，文物出版社，1984年。

③ 四川省文物管理委员会、蒲江县文物管理所：《蒲江县战国土坑墓》，《文物》1985年第5期；赵殿增、胡昌钰：《四川彭县发现船棺葬》，《文物》1985年第5期。

棺①，大小一致。大邑五龙M4坑内平行排列三具独木棺②，大小依次递减。独木棺周围均用白（青）膏泥填充封固。尚需说明，独木棺墓目前只在川西地区发现，在川东地区未曾发现。

独木棺所出随葬品，除与船棺墓相同之外，还有陶尖底盏、尖顶陶盖、直口微敛曲腹小平底的陶钵、侈口束颈圆肩鼓腹小平底的绳纹大口瓮、侈口尖唇斜壁圆饼状纽陶盖③。其中尖底盏在成都十二桥商代遗址、指挥街商周遗址中均有发现，圆饼状纽陶盖在指挥街遗址也有发现，大口瓮在成都西校场战国遗存中出土一件，今存成都市博物馆。我们知道，小平底器和尖底器是早期蜀文化典型特征之一，而在晚期巴蜀文化墓葬中出现，显然是承袭和保留着早期文化的因素。

船棺墓的年代：巴县冬笋坝和广元宝轮院均有所出，《四川船棺葬发掘报告》认为有早晚关系。早的在秦举巴蜀前后，即战国中期前后，晚的在秦举巴蜀以后，即战国晚期。笔者以为这仅是一个时代上大的勾勒，有必要进一步做细致的排队分期，使之更尽人意（注：整个巴蜀墓葬应做这一工作，笔者欲在此方面做一点工作，此文暂不展开讨论）。绵竹船棺墓之年代，原《简报》定在战国中期偏晚是可以的。

独木棺墓的年代以大邑五龙M4较早，定在战国早期基本符合。蒲江东北的两座墓略晚一些，在战国中期的可能性较大。

由上述可知，船棺墓和独木棺墓有许多相同之处，但又存在一定的差别：船棺墓川东、川西等均有分布，独木棺墓至今只在川西发现；随葬品中，尖底器在川西发现，川东船棺中未见，小平底器（瓮）等在川东船棺中亦不见报道，等等。故有人以为船棺与独木棺墓是一种墓葬

---

① 四川省文物管理委员会、蒲江县文物管理所：《蒲江县战国土坑墓》，《文物》1985年第5期；赵殿增、胡昌钰：《四川彭县发现船棺葬》，《文物》1985年第5期。

② 四川省文物管理委员会、大邑县文化馆：《四川大邑五龙战国巴蜀墓葬》，《文物》1985年第5期。

③ 四川省文物管理委员会、大邑县文化馆：《四川大邑五龙战国巴蜀墓葬》，《文物》1985年第5期。

的两个类型①，有的则认为是独木棺墓不能纳入船棺墓系统②，这些问题有待于更多的资料和进一步的研讨，方能做出定论。

（三）土坑墓

晚期巴蜀文化土坑墓有：涪陵小田溪③、巴县冬笋坝④、广元宝轮院⑤、成都西郊战国墓⑥和百花潭中学十号墓⑦、大邑五龙M3⑧、犍为金井和五联等⑨。以上发现的墓葬，有的有木棺葬具，并为单棺墓；有的无木棺葬具直接敛尸和置随葬品于土坑内，墓坑口均略大于底，均无墓道。

涪陵小田溪土坑墓于1972年发掘三座，编号M1、M2、M3⑩，1980年清理四座，编号M4～M7⑪。多数墓坑四角浑圆，除M2和M6长度不明外，其余五墓长度均在3米以上。其中M1最大，长约6米、宽约4.2米，坑口面积近25平方米。M3次之，墓底长4.40米、宽2.10米，面积约10平方米。M5长3.06米、宽1.82米，面积近6平方米。M4长3.2米、宽1.5米，面积不足5平方米。以上墓坑为长方形。M7长3.2米、宽0.76米，面积不

---

① 四川省文物管理委员会、大邑县文化馆：《四川大邑五龙战国巴蜀墓葬》，《文物》1985年第5期。

② 四川省文物管理委员会、蒲江县文物管理所：《蒲江县战国土坑墓》，《文物》1985年第5期；赵殿增、胡昌钰：《四川彭县发现船棺葬》，《文物》1985年第5期。

③ 四川省博物馆等：《四川涪陵地区小田溪战国土坑墓清理简报》，《文物》1974年第5期。

④ 四川省博物馆编：《四川船棺葬发掘报告》，文物出版社，1960年。

⑤ 四川省博物馆编：《四川船棺葬发掘报告》，文物出版社，1960年。

⑥ 四川省博物馆：《成都西郊战国墓》，《考古》1983年第7期。

⑦ 四川省博物馆：《成都百花潭中学十号墓发掘记》，《文物》1976年第3期。

⑧ 四川省文物管理委员会、大邑县文化馆：《四川大邑五龙战国巴蜀墓葬》，《文物》1985年第5期。

⑨ 四川省博物馆：《四川犍为县巴蜀土坑墓》，《考古》1983年第9期。

⑩ 四川省博物馆等：《四川涪陵地区小田溪战国土坑墓清理简报》，《文物》1974年第5期。

⑪ 四川省文物管理委员会、涪陵地区文化局：《四川涪陵小田溪四座战国墓》，《考古》1985年第1期。

足3平方米，墓坑为狭长方形。七座墓均发现木棺痕迹。

成都西郊战国墓为长方形坑，口长4.60米、宽2.71米，面积近13平方米。坑壁四周有5厘米~7厘米厚的白膏泥。朱漆木棺腐坏仅存痕迹与骨骼。成都百花潭中学十号墓坑长3.06米、宽0.9米，为狭长形坑，面积近3平方米。墓底发现黑色木痕及朱色，墓底两侧微斜，略呈弧形，原《简报》疑其为"船棺"。但因棺木已朽，尚难确指，故归入土坑墓中。

另外，巴县冬笋坝和广元宝轮院之土坑墓，原发掘报告定为狭长坑墓，计二十座，其中除宝M4和宝M13能确认为木椁墓外，余十八座难以确认。这些狭长坑墓长宽之比在4比1至7比1之间，与船棺墓坑和独木棺墓坑有着相同之处。又原发掘报告所定的长坑墓十三座均归入土坑墓中，葬具虽不明确，但存残木或木痕，断定有葬具，故归入此类中叙述。

无葬具的土坑墓以犍为发现的为代表。1980年11月在犍为金井清理一座[①]，1977年10月至11月清理了十一座[②]，其中犍为金井四座，五联七座。两次清理的土坑墓长2米左右，均不到3米，宽0.7米至1.2米左右，墓坑面积多在3平方米以下，少数有3平方米。

小田溪的七座墓，M6扰乱过甚，M7陶器保存较好，有圜底釜、矮足豆及陶壶。其余五座墓陶器多只保存圜底绳纹陶釜，组合不明。铜器的组合较清楚：一般为釜甑、釜、鍪（M1缺鍪），并伴出盆和壶（M2缺盆、M1缺壶），形成基本固定的组合。M1和M3还出铜盒，M1、M2、M3尚出铜勺，M1、M2伴出铜豆，只M1出铜罍3件及铜灯台。铜兵器：M2经扰动，所出不全。M1和M3剑、钺、矛、戈齐全，M1剑8件、钺4件、矛3件、戈5件，M3剑、钺、矛、戈各1件，另出3件戟。M4、M5各出钺1件。青铜乐器：只M1出土编钟14件、钲1件，以及悬挂编钟的篪虡上的兽头饰件。M2有编钟、錞于、钲各1件。多数墓还出有少量

① 王有鹏：《四川犍为县巴蜀墓发掘简报》，《考古与文物》1984年第3期。
② 四川省博物馆：《四川犍为县巴蜀土坑墓》，《考古》1983年第9期。

不等的玉器及琉璃器等。

小田溪M1、M2和M3墓主，原《简报》指出其为上层统治者是正确的。M1墓坑最大，出土器物最多，编钟一套引人注目。编钟在战国时期的楚墓中多出于卿、封君和王一类的墓中，如寿县蔡侯墓、随县曾侯乙墓、河南信阳长台观一号墓、江陵天星观M1等，均可证之。M3墓坑在10平方米左右，M2如未扰，当与M3相当，两墓小于M1，随葬品又无M1丰富，M2出编钟、钲、錞于各1件，M3无铜乐器，故两墓主地位较M1低但仍在上层人物之列。小田溪M5、M4及M6墓坑面积在4平方米~6平方米，随葬品基本相同，当属同一等级。M7墓坑面积在3平方米以下，随葬品不到10件，以陶器为主，墓葬等级显然较M4和M5低。

小田溪七座墓的年代有一定的差别。M7时代早一些，如所出陶壶，口外侈、长颈、斜肩、鼓腹，腹下收为平底，腹部有三周凸弦纹，形制与洛阳中州路战国初期M335:2号陶壶基本相同[1]。更与长治分水岭M49:9号陶壶相同[2]，陶豆与巴县冬笋坝船棺墓豆相似，故该墓的年代在战国晚期偏早。小田溪M3时代最晚。M3出土一件铜戈，长胡四穿、内刃，为典型的秦戈。其上刻铭文"武""廿六年，蜀守武造，东工师宦、丞业、工矣"，原《简报》定为秦始皇二十六年（公元前221）之戈[3]，这样，M3上限在秦统一六国之后，下限在西汉初年之前，当秦汉之际为宜。其余几座墓不出秦戈，其时代可能较M3略早，不会晚至秦汉之际。

成都百花潭中学十号墓出土遗物48件，陶器仅一件尖底盏，铜器保存较完整。巴蜀文化的铜器釜甑、錾、尖底盒（原《简报》名为奁形器）和戈、矛、剑、钺等兵器齐全，刀、削、斧、凿工具均有。具有中原文化因素的有附耳深腹蹄足鼎和闻名海内外的水陆攻战铜壶，均具战国早期的形制。铜釜甑上下连铸，与战国中晚期出现的釜、甑分铸有

---

① 中国科学院考古研究所：《洛阳中州路（西工段）》，科学出版社，1959年。

② 山西省文物管理委员会、山西省考古研究所：《山西长治分水岭战国墓第二次发掘》，《考古》1964年第3期。

③ 于豪亮：《四川涪陵的秦始皇二十六年铜戈》，《考古》1976年第1期。

别，具有早期风格。该墓的时代定在战国早期是正确的。成都西部战国墓铜器保存较好，除有尖底盒、鍪和巴蜀兵器、工具外，还出剑鞘一件，可装一双短剑，这种双剑鞘在成都市郊[①]、绵竹清道、芦山县、峨眉符溪均有发现，形制相同。该墓又具有楚文化因素，铜器中鼎、敦、壶（Ⅱ式）的组合，敦是楚文化的典型器物，与战国中期楚墓基本相同。但鼎和Ⅱ式壶则是中原文化因素，与百花潭中学十号墓的鼎、壶相似，该墓的时代较百花潭中学十号墓晚，所出的圆球形敦是战国中期之物，将该墓定在战国中期是适宜的。

大邑五龙M3无葬具，随葬品以陶器为主，陶圜底釜，陶釜甑加上铜鍪一件，配搭成组。另出陶鼎、罐、豆和大口瓮等。铜兵器有矛、剑、钺各一件，无戈。釜甑上下连体，具早期风格，Ⅰ式釜侈口、尖唇、束颈较短、鼓腹扁圆，肩腹间界线明显、肩以下满饰绳纹，与早期的束颈较长、肩腹无明显界线的特点有较大的区别，并又出土小件铁器，故其时代当在战国中期。

犍为的土坑墓均无葬具。1977年发掘的全为陶器墓，1980年11月发掘的土坑墓则以铜器为主。1977年的各墓陶器，除五联M1被扰外，都出Ⅰ式圜底釜和圜底罐。犍为金井的四座墓还出陶盉。形成釜、罐、盉的组合。出陶豆的有三座墓即金M2、五M3和五M7，形成釜、罐、豆的组合。另外的陶器有碗、钵、盆、盏等。出铜釜甑的仅一墓（五M3）。出铜鍪的亦只一墓（五M6）。出铜兵器的有四座墓，即金M1、五M3、五M5、五M6。五M5还出三枚"巴蜀印章"。1980年发掘的一座墓，出土陶、铜器二十余件。陶器有圜底釜3件，分为3式。另有豆，柄较长；罐为平底，其中一件有鹰嘴状纽盖。铜器有釜甑、釜和鍪，兵器有钺、剑、矛等。器物组合与小田溪M4和五M5大致相同。犍为土坑墓的时代一般当在战国晚期，所出器物均为四川战国晚期巴蜀墓中常见形制。犍为土坑墓均无葬具，坑长3米以下，各墓以陶器为主，铜器或

有或无。故其墓主的地位是不会很高的。又原《简报》认为这批墓是蜀人南迁留下来的。

　　以上，我们对巴蜀文化的墓葬进行了讨论，尤其对晚期巴蜀文化的墓葬分门别类地做了讨论，言及墓葬形制、器物组合及外来文化因素的影响等。但认识是肤浅的，尚需进一步深研，更望得到学术界师长同人的赐教。

原载《文物考古研究》，成都出版社，1993年

画像石（砖）
研究

四川汉代石阙与"阙"画像砖浅论

本文主要根据四川东汉石阙的资料、经科学发掘清理的有画像砖的墓葬资料，并结合其他有关资料与文献材料，以及东汉墓前立石阙以别墓主身份等级的现象，对东汉画像砖中的"阙"，是否同墓前石阙一样，亦有"别尊卑"的作用这一问题进行讨论，谈谈自己肤浅的看法，求教于专家、学者和文物考古界的同人，望不吝赐教。

一

我省现有汉代石阙，据《四川汉代画像石》一书统计，有二十多座，居全国之冠。其中，极其有名的渠县冯焕阙、沈府君阙，绵阳县平阳府君阙，雅安县高颐阙，均为全国重点文物保护单位，在国内外享有盛名。

我省的汉阙，均用块石雕琢后垒砌成仿木结构的建筑物，一般高4米～6米。石阙的主要部分叫正阙（或叫母阙），较高大；正阙旁连接的一个较低矮的阙叫副阙（或叫子阙）。只有一个正阙的叫单阙；由一个正阙与一个副阙组成的叫"二出阙"（或叫子母阙）；由一个正阙与两个副阙组成的叫"三出阙"。我省的石阙保存较好的多为"二出阙"；单阙有，但极少；"三出阙"则未发现。许多石阙上雕刻有"人物""车马出行""饕餮""青龙""白虎"等画像图案，生动精美，具有极高的艺术价值。

我省的石阙，均为立于墓前的建筑物。雅安高颐阙，其北163米处有高颐墓是其证明①。又渠县沈府君阙，阙上镌刻"……沈府君神道……"冯焕阙上镌刻"……冯使君神道……"阙上所言的"神道"，是指古代墓前开筑的大道。另外，"神道"还有一义，即指墓表通向地下墓室的通道。看来，墓前的大道与通向地下墓室的通道是紧紧相连的，前者应是后者的延长罢了。在东汉时期，许多大官的墓前都开筑"神道"，立石阙树石柱，其上往往刻有"某某官职某君神道"的文字，宋人洪适的《隶释》中有许多这方面的记载。

墓前为什么要立阙呢？

阙本是建立在古代城门或宫殿及其他建筑大门前的一种高层建筑，它左右相对而列，"中央阙然为道"②。阙又叫"观"。《说文》云："阙，门观也。"《尔雅·释宫》云："观谓之阙。"《春秋·定公二年》："雉门及两观灾。"杜预注："两观，阙也。"阙也叫"象魏"。《广雅·释宫》云："象魏，阙也。"《周礼·天官·大宰》："正月之吉，始和，布治于邦国都鄙，乃县（悬）治象之法于象魏，使万民观治象之法，挟日而敛之。"这里的"象魏"也是指的阙。阙、观、象魏看来说的是一种建筑。这种建筑上可悬挂"治象之法"，"布王治之事于天下"③，可知，阙可以悬挂法令。颁布刑法文告，用以警戒臣民，是其作用之一。崔豹《古今注》云："阙，观也。古者每门树两观于其前，所以标表宫门也。其上可居，登之可远观，故谓之观。人臣将朝，至此则思其所阙，故谓之阙。"④《水经注·谷水》引《白

① 耿继斌：《高颐阙》，《文物》1981年10期。
② 《释名·释宫室》，《丛书集成初编》，中华书局，1985年影印本。
③ 《周礼》，《十三经注疏》，中华书局，1980年影印本。
④ 《古今注》，《丛书集成初编》，中华书局，1985年影印本。

虎通》云："门必有阙者何？阙者，所以饰门，别尊卑也。"①由上又知，阙还有登高远望，"标表宫门"，以"别尊卑"的作用。换言之，阙是被用在古代统治者宫室前，区分等级身份的重要标志。"人臣将朝"，至阙则思有无僭越的行为等。当然，阙作为一种高层建筑，亦有装饰宫门的作用，不仅使宫门更加宏大，还使宫门更加威严。

据文献载，西周时期就有了阙，惜无实物存今。秦汉时期，建阙之风盛行。秦始皇时，营建阿房宫，"表南山之巅以为阙"②；汉高祖时，"营作未央宫，立东阙、北阙"③；汉武帝时，作建章宫，"前殿度高未央，其东则凤阙，高二十余丈"④。不仅帝王的宫殿门前立高大宏伟的阙，而且祠庙前亦可建阙。如至今还保存在河南登封县的"太室阙""少室阙""启母阙"便是证明。封建统治者在宫殿、城门、祠庙等建筑前立阙，形成一代风气，这就会影响到丧葬制度方面。

众所周知，汉代厚葬之风甚烈，达到了法令不能禁，礼义不能止的地步⑤。"谓死如生"的封建统治者，希望死后仍然能够同生前一样，住在宫室府邸之中，过着荣贵富华的奢侈生活。所以，他们在营建墓室时，模仿生前的宫室府邸的形式与布局，在墓前立石阙象征宫室府邸的大门所在，在阙后相隔一定的距离，营建墓室，象征宫室府邸，藏之以丰富的随葬品，在阴间延长"寿年"。这样，立于宫殿、祠庙等建筑大门前的阙，便在封建统治者的墓前立起来了。

但是，汉代墓前立的石阙，不是人人的墓前都可以立的，而只能是封建官僚地主，并且封建官僚们也要按照自己的官秩等级来立石阙。所以，阙用以"别尊卑"、标表官秩等级的作用仍然没有变。下面我们分析几个保存较完整的石阙和石阙主人的官秩等级，进一步说明这个问题。

① 王国维校：《水经注校》，上海人民出版社，1984年。
② 《史记》卷六《秦始皇本纪》，中华书局，1959年标点本。
③ 《史记》卷八《高祖本纪》，中华书局，1959年标点本。
④ 《史记》卷十二《孝武本纪》，中华书局，1959年标点本。
⑤ 《后汉书》卷一《光武帝纪》，中华书局，1965年标点本。

冯焕阙，在渠县城北新乡赵家村西南。西阙已毁，仅存东阙，总高4.38米。虽然东阙只保存着正阙，但尚可辨认其原为一个"二出阙"，副阙不知何时毁坏了。由此可知，冯焕阙原应是一对"二出阙"。东阙正面镌刻"故尚书侍郎河南京令豫州幽州刺史冯使君神道"二十字，铭文下有浮雕的饕餮。《后汉书·冯绲传》云："……焕，安帝时为幽州刺史"，建光元年（121）遭人诬陷下狱，虽经自讼澄清了冤情，但已病死狱中。另《隶释》收"冯焕残碑"上言：冯焕曾"迁豫州刺史"①，由此可知冯焕先任豫州刺史，后任幽州刺史，《后汉书》上仅记载了其任幽州刺史时蒙冤而死之事。此阙应建于建光元年或后一年。

樊敏阙，在芦山县城南三公里的石马坝。原来左右二阙，北宋或稍早时倒塌，右阙仅存阙檐、阙顶等残件，左阙稍完整，现已修复②。左阙高5.1米，《四川汉代画像石》收有其照片，方知樊敏阙是由一个正阙与一个副阙组成的"二出阙"。另有樊敏碑和二石兽保存至今。近年，在碑与阙的附近又发现石俑两个，这些应是樊敏墓前之物。碑额上篆"汉故领校巴郡太守樊府君碑"十二字。考证碑文，知其历任永昌长史、宕渠令、诸部从事、巴郡太守③。樊敏阙上还刻有永昌地区（云南保山）广为流传的"龙生十子"的传说故事。碑立于建安十年（205）④，阙的建造年代应与之同时。

雅安高颐阙，在县东十五里的姚桥。现存东西二阙，两阙相距13.6米。东阙仅存阙身，西阙保存完整，高6米，由一个正阙和一个副阙组成的"二出阙"。阙北面镌刻"汉故益州太守阴平都尉武阳令北府丞举孝廉高君字贯方"二十四字，阙前立二石兽，高颐墓距离阙163米。高颐碑尚存，碑上铭文是"汉故益州太守武阴令上计史举孝廉诸部从事高君字贯方"。高颐官至太守，墓前立一对"二出阙"，以标表身份等

① 《隶释·隶续》，中华书局，1985年影印本。
② 芦山县文物管理所编印：《芦山县历史文物资料辑》，1985年。
③ 《隶释·隶续》，中华书局，1985年影印本。
④ 《隶释·隶续》，中华书局，1985年影印本。

级。据《八琼室金石补正》记载：高颐死于益州太守任上，是年为建安十四年（209）①，高颐阙当建于此年。

新都县王稚子阙，在县城北，仅存残石②，上残存"汉故兖州刺史雒阳"八字。但是，在宋代其墓与阙尚保存着，《隶释》上记载：王稚子阙原有二阙立于墓前，并言新都县有其墓，二阙为"墓前之双石阙也"③。所谓"双石阙"，当是有别于单阙而言，是由一正阙与一副阙组成，故应为"二出阙"。《后汉书·循吏列传》记载："王涣字稚子，广汉郪人也"，"举茂才，除温令"，后"迁兖州刺史"，"征拜侍御史"，"洛阳令"，"元兴元年病卒"④。由上而知，王稚子的官秩在二千石，墓前亦立一对"二出阙"。此阙当建于元兴元年，即公元105年。

综上所述，冯焕、王稚子官至刺史，樊敏、高颐均任太守，都是二千石的官秩，墓前立一对"二出阙"。王稚子阙年代较早（105年），高颐阙最晚（209年），为东汉中期至东汉末年之物。由此说明，东汉时期，二千石官秩的大官，墓前立一对"二出阙"。换言之，使用一对"二出阙"是二千石官秩者等级的标志。另外，这些刺史、太守墓前还立有石兽、石俑，因散失损毁，考察的资料不足。但我以为：这些石兽、石俑的组合与其数量的多寡，亦与墓主的身份等级有着密切的关系。

另外，绵阳县城北的"平阳府君阙"双阙保存较好，为一对"二出阙"。阙上仅存"汉平"二字⑤，其人不可考。据《隶续》记载：铭文残为"平杨府君叔神"⑥。据前所述，用一对"二出阙"应是太守以

---

① 详《八琼室金石补正》，文物出版社，1980年雕版印刷本。
② 陈明达：《汉代的石阙》，《文物》1961年第12期。
③ 《隶释·隶续》，中华书局，1985年影印本。
④ 《后汉书》卷七十六《循吏列传》，中华书局，1965年标点本。
⑤ 高文编：《四川汉代画像石》，巴蜀书社，1987年。
⑥ 《隶释·隶续》，中华书局，1985年影印本。

上的大官。但是，有人认为"平阳府君阙"主人的是官秩千石或六百石的官僚①。这种意见，尚可商讨。为此，提出我肤浅的看法。在汉代，称呼太守一级的大官，其后可加上"府君"二字，以示尊重。这种情况多于汉代的碑刻，并往往形成"某某太守某府君碑"的格式。如前已说过的芦山樊敏碑其额上撰"汉故领校巴郡太守樊府君碑"，便是证明。又如《隶续·卷五》收的"孔彪碑"，碑额撰"汉故博陵太守孔府君碑"②。在汉代平时的生活中，可以直接称呼某太守为"府君"。《后汉书·高获传》记载：高获称太守鲍昱为"府君"③。又《三国志·华歆传》裴注引胡冲《吴历》：孙策对豫章太守说："府君年德名望，远近所归。"④上举诸例可证"府君"是太守的尊称是无疑的了。所以，我们以为"平阳府君阙"的主人，官秩当在二千石，是一位太守，故使用一对"二出阙"。

二千石的大官用一对"二出阙"，官秩低于二千石的官僚，只能使用一对单阙，不能用一对"二出阙"，如用一对"二出阙"，便是僭越的行为。如梓潼县的"李业阙"，上刻"汉侍御史李公之阙"，系后人增刻，此阙是单阙，残存阙身一块。《后汉书·独行列传》云：李业，梓潼人，"元始中，举明经，除为郎"。新莽时"举方正"，不就。公孙述据蜀，"欲以为博士"，业抗拒不从，为述所酖。"蜀平，光武下诏表其闾"⑤。可知，李业仅为一般的官僚，官秩较低，故墓前只能立一对单阙。此阙建于公元36年，为蜀中现存年代最早的石阙。

综上所述，官秩在二千石的大官，墓前立一对"二出阙"，一般的官僚墓前立一对单阙，区分等级是依据石阙的不同结构做标准的。

① 高文编：《四川汉代画像石》，巴蜀书社，1987年。
② 《隶释·隶续》，中华书局，1985年影印本。
③ 《后汉书》卷八十二《方术列传》，中华书局，1965年标点本。
④ 《三国志》卷十三《魏书十三》，中华书局，1959年标点本。
⑤ 《后汉书》卷八十一《独行列传》，中华书局，1965年标点本。

二

我省东汉墓中出土的画像砖，是一批珍贵的艺术品，更是研究四川当时社会面貌的重要历史资料。我省的汉画像砖集中分布在成都平原地区。据统计，不同画面的画像砖达50余种，题材极其丰富。

在众多的画像砖中，有一种画面是"阙"的砖，为研究者所重视。画面上仅有一个正阙的，称之为"单阙砖"；有一对阙的，无论是一对正阙还是一对"二出阙"（子母阙），均称之为"双阙砖"；"双阙"上栖一凤的，称之为"凤阙砖"。这些"阙"画像砖，不仅为研究古代建筑与艺术提供了重要的资料，还可以与汉代石阙作比较研究，弄清它是否与墓前立的石阙一样，有着标表墓主人身份等级的作用。下面，我们就这一问题，结合我省科学发掘清理的墓葬资料，以及有关的其他资料，作初步的探讨。

画像砖上的"阙"，是模仿石阙的造型模制而成的，也是模仿宫室门前的木结构阙模制而成的，它作为随葬品嵌入墓内的左右壁上。如果它在墓内仍有着墓前石阙一样的功用，那么，"阙"画像砖就应有固定不变的位置，左右相对而嵌。我们知道，一般的画像砖墓室前有一甬道，"阙"画像砖的位置理应嵌在甬道的左壁上，用以象征立于墓前的石阙，象征立于宫室门前的阙，起"标表墓门""别尊卑"的作用。但是，发掘的资料表明，墓中所嵌画像砖的位置并无规律可言，"阙"画像砖的位置亦不固定，同样无规律可言。1975年，成都市文物管理处在本市金牛区土桥镇的曾家包，发掘了两座东汉画像砖石墓（编号M1、M2）。其中，M2出土画像砖20方，分别嵌在甬道与前室的东西壁上，其排列秩序：甬道东壁为"日月"，西壁为"阙"；前室东壁（由墓门向后，下同）为"帷车""小车""骑吹""九剑起舞""宴饮起舞""宴集""六博""庭院""盐场"，西壁为"凤阙""市井"①。由上述可知，M2甬道西壁的"阙"与东壁的"日月"相对而列，前室西壁第一方"凤阙"砖与前室东壁第一方"帷车"砖相对而列，这种组合看不出它的内在联系。另外，甬道内的"阙"砖与前室第一方"凤阙"砖都嵌在西壁一侧，呈前后排列的形式，不是嵌在甬道的左右壁上，形成左右相对而列的形式，完全与墓前石阙左右相对而列的形式相背。其他画像砖的排列位置，亦看不出有何内在的联系，只是使人清楚地认识到，M2中画像砖的位置是下葬时随意嵌置的，无规律可言。又如1966年，四川省博物馆在成都北郊昭觉寺附近的青杠林，清理了一座画像砖墓②。该墓出土画像砖23方，其中"西王母"和"羽人"三方画像砖嵌在后室的后壁上，其余嵌在甬道与前室的左右壁上。甬道左壁与墓前室嵌三方"阙"画像砖，原《简报》编为左一、左二、左三③，左一在甬道内，左二、左三在前室，形成依次排列的状况，右壁则未嵌"阙"画像砖与之相对而列，故仍是无一固定位置、随意嵌置的表现。墓前立阙，用以标表墓主人的身份等级，是一件严肃的事，阙的位置不能随意放置，形成了固定的形式——立于墓前，左右相对而列。我们知道，形式是表现内容的，内容又制约形式，这种立于墓前，左右相对而列的形式，正是集中表现了墓主人身份等级的真正内容。然而，墓内使用"阙"画像砖，没有一个固定不变的位置，随意嵌置，失去了立阙的严肃性。这种现象说明"阙"画像砖完全是一种无意识的行为，不起标表墓主身份等级的作用。

另外，在墓的甬道内"阙"画像相对而嵌的例子也有发现，但极为少见。如1953年，原西南博物院和四川省文物管理委员会联合发掘了

---

① 成都市文物管理处：《四川成都曾家包东汉画像砖石墓》，《文物》1981年第10期。

② 刘志远：《成都昭觉寺汉画像砖墓》，《考古》1984年第1期。

③ 刘志远：《成都昭觉寺汉画像砖墓》，《考古》1984年第1期。

"羊子山一号墓"①。该墓为画像砖石墓，出土画像砖10方。甬道（原《简报》定为前室）左右壁各嵌"阙"画像砖一方，形成相对而列的布局，大有"阙然为道"的意味和标表墓主身份等级的标志性。但是，前面我们讨论过，"阙"立于墓前，是以它的不同结构来区分等级官秩的，二千石官秩的大官用一对"二出阙"，一般的官僚用一对单阙。而"羊子山一号墓"出土的一对阙是单阙，画面上清晰可见，正中一个正阙，阙左边一人持棨戟躬立，阙右边一人捧楯，作迎候状②。如果此墓中的一对单阙是墓主官阶等级的标志的话，那么他只是一般的官僚，官秩在二千石以下。但是，"羊子山一号墓"出土的《车马出行》《出行赤车驷马》和《宴客舞乐百戏》画像石，反映出墓主当是二千石以上的大官③（这一问题有专文讨论，此不赘述）。由此可知，真正能反映墓主官阶等级的，不应是"阙"画像砖，而应是画像石上的"车马出行的仪仗队伍"。

再则，从画像砖墓中，单阙与"二出阙"画像砖混用的现象，亦可说明"阙"画像砖不起区分墓主身份等级的作用。汉代墓前立石阙，有着严格的等级界线，使用单阙与"二出阙"极为分明，不见混用现象。但是，在画像砖墓中，往往出现画面是由一个正阙组成的单阙与画面是一对"二出阙"的砖并出，有的还出现几个"阙"画像砖，如成都昭觉寺画像砖墓，两方画面为一对"二出阙"的凤阙砖与一方画面是单阙的砖同出，曾家包M2一方画面是单阙的砖与一方画面是一对"二出阙"的砖并用。这种混用现象使我们难以辨认墓主的等级，因为没有区分等级的标准。没有区分官秩等级的标准，便不能起到区分官秩等级的作用。

综上所述，我们得出这样的结论，嵌于墓壁的"阙"画像砖，与

① 于豪亮：《记成都扬子山一号墓》，《文物参考资料》1955年第9期。
② 于豪亮：《记成都扬子山一号墓》，《文物参考资料》1955年第9期。
③ 余德章、龚廷万：《羊子山东汉一号墓画像石刻》，《成都文物》1984年第3期。

立于墓前的石阙性质是不同的，前者不能标表墓主官阶等级，而后者才是墓主官阶等级的标志，才能以其不同的结构形式区分墓主的不同社会地位。

原载《成都文物》1988年第4期

巴蜀地区汉代石阙和汉代画像"阙"研究

　　巴蜀地区现有汉代石阙,据《四川汉代画像石》一书统计,有二十多座,是我国保存汉代石阙最多的地区,具体分布在四川省的渠县、雅安、芦山、绵阳、梓潼、夹江、新都、德阳、西昌、昭觉和重庆市的忠县、盘溪等地。巴蜀地区分布着成千上万座崖墓,许多崖墓雕刻有精美的画像图案,而这些画像中就有一种"阙"画像,它们多雕刻在崖墓墓门及甬道两旁,是研究汉代石阙极其重要的资料。另外,在巴蜀地区汉代墓葬中出土的一些石棺、石函上,也雕刻有精美的画像"阙"的图案。再则,在巴蜀地区汉代墓葬中,有些墓葬中镶嵌着一种模制的画像砖,至今发现的画像砖的图案计有五十多种,其中有一种画像砖上的图案就是模印"阙"的造型,我们称之为"阙"画像砖,属于本文中的画像"阙"的范畴。

　　巴蜀地区保存至今的汉代石阙,都是建立在汉代墓葬前的一种地面建筑,属于墓阙。这些墓阙均用块石雕琢后垒砌成仿木结构的建筑物,由基座、阙身、阙楼和阙顶四部分组成,基石四周多雕刻有斗、柱,阙身四周隐刻有柱身,阙楼多雕刻有既复杂又精致的斗拱结构,阙顶雕刻出脊、檐与瓦垄、瓦当等,形成庑殿式顶的建筑。这些墓阙一般高4米~6米,许多墓阙上雕刻有"人物""车马出行""饕餮""青龙""白虎""朱雀"等画像图案,生动精美,具有极高的艺术价值。

所以，这些汉代墓阙集汉代建筑、绘画、雕塑于一体，是研究汉代文化不可多得的实物资料。依据这些汉代墓阙的造型可以将墓阙分为双阙和单阙两种类型。所谓"双阙"是指石阙的主体部分正阙（或叫母阙）旁边连接有一个较低矮的副阙（或叫子阙）的石阙，又叫"子母阙"；只有一个正阙而旁边没有连接一个低矮副阙的称为"单阙"。巴蜀地区现今保存的汉代墓阙多为双阙（子母阙），如渠县的冯焕阙、沈府君阙以及其他四座无铭阙，绵阳的平阳府君阙，雅安的高颐阙，芦山的樊敏阙，等等，有的双阙（子母阙）保存较好，有的今日只保存着正阙，副阙已毁不存。巴蜀地区现存的单阙较少，可以确定的单阙主要有梓潼李业阙和忠县罾井沟无铭阙。巴蜀地区的这些石阙都是东汉时期的遗物，年代最早的是梓潼李业阙，始建于东汉建武十二年（36）[1]，年代最晚的是建于东汉建安十四年（209）的雅安高颐阙[2]。有学者认为有的墓阙的年代可能较晚，最晚的可能到晋，但这只是一种推测，尚无详细的论证和确切的证据证明。

关于巴蜀地区的汉代石质墓阙，拙作《四川汉代石阙与"阙"画像砖浅论》进行过讨论[3]，认为汉代厚葬之风甚烈，谓死如生的封建统治者，希望死后仍然能够同生前一样，住在宫室府邸之中，过着荣华富贵的奢侈生活。所以，他们在营建墓室时，模仿生前的宫室府邸的形式与布局，在墓前立石阙用以象征宫室府邸的大门所在，在石阙后相距一定的距离营建墓室，象征宫室府邸。实际上，墓前之立石阙表示着墓之大门所在，"阙然为道"。当然，汉代墓前立石阙，不是人人都可以在墓前建立的，而只能是封建官僚地主，并且封建官僚们还按照自己的官秩等级来立石阙。比如渠县冯焕阙，阙主冯焕先任豫州刺史后任幽州刺史。新都王

---

① 陈明达：《汉代的石阙》，《文物》1961年第12期，第11～12页。

② 耿继斌：《高颐阙》，《文物》1981年第10期，第89页；陈明达：《汉代的石阙》，《文物》1961年第12期，第13页。

③ 张肖马：《四川汉代石阙与"阙"画像砖浅论》，《成都文物》1988年第4期，第2～3页。

稚子阙的阙主王稚子曾任兖州刺史，"征拜侍御史""洛阳令"。而芦山樊敏阙和雅安高颐阙，樊敏和高颐分别任巴郡太守和益州太守，他们的官秩都为二千石，其墓前均立一对双阙（子母阙）。而梓潼李业阙为单阙，上刻"汉侍御史李公之阙"系后人增刻。据《后汉书·独行列传》云：李业在"元始中，举明经，除为郎"。新莽时"举方正"，不就。公孙述据蜀，"欲以为博士"，业抗拒不从，为述所酖。"蜀平，光武下诏表其闾"①。可知，李业仅为一般官僚，官秩较低，故其墓前只能立一对单阙。又如忠县㴇井沟无铭阙，现存右阙，属于单阙类型，是一座仿木结构重檐庑殿式顶的石阙。因无铭文，阙主身份不明。根据信立祥先生的研究，忠县㴇井沟无铭阙的年代在东汉中后期，其生前官秩不高，为一般的低级官吏②，所以其墓前只能立一对单阙。由此可知，在汉代官秩在二千石的刺史、太守等高官，墓前立一对双阙（子母阙），一般的官僚墓前立一对单阙，区分等级官秩的依据是以墓前石阙的不同结构作为标准的，墓阙有"别尊卑"，标表官秩等级的作用。

巴蜀地区发现汉代崖墓成千上万座，许多较大崖墓的墓门与墓室均模仿世间的木结构建筑，雕凿出繁简不一的宅院形式；有的墓门或甬道的两壁上雕刻有"阙"画像，以象征府邸宅院门前的阙楼。四川三台郪江松林嘴1号崖墓是一座全长18.7米，由墓道、墓门、甬道、前室、中室、后室和侧室、耳室构成的多室墓（图一、图二）。该崖墓的墓门雕凿成双重檐的仿木结构建筑的形式，前室、中室、后室和侧室均凿成覆斗形顶，顶部雕刻出天花藻井；有的墓壁雕刻出壁柱、壁穿、斗拱等③，使松林嘴1号崖墓像一座三进木结构宅院建筑形式。该崖墓甬道左右两壁相对雕刻有一对重檐庑殿式顶的单阙，自应是整个建筑的组成部分。又如郪江紫荆湾3号崖墓，也是一座由墓道、墓门、甬道、前室、中室、后室和侧室、耳室构成的多室墓（图三、图四）。前室、

① 《后汉书》卷八十一《独行列传》，中华书局，1965年标点本，第2668～2669页。
② 信立祥：《汉代画像石综合研究》，文物出版社，2000年，第296页。
③ 四川省文物考古研究院等：《三台郪江崖墓》，文物出版社，2007年，第146～153页。

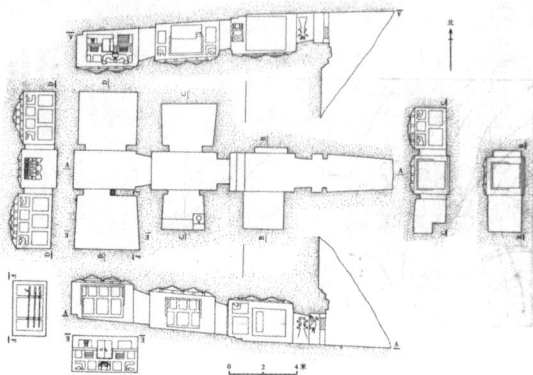

图一　三台郪江松林嘴1号崖墓平、剖面图

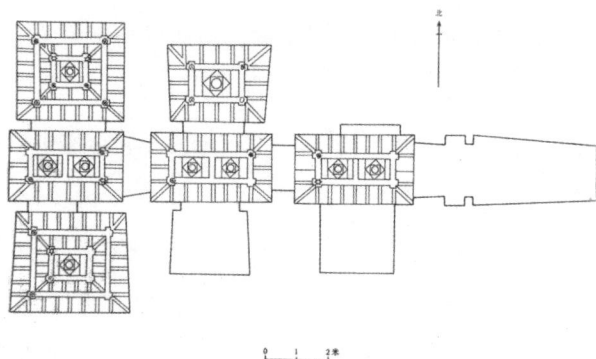

图二　三台郪江松林嘴1号崖墓仰视图

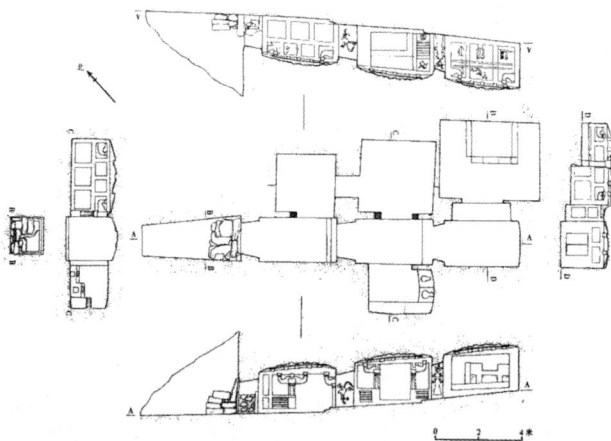

图三　三台郪江紫荆湾3号崖墓平、剖面图

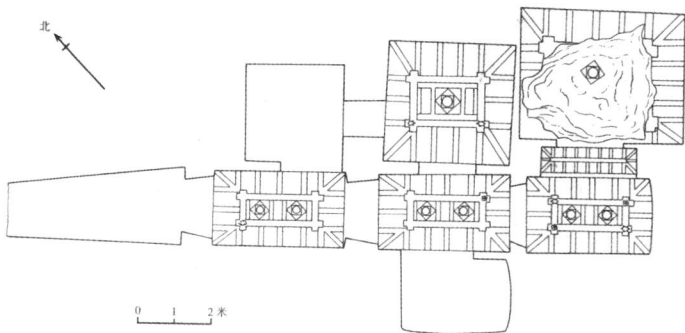

图四　三台郪江紫荆湾3号崖墓仰视图

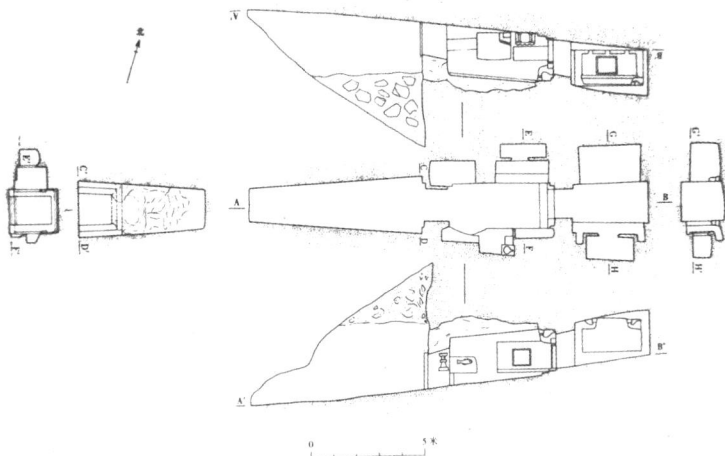

图五　中江塔梁子4号崖墓平、剖面图

中室、后室和侧室均凿成覆斗形顶，顶部雕刻出天花藻井；有的墓壁雕刻出壁柱、壁穿、斗拱等①，形成一座三进木结构宅院建筑形式。该崖墓也雕刻有一对单阙，阙顶各有凤鸟一只，但阙雕刻在后室甬道两侧壁上，更像是与后室浑然一体的结构。另外，中江塔梁子4号崖墓由墓道、墓门、甬道和前室、后室以及侧室组成（图五），在该崖墓甬

① 四川省文物考古研究院：《三台郪江崖墓》，文物出版社，2007年，第80～87页。

道的右壁上，用减地手法浅浅地雕刻出单阙的图案，高仅0.72米①。彭山江口951-2崖墓墓门外壁两侧刻一对单阙，墓门门楣以上雕凿成仿木结构建筑的形式②，宜宾长宁七个洞4号和6号崖墓墓门外壁右侧都刻一单阙③。最近，我院考古人员在乐山大佛景区的柿子湾进行考古调查，发现了一大批崖墓，许多崖墓的墓门门楣上雕凿出枋、斗拱、瓦垄、瓦当等，墓室内也雕凿成仿木结构建筑的形式。同时，许多崖墓墓门侧雕凿有阙的画像，有的崖墓墓门两侧各雕凿出一个阙，两两相对形成一对阙；有的只在墓门一侧雕凿出一个阙；这些崖墓墓门处的画像阙均为单阙④。这些雕凿在崖墓墓门或甬道上的画像阙，是否属于墓阙呢？我们认为：崖墓墓门与甬道壁上雕凿的画像阙不属于墓阙的范畴。从我们以上所举的墓葬例子来看，这些崖墓都是模仿世间宅院府邸而开凿建造的，是死者居住的另一世间的宅院府邸，这些墓门与甬道上雕凿的阙是象征墓主生前宅院府邸大门前的阙楼，崖墓墓门与甬道上雕凿的画像阙只是宅第大门前阙楼的象征，不是我们前面所说的立于陵墓前神道上的可以"别尊卑"的墓阙。从崖墓建筑本身来看，画像阙一般刻在墓门与前室甬道内，有的在左右墓壁都雕凿出一对阙，有的只在墓壁一侧雕凿出一个阙，甚至中江塔梁子4号崖墓不仅只在甬道右壁雕刻出一个阙，而且雕凿得既简单而又模糊。又如三台郪江紫荆湾3号崖墓是一座多室墓，但是，该墓的一对阙雕凿在后室甬道两侧壁之上，而不是在墓门或前室甬道的壁上，表示这对阙只与该墓后室有关，与整个墓葬建筑无关。崖墓一般多为多室墓，墓主并非一人，而是家族内数人合葬，故墓门与甬道所刻的"阙"画像不属于墓中一人。另外，这些画像阙均为单阙，不见双阙（子母阙）的造型。从以上这些现象来看，雕凿在崖墓内的画像阙有着随意性，没有一个固定的格式，墓葬建筑雕凿与不雕凿

---

① 四川省文物考古研究院等：《中江塔梁子崖墓》，文物出版社，2008年，第35、71页。
② 罗二虎：《汉代画像石棺》，巴蜀书社，2002年，第63页。
③ 罗二虎：《汉代画像石棺》，巴蜀书社，2002年，第105页。
④ 资料存四川省文物考古研究院。

阙，雕凿什么形式的阙都没有严格的固定，不像陵墓墓阙那样有着固定的格式和布局，阙必须建筑在大门处，并且均为左右各一阙，形成"阙然为道"的布局，而使用双阙（子母阙）或者单阙都是有严格的等级界限的，是身份的象征。然而，雕凿在崖墓墓门与甬道壁上的阙，不论是刻出一对阙还是刻出一个阙，它们都只是墓室建筑的一个部分，表示整座墓葬或者一个墓室的大门所在，没有区分墓主身份等级的功能。另外，从宜宾长宁县保民村七个洞4号墓墓门处雕凿一个阙，阙旁刻有"赵是（氏）天门"题记①，"是"为"氏"的假借，这里的"赵氏天门"显然是指赵氏家族的天门，代表的是赵氏阴间住宅的大门而已，正如孙机先生指出的那样："甬道两侧刻雕的双阙，自应是整座建造的组成部分，即代表着宅第的大门，它既不是墓阙，更和'天堂的入口'之天门无关。"②

现在已经发表公布了的巴蜀地区出土的汉代石棺上百具，分别出自汉代的砖室墓、石室墓和崖墓之中，其地域分布范围较广，包括成都市区、双流、郫县、新津、大邑、彭山、宜宾市区、南溪、江安、屏山、长宁、泸州市区、合江、乐山、雅安市区、荥经、芦山、简阳、内江、富顺和重庆市中区及璧山县，等等。这些石棺的棺身一般是用一块完整的红砂石或青石开凿而成；棺盖用另一块石头制作而成，棺盖有的制作成弧形顶，有的制作成仿木结构建筑形式的庑殿式顶；少数石棺是用六块石板砌建而成；而在一些崖墓中还发现有一种直接在岩石上开凿成的石棺，俗称连岩石棺。在各类石棺中，许多石棺棺身上面雕刻有精美的画像图案，繁简不一，其中发现许多雕刻着"阙"的图案，我们称为"阙"画像。这里需要说明一点，在研究与报道这些"阙"画像的论文与简报中，都将画像中出现的一对阙称为"双阙"，与我们说的双阙（子母阙）的概念是不同的，他们没有将双阙（子母阙）与单阙区分开

---

① 罗二虎：《汉代画像石棺》，巴蜀书社，2002年，第102页。
② 孙机：《仰观集——古文物的欣赏与鉴别》，文物出版社，2012年，第203页。

张肖马卷

179

来，笼统地将一对阙称为"双阙"，这样在讨论问题的时候容易造成概念模糊、逻辑混乱、结论错误。所以，本文讨论墓阙与画像中的阙，所说的双阙是指子母阙，是由一个正阙和一个副阙组成的阙，不是指相对而立的一对阙；单阙是指只有一个正阙的阙，不是指一个阙。

在现已发表的资料中，石棺上的"阙"画像一般都雕刻在石棺的前档，后档多刻伏羲女娲，这样的布局大概占现在公布了的画像石棺的近一半。宜宾屏山县斑竹林1号石室墓出土一具画像石棺，棺盖雕凿出脊、瓦垄、瓦当，与棺身连在一起俨然像是一座庑殿式的宅院建筑。其前档雕凿一对双阙（子母阙），与别的双阙不同的是，其副阙（子阙）刻在正阙（母阙）的内侧而不是外侧①。宜宾江安县黄龙乡桂花村发现的4具画像石棺，1、2号石棺与3、4号石棺分别并列放置在石室墓室中。江安1号石棺棺身前档雕刻一对双阙（子母阙），江安2号石棺棺身前档雕刻一对单阙②，而3、4号石棺棺身前档画像均为一对阙，由于风化严重，画像模糊不清，且无图片公布，故不知所刻之阙为双阙还是单阙。宜宾南溪发现的两座砖室墓出土4具画像石棺，也是两两并列放置墓室中，其中3、4号画像石棺棺身前档均雕刻一对单阙③。1987年发现的合江草山砖室墓也是两棺并列放置于墓室中，1号棺棺身前档雕刻一对单阙，而2号棺棺身前档雕刻一对双阙（子母阙）④。重庆璧山蛮洞坡一座崖墓中发现5具画像石棺，其中4号棺棺身前档雕刻一对双阙（子母阙），其他4具石棺前档均雕刻一对单阙⑤。另外，1987年泸州发现的一具石棺，其棺身前档中部仅雕刻一个单阙，阙的两侧各有一人

---

① 四川省文物考古研究院等：《四川屏山县斑竹林遗址M1汉代画像石棺墓发掘简报》，《四川文物》2012年第5期，第11～15页。

② 崔陈：《宜宾地区出土汉代画像石棺》，《考古与文物》1991年第1期，第39～40页。

③ 崔陈：《宜宾地区出土汉代画像石棺》，《考古与文物》1991年第1期，第34～35页。

④ 罗二虎：《汉代画像石棺》，巴蜀书社，2002年，第129～134页。

⑤ 罗二虎：《汉代画像石棺》，巴蜀书社，2002年，第135～143页。

作迎谒状①。从以上所举的例子来看，有的石棺前档刻一对双阙（子母阙），有的刻一对单阙；而且，在两座石棺并列放置于同一墓室之中，有的石棺前档刻一对双阙（子母阙），有的刻一对单阙；在一座崖墓中发现多具石棺，其棺身前档有的刻单阙，有的刻双阙（子母阙）；还有少数仅在前档中部雕刻出一个阙而非一对阙。这些现象反映出墓主使用一对双阙（子母阙）与一对单阙存在着随意性，而不像地面陵园上所建的墓阙有着严格的等级制度，使用双阙（子母阙）与单阙是有区别的，当然，更没有使用一个阙的制度存在。

另外，许多石棺棺盖制作成庑殿式顶与歇山式顶，并与棺身浑然一体成为一座仿木结构的建筑形式，其象征意义是明确的——象征墓主生前的宅院。因此，石棺前档所雕刻的一对阙，无论是双阙（子母阙）还是单阙，以及仅雕刻出一个阙的画像，都是墓主生前居住的宅院的门前阙楼的象征，也就代表了宅院大门的所在。此外，在重庆前中央大学坟丘墓1号石棺，其前档雕刻一对单阙，在这对单阙之间靠后雕刻有一座楼阁建筑②，我认为：这座楼阁建筑正是象征着墓主人生前居住的深宅府邸的一部分，与石棺共同组成整座院落，楼阁前的一对单阙是府邸宅院门前的阙楼，代表宅院大门所在。

再则，在简阳鬼头山一座崖墓中出土6具石棺，其中的3号石棺棺身的侧壁上雕刻出一对单阙，阙上方刻有"天门"榜题③，重庆巫山出土一件有榜题"天门"和阙画像的铜牌④，所以，许多研究者便认为画像中的"阙"是"天门"的象征，是墓主人升天成仙的入口。也有研究者不同意"天门"说的观点，孙机先生是其代表，他专门撰文阐述了自

---

① 罗二虎：《汉代画像石棺》，巴蜀书社，2002年，第125~126页。
② 罗二虎：《汉代画像石棺》，巴蜀书社，2002年，第144~145页。
③ 内江市文物管理所、简阳县文化馆：《四川简阳县鬼头山东汉崖墓》，《文物》1991年第3期，第23页。
④ 重庆巫山县文物管理所、中国社会科学院考古研究所三峡工作队：《重庆巫山县东汉鎏金铜牌饰的发现与研究》，《考古》1998年第12期，第77~86页。

己鲜明的观点，否定了"天门"说，认为石棺上的阙与天堂的入口之"天门"无关①。

在巴蜀地区东汉墓葬中还有一种模制出画像的砖，人们称为画像砖，有长方形和正方形两类砖，画像就模制在砖的一平面上。另外，在汉代常用的砖室墓砖的边框上，也模制出画像，约定俗成地称为条形画像砖。在众多的画像砖中，有一种画有"阙"图像的砖，我们称之为"阙"画像砖。"阙"画像砖上"阙"的图像，常见的是一对双阙或者一对单阙的图像，少数只模制出一个阙的图像，而且是模仿陵墓墓阙的造型模制的。"阙"画像砖与其他画像砖一样，主要是嵌于甬道、墓室左右壁上使用的。对于这些"阙"画像的功能，是否有区分墓主等级官阶的作用，拙作《四川汉代石阙与"阙"画像砖浅论》有比较详细的论证②，此就不展开讨论了，直接给出结论：由于"阙"画像砖嵌砌的位置无规律可言，异于墓阙左右相对而列的定式；其组合也无规律，存在双阙（子母阙）与单阙混用等情况，随意性比较强，因而认为：嵌于墓壁的"阙"画像砖，与立于墓前的石阙性质是不同的，它不能表明墓主官阶等级。

原载《汉阙与秦汉文明学术研讨会论文集》，中国文史出版社，2014年

---

① 孙机：《仰观集——古文物的欣赏与鉴别》，文物出版社，2012年，第203页。

② 张肖马：《四川汉代石阙与"阙"画像砖浅论》，《成都文物》1988年第4期，第4~5页。

综 述

四川省考古五十年概略

四川省考古五十年概略①

中华人民共和国的成立，为各项事业的发展开辟了广阔的道路，中国的考古发掘研究工作，经过几代考古工作者的不懈努力与执着追求，取得了举世瞩目的成果和极大的发展，找到了一条中国特色的中国考古学的道路。四川的考古工作是新中国考古工作的一部分，五十年来，四川考古取得不少重大发现，涉及时段包括石器时代、青铜时代与铁器时代，在科研工作中，也取得了一定的成果。

一、旧石器时代

四川旧石器时代考古先后发现了"资阳人"②、富林文化③、铜梁

---

① 本文由张肖马、李昭和合著。
② 裴文中、吴汝康：《资阳人》，科学出版社，1957年。
③ 张森水：《富林文化》，《古脊椎动物与古人类》1977年第15卷第1期；杨玲：《四川汉源县富林镇旧石器时代文化遗址》，《古脊椎动物与古人类》1961年第3卷第4期。

旧石器时代遗存①、攀枝花回龙湾洞穴遗址②和巫山大庙龙骨坡"巫山人"遗址③，出土了许多石器和更新世早期与中晚期的动物群化石。其中以近年来"巫山人"遗址的发现最为重要，该遗址先后四次发掘，出土化石标本数千件。其中发现的巨猿动物群化石属早更新世，为我省首次发现，填补了四川早更新世动物群的空白，亦是我国6个巨猿产地中地理位置最北的一个化石点。1985年10月，在该遗址发现两件人类化石，一为左侧的下颌骨（残），另一为上门齿，均出自早更新世早期的地层中；又根据古地磁资料的测试，含人类化石的原层位距今为204万—201万年④。正说明这是我国迄今发现最早的人类化石之一，进一步证明四川是研究人类起源的重要地区之一。

二、新石器时代

自20世纪50年代以来，为探索四川新石器时代文化，在全省范围内，相关部门进行了多次较大规模的考古调查。在成都、广汉、广元、绵阳、南充、阆中、巴中、雅安、天全、汉源、汶川、理县、西昌、丹巴、巫山、巫溪、忠县、万县、云阳、奉节等地，发现新石器时代遗址与遗迹300余处，并对一些遗址进行了试掘与较大规模的发掘。如先后三次对大溪遗址与西昌礼州遗址等的发掘，揭露出崭新的新石器时代的文化。近年来，又在成都平原、川北、川南、川东与长江流域的新石器考古方面取得了较大的突破与收获。

广汉三星堆遗址是成都平原面积最大、文化内涵最丰富的遗址之

---

① 中国大百科全书总编辑委员会《考古学》编纂委员会、中国大百科全书出版社编辑部编：《中国大百科全书·考古学》，中国大百科全书出版社，1986年，第531页。

② 晏德忠：《攀枝花市发现旧石器时代晚期洞穴遗址》，《四川文物》1988年第1期。

③ 黄万波、方其仁等：《巫山猿人遗址》，海洋出版社，1991年。

④ 黄万波、方其仁等：《巫山猿人遗址》，海洋出版社，1991年。

一，主要分布在广汉的南兴镇、三星村、真武村、回龙村以及三星乡的仁胜村、大堰村等，面积约12平方公里。根据考古发掘而知，三星堆遗址可分四期，其中第一期的年代与中原龙山文化相当。陶器主要有泥质灰陶和夹砂灰陶，以泥质青灰陶与灰白陶最多；以手制为主，轮制仍占一定比例；多平底器和圈足器，主要器形有锯齿形口沿罐、花边口沿罐、喇叭口大翻领罐和敞口镂空圈足豆等；纹饰有细绳纹、篮纹、网格纹、齿纹等。石器器形小，以磨制的斧、锛、凿为主。房屋建筑采用地面挖沟槽，立木骨泥墙，墙两面抹泥并经火烧烤；房基中发现奠基坑，以青壮年或儿童作人牲[①]。这种陶器以平底器为主，流行器物口沿唇饰纹与制成花边或波浪状风格口沿的文化遗存，不仅在成都平原有，而且川北、川南、川东均有发现，但亦有一定的差别。三星堆一期遗存反映的文化面貌是以成都平原为中心的地方性文化，与同时期四川周邻地区其他考古学文化有着明显的区别，为确立成都平原考古学文化序列提供了重要资料。

新津宝墩遗址于1996年发掘，揭露面积435平方米，发现房址1座、灰坑32个、墓葬5座，并对宝墩古城城垣范围及走向做了基本确认。房址的平面可能为方形或长方形，东西宽410厘米、南北暴露长232厘米。墙为木骨泥墙，即先挖基槽、立木骨后填土，墙上抹泥后经火烘烤。灰坑有圆形、椭圆形、长方形、长条形、不规则形等，其中以圆形、椭圆形和长方形居多，有的灰坑中发现制作陶器的陶土，有的坑内出大量陶片等。五座墓均为长方形竖穴土坑墓，其中M4、M6、M7墓坑小，可能为小孩墓，M3、M8坑较大，为成人墓。城墙叠压在早期地层之上，筑墙时破坏了早期地层，其筑城年代不会早于早期，城址的废弃年代与遗址的废弃年代一致。城墙采用"堆筑法"构筑，即边堆土，边拍打或夯打，每次堆筑一大层。拍打又分水平、斜面拍打两种。整个城垣略成长方形，方向45°，北墙、南墙各长约600米，东墙、西墙

---

① 陈德安：《三星堆遗址的发现与研究》，《中华文化论坛》1998年第2期。

各长约1000米，城址面积达60万平方米。整个遗址的范围尚待进一步勘察。宝墩遗址的陶器有夹砂与泥质两种，主要为泥条盘筑加慢轮修整，以花边口绳纹平底罐、宽平沿平底尊形器、喇叭口平底高领罐、镂孔圈足豆等为典型器物，纹饰以绳纹为主。石器以磨制斧、锛、凿为主，另有少量的穿孔刀、铲、矛、镞等，器物小型化是其特点。宝墩遗址的文化内涵与三星堆遗址一期基本相同，年代相当，距今4500年左右。发掘者正式提出"宝墩文化"的命名[1]。

另外，在成都平原还发现了都江堰芒城、温江鱼凫城、郫县古城和崇州双河城[2]。其中在郫县古城发现的巨型建筑遗迹，长50米、宽约11米，建筑遗迹内还有间距大致相等的五堆卵石面台基[3]。这对于研究当时的社会形态、社会性质提供了非常重要的资料。上述城址的发现，使认定成都平原史前考古学文化面貌及发展演变过程，建立成都平原新石器时代考古学文化的年代序列又进了一步。

在川北的广元、绵阳和川东及长江流域的巴中、通江、忠县、奉节、云阳等地，发掘了一批新石器时代遗址。

广元中子铺遗址面积约3000平方米，是一处细石器加工场。先后两次发掘，出土和采集了1万多件细石器标本。石料多黑色燧石，有少量石英石；多使用间接打制法；石核有锥形、漏斗形、柱形等，石片和石叶较多；器形有弧刃刮削器、条形尖刮器、直刃长刮削器、石核式刮削器和尖状器等。该遗址分早晚两期，早期距今7000—6000年[4]。

绵阳边堆山遗址于1952年修宝成线时发现，1989年发掘。遗址在南山腰缓坡地带。陶器有泥质陶与夹砂陶，以灰陶为多；纹饰有绳纹、

---

[1] 中日联合考古调查队：《四川新津县宝墩遗址1996年发掘简报》，《考古》1998年第1期。

[2] 《成都史前城址发掘又获重大成果》，《中国文物报》1997年1月19日第1版。

[3] 《郫县三道堰古城遗址发掘取得重大成果》，《成都晚报》1998年2月5日；《郫县古城发掘取得重大收获》，《中国文物报》1998年3月18日。

[4] 中国社会科学院考古研究所四川工作队：《四川广元市中子铺细石器遗存》，《考古》1991年第4期。

划纹、线纹、凹弦纹等；以平底器为主，几乎不见圜底器和三足器；口沿有的捏成波浪形，施绳纹或齿状花边装饰。打制石器有盘状器、砍砸器；磨制石器有斧、锛、凿以及铲、刀、矛等，还发现少量细石器[1]。

通江擂鼓寨遗址出土陶器以夹砂陶为主；陶色多灰黑，次为橙黄、褐、红、黑色，灰色较少；纹饰有划纹、方格纹、绳纹、波浪纹、附加堆纹、凹凸弦纹、戳印纹、篦点纹和镂孔等；有的器口呈锯齿状或波浪状花边作风；以罐、尊形器、瓶、盆、钵、杯、碗、器盖为基本组合，平底器多，少见圈足器和圜底器，不见三足器和豆类；陶器制法多用手制加慢轮修整，多数陶器火候不高。陶器分为三段，连续发展，无明显缺环。石器有打制石器、磨制石器和细石器三类。打制石器较少，有刮削器、砍砸器、尖状器、有肩锄、有肩斧等；磨制石器较多，有斧、锛、凿、镞、矛、球、盘状器等；细石器仅4件，均为刮削器。年代据[14]C测定为距今4480±120年，树轮校正为距今4995±159年[2]。该遗址文化内涵更接近忠县中坝遗址一期及奉节老关庙下层文化。

巴中月亮岩遗址的陶器亦为夹砂和泥质两类，以夹砂陶居多。陶器火候较高，陶色有褐、黑、灰、红，以褐色和黑色为主。纹饰有篮纹、绳纹、网格纹、附加堆纹、戳印纹等。陶器多宽沿器，口沿、唇流行锯齿状纹和波状纹，呈花边状，多平底器[3]。

忠县中坝遗址于20世纪90年代初试掘。该遗址堆积一般厚8米~9米，主要分为三个大的时期。第一期的陶器以泥质红陶、褐陶为主，夹砂陶仍占一定比例。器形主要有喇叭形器、钵、小平底罐。纹饰有凸棱纹、戳印纹、波浪纹、方格纹等，也有少量绳纹。发现土坑墓葬2座，

---

① 中国社会科学院考古研究所四川工作队：《四川绵阳市边堆山新石器时代遗址调查简报》，《考古》1990年4期。

② 四川省文物考古研究所、通江县文物管理所：《通江县擂鼓寨遗址试掘报告》，《四川考古报告集》，文物出版社，1998年。

③ 雷雨、陈德安：《巴中月亮岩和通江擂鼓寨遗址调查简报》，《四川文物》1991年第6期。

均为仰身屈肢葬，无随葬品。年代在新石器时代晚期[1]。我们现在正在中坝做大规模的发掘工作。

哨棚嘴遗址位于忠县㽏井沟口右侧山坡上，面临长江，文化堆积5米~6米，计13层，主要遗物有陶器和石器。该遗址分为三期，其中第一期相当于中原仰韶文化晚期至龙山文化早期之间，陶器以夹砂陶为主，泥质陶为辅，有少量的褐胎黑皮陶。以绳压菱格纹、绳纹最普遍，盛行平底器，有少量圈足器，以折沿盆器为代表[2]。

奉节老关庙遗址分为上下两层。其中下层年代可能处于新石器时代中晚期，最迟不晚于夏商时期。其陶器以夹砂陶为主；陶色以红褐色居多，灰褐或黑褐色较少；绳纹占98%；制法以手制为主，许多陶器口沿加厚，唇部压出花边、短线或凹槽；器形以直口或敞口为主，侈口较少，多平底器或尖底器，圈足器较少，主要有粗砂罐、细砂罐和尖底缸，其次为壶、盆、钵、碗、豆和器盖。另外，发现墓葬1座（编号95M1），为长方形土坑竖穴墓，葬式为仰身屈肢一次葬，头南足北。随葬石铲1件，置于头骨西侧；陶豆1件，置于足部。该墓葬的发现，填补了川东瞿塘峡以西地段这一时期土坑竖穴墓研究的空白[3]。

绵阳边堆山、广元张家坡、通江擂鼓寨、巴中月亮岩、忠县哨棚嘴以及奉节老关庙遗址，主要发现于川北和川东的山地和丘陵地区，海拔相差无几，一般分布于河流附近的小山或山坡上；地势不算开阔，但较平坦、向阳、背风；遗址面积不大，未形成成都平原那样大的聚落遗址（可能为地理环境制约所致）。

在川西大渡河流域、雅砻江流域和岷江流域都有新石器时代遗

---

[1] 巴家云：《忠县中坝新石器时期晚期及商周遗址》，《中国考古学年鉴（1991）》，文物出版社，1992年，第272页。

[2] 王鑫：《忠县㽏井沟遗址群哨棚嘴遗址分析——兼论川东地区的新石器文化及早期青铜文化》，《四川考古论文集》，文物出版社，1996年。

[3] 吉林大学考古系、四川省文物考古研究所：《奉节县老关庙遗址第三次发掘》，《四川考古报告集》，文物出版社，1998年。

址，有的遗址延续到商周时期，较重要的有丹巴罕额依遗址、汉源狮子山、理县箭山寨等。

1989年10月—1990年12月，对丹巴罕额依遗址进行了发掘。该遗址文化堆积厚达8米，发现房屋、灰坑和墓葬等遗迹。遗址可分为三期。第一期年代据^{14}C测定在距今5000—4500年之间，陶器以饰细绳纹的夹砂红褐陶居多，纹饰还有附加堆纹、戳印纹、刻划纹、刷划纹，抹平绳纹的做法别具特色，且陶器火候较高、胎质较厚并含大量云母片，均手制。器形以罐、瓶居多且形态较大，钵较少，均平底器，带耳器较少。第二、三期陶器增加了双大耳罐、壶、杯、单耳罐、纺轮等，瓶减少，仍以平底器为主。第一、二期石器较少，第三期石器数量和种类均大有增加。石器有打制和磨制两类，打制石器有细石器，石料多为水晶或石英，有石核、石片、石叶、尖状器、雕刻器和各种刮削器。骨器较多，制作精美，且从第一期到第三期呈递增趋势。以骨锥、骨针居多，另有少量的刀、管、梳、矛及装饰器。无论陶器、石器还是骨器，都广泛运用了钻孔技术。该遗址出土的一块彩陶片，红陶红衣，单线黑彩，其风格与马家窑文化的相似。该遗址三期文化遗存既有着先后承继的关系，又存在着发展和变化，初步展示了大渡河上游地区距今5000—2000年间的古代文化面貌。该遗址出土的遗物特别是陶器呈现出一种迥异于周边地区同时期古代文化遗址的崭新的文化面貌，对该遗址的发掘与研究，将有助于建立川西高原地区的考古学文化序列[①]。

在川西高原岷江上游的理县试掘了箭山寨遗址，获文化遗物409件。其中石器有斧、锛、凿和环。陶器以泥质灰陶为主，火候较高，器形有碗、杯、盆、瓶、罐等。同时还发现有彩陶片[②]。

在大渡河流域的汉源县，20世纪90年代对狮子山遗址进行了发

① 四川省文物考古研究所、甘孜藏族自治州文化局：《丹巴县中路乡罕额依遗址发掘简报》，《四川考古报告集》，文物出版社，1998年。
② 四川大学历史系考古教研组：《四川理县汶川县考古调查简报》，《考古》1965年第12期。

掘。揭露面积321平方米，发现灰坑16个，房屋基址9座。石器除发现磨制的斧、锛、凿、穿孔刀及两端刃器外，还发现几百件细石器。陶器以夹砂灰陶为主，泥质红陶与灰陶次之；纹饰有绳纹、划纹、方格纹、附加堆纹等；器形有高领罐、大口花边罐、盆、钵、碗、甑等。另外还发现十多片红底黑彩的彩陶片，纹样为平行或交错条纹①。狮子山遗址的文化特征明显，代表着一种新的文化类型，对研究四川及其周围原始文化的面貌和相互关系都是十分重要的。

三、商周时期

四川商周时期考古有一些重要的发现，如新繁水观音、竹瓦街铜器窖藏、羊子山土台遗址。20世纪80年代以来有重大突破，如三星堆2～4期文化遗存、十二桥遗址、抚琴小区遗址、雅安沙溪遗址、新都桂林遗址等。

三星堆2～4期遗存相当于中原夏、商、周时期。先后发现房屋居址、"祭祀坑"、灰坑、墓葬、城垣、壕沟等遗迹，出土陶、铜、玉石、金器等文化遗物数万件。第二期陶器以小平底罐、高柄豆、圈足豆、圈足盘、鸟头柄勺为典型器物，陶质以夹砂褐陶为主，泥质陶次之；纹饰以绳纹、附加堆纹、云雷纹为主；时代相当于二里头至二里岗下层时期。第三期陶器除第二期常见器形外，新出现了尊形器、觚形器、尖底器和器座，素面陶增多；时代相当于二里岗上层一、二期至殷墟早期。第四期遗存泥质陶比例大增，器形基本沿用第三期的，但有所变化，以素面陶为主，纹饰以粗绳纹和凹弦纹最多；年代相当于殷墟晚期至西周早期②。房屋建筑有地面式的方形、长方形和圆形三种形式，多为木骨泥墙。在三星堆遗址发现的两座"祭祀坑"，出土上千件铜、

---

① 马继贤：《汉源县狮子山新石器时代遗址》，《中国考古学年鉴（1991）》，文物出版社，1992年。

② 陈德安：《三星堆遗址的发现与研究》，《中华文化论坛》1998年第2期。

玉石、金、骨器及象牙，器形有大型青铜立人像、人面具、兽面具、人头像、眼形器和太阳形器、神树、蛇、鸟、尊、罍；金杖、面具；玉璋、瑗、璧、戈等。这对研究此期文化的社会性质、意识形态及"祭祀坑"的性质作用，都有很重要的价值[①]。近来对一号坑做了^{14}C年代测定，为距今3450±90年。

根据发掘资料，三星堆古城始建于第二期，一直沿用至第四期。古城东、西、南三面有夯筑的城垣遗迹，墙外有20米~30米宽的壕沟环绕，城之北以鸭子河为天然屏障。古城东西长1600米~2000米、南北宽2000米左右，面积约3.5平方公里~3.6平方公里。如此宏大的城址，结合出土众多的神器、礼器、权杖等遗物，足以说明三星堆古城是当时一个政治、经济、军事和文化的中心，是早期蜀国的都城，已步入中国文明三部曲的方国阶段[②]。

三星堆遗址真武仓包包出土玉瑗、玉凿、石璧和铜牌饰等数十件遗物。铜牌饰3件，近似长方形，一端略宽，一端稍窄，转圆角，平面微拱如瓦状，有的还嵌有绿松石，与二里头遗址出土的铜牌饰基本相同。这又为研究三星堆与二里头文化的关系增添了新的资料[③]。

最近，我们又在三星堆城址外的仁胜村发现墓地一处，墓地距三星堆城址东城墙约600米。清理的22座墓葬，墓向一致，均土坑竖穴墓。墓中随葬品不丰，主要为玉石器，有玉锥形器、玉矛、玉"璇玑"形器及猫眼石球和象牙等，还出土几件陶器。墓内人骨架多朽腐，能辨认清楚的有仰身直肢葬；有的墓坑内侧埋有动物遗骸。值得注意的是，许多墓的壁及底经反复夯打或拍打，内埋藏的人骨和动物遗骸亦似经夯

---

① 四川省文物管理委员会、四川省文物考古研究所、四川省广汉县文化局：《广汉三星堆遗址一号祭祀坑发掘简报》，《文物》1987年第10期；四川省文物管理委员会、四川省文物考古研究所、广汉市文化局、广汉市文物管理所：《广汉三星堆遗址二号祭祀坑发掘简报》，《文物》1989年第5期。

② 陈德安：《三星堆遗址的发现与研究》，《中华文化论坛》1998年第2期。

③ 四川省文物考古研究所三星堆工作站、广汉市文物管理所：《三星堆遗址真武仓包包祭祀坑调查简报》，《四川考古报告集》，文物出版社，1998年。

打或拍打，底有黑色腐质层等。尤为引人注意的是一件玉锥形器，与长江下游良渚文化的玉锥形器惊人的相似，反映出三星堆文化的先民与良渚文化的先民在文化方面存在着某种联系与交往。墓地的年代初步推定距今4000年①。

另外，对三星堆遗址周边的调查，发现广汉金鱼乡石佛寺、兴隆乡烟堆子和毗卢寺遗址；在什邡市人民乡、新安乡以及彭县境内，都发现与三星堆2～4期遗存的文化内涵相同的古遗址。广汉兴隆乡毗卢寺遗址采集的陶器、石器和铜器，其中有铜戈4件、铜矛2件、铜钺2件，其形制较彭县竹瓦街窖藏原始，与新繁水观音墓葬和汉源富林镇出土的相似，均为实用器②。在新都桂林亦发掘了相当于商代的遗址，面积达75000平方米以上。从该遗址出土的陶、石器分析，其整个下文化层的时代相当于三星堆2、3期之间，文化内涵与三星堆2～4期相同，属同一文化系统③。

在成都市区，以十二桥遗址为中心，周围有新一村、方池街、抚琴小区、君平街、指挥街等时代与文化内涵相同的遗址，形成6平方公里～7平方公里的遗址群。十二桥为商周时期木结构建筑遗址，发现有成片的"干栏式"建筑和大型宫殿类建筑的基础；文化遗物以陶器为主，器形有小平底罐、高领罐、高柄豆、盉、小圈足杯、鸟头柄勺、鸡冠纽盖、尖底罐、尖底杯、尖底盏等典型器物。十二桥遗址商周时期的文化可分为三期：早期相当于商代早期，^{14}C年代测定距今3680±80年，树轮校正4010±100年；中期相当于商代中期；晚期相当于商末

① 陈德安：《三星堆遗址的发现与研究》，《中华文化论坛》1998年第2期。

② 四川省文物考古研究所三星堆工作站、四川广汉市文物管理所、什邡县文物管理科：《四川广汉、什邡商周遗址调查报告》，《南方民族考古》第五辑，四川科学技术出版社，1993年。

③ 成都市文物考古工作队、新都县文物管理所：《四川新都县桂林乡商代遗址发掘简报》，《文物》1997年第3期。

周初之际①。结合20世纪50年代在成都羊子山发现大型祭祀土台②，与十二桥遗址一南一北，祭祀场所与宫殿遗迹相对应，进一步说明成都在商代时期已形成一个都邑，亦进入了方国阶段。

在青衣江流域的雅安沙溪遗址，其早期的文化内涵及时代，大致与十二桥商代时期文化遗存相当，¹⁴C测定年代在距今3100±70年③。发现房址、灶、沟槽、灰坑等遗迹及陶器、石器等遗物。其陶器群有敛口尖底盏、尖底杯、器座、器盖、高杯豆和小平底罐等，不见鸟头柄勺，尖底杯多敛口且个体较大。这里出土的双肩斧、锄等石器，在青衣江流域有较多的发现，成都地区同时期遗址中则不见，应是地方性文化因素④。

在川东地区，也发现以小平底器、尖底器等陶器为代表的遗存，如忠县哨棚嘴第二期遗存和第三期遗存就是以小平底器和尖底杯陶器群为代表，与四川盆地许多遗址和鄂西地区一些遗址有着相同的文化因素，文化内涵极其相似。哨棚嘴第二期的年代相当于二里头文化早期至二里岗下层之间，第三期相当于商代晚期至西周中期⑤。

以三星堆2～4期文化为代表的同一系统的古遗址，其分布范围广阔，东出三峡直至鄂西地区，西达汉源，北抵汉中地区。这些同一系统的文化遗存又存在着一些差异，可能反映出同一文化中存在着几个不同的文化类型。另外，三星堆2～4期文化遗存，其上接三星堆一期文化和

① 四川省文物管理委员会、四川省文物考古研究所、成都市博物馆：《成都十二桥商代建筑遗址第一期发掘简报》，《文物》1987年第12期。
② 四川省文物管理委员会：《成都羊子山土台遗址清理报告》，《考古学报》1957年第4期。
③ 四川省文物管理委员会、四川省文物考古研究所、四川省雅安地区文物管理所：《雅安沙溪遗址发掘及调查报告》，《南方民族考古》第三辑，四川科学技术出版社，1991年。
④ 四川省文物管理委员会、四川省文物考古研究所、四川省雅安地区文物管理所：《雅安沙溪遗址发掘及调查报告》，《南方民族考古》第三辑，四川科学技术出版社，1991年。
⑤ 王鑫：《忠县㽏井沟遗址群哨棚嘴遗址分析——兼论川东地区的新石器文化及早期青铜文化》，《四川考古论文集》，文物出版社，1996年。

"宝墩文化"，上下两千年左右，是研究与建立四川地区新石器时代至青铜时代考古学文化序列的重要环节，并对研究成都平原古文化、古城、古国，具有十分重要的意义。

四、春秋战国至秦汉

20世纪30年代提出的巴蜀文化，是四川地区最早命名的考古学文化，主要指春秋战国时期以柳叶形剑、短骹式矛、烟荷包式钺、三角援戈等典型巴蜀铜器为代表的地方性考古学文化，反映的是这一地区青铜文化晚期的物质文化面貌，并约定俗成，沿用至今。此时期的考古发现除少数遗址外，主要以墓葬为主。过去的重要发现有：20世纪50年代在巴县冬笋坝和昭化宝轮院发现的数十座土坑竖穴墓，其中以船棺（有的为独木棺）为葬具的墓葬，名之为"船棺葬"，是春秋战国时期四川地区主要的墓葬形式之一，后编辑出版了《四川船棺葬发掘报告》[1]；其后在成都市区、什邡、彭县、广汉、蒲江、大邑、峨眉、犍为、荥经、芦山等地又发现大量船棺葬。木椁墓与土坑墓有羊子山172号墓[2]、新都马家蜀王墓[3]、青川郝家坪木椁墓群（出土了先秦"为田律"木牍）[4]、荥经曾家沟墓群[5]及20世纪70年代发现的涪陵小田溪

---

① 四川省博物馆：《四川船棺葬发掘报告》，文物出版社，1960年。

② 四川省文物管理委员会：《成都羊子山第172号墓发掘报告》，《考古学报》1956年第4期。

③ 四川省博物馆、新都县文物管理所：《四川新都战国木椁墓》，《文物》1981年第6期。

④ 四川省博物馆、青川县文化馆：《青川县出土秦更修田律木牍——四川青川县战国墓发掘简报》，《文物》1982年第1期。

⑤ 四川省文物管理委员会：《四川荥经曾家沟战国墓群第一、二次发掘》，《考古》1984年第12期；陈显双：《四川荥经县曾家沟出土一批战国时期的重要文物》，《四川文物》1984年第1期；荥经古墓发掘小组：《四川荥经古城坪秦汉墓葬》，《文物资料丛刊》第4辑，文物出版社，1981年；四川省文物管理委员会等：《四川荥经水井坎沟岩墓》，《文物》1985年第5期。

"巴王墓"①等。这些发现促进了巴蜀文化的研究与发展。近年来，在什邡市城关②、涪陵小田溪③、广元昭化宝轮院④、荥经同心村⑤又发掘一批巴蜀文化的墓葬。

什邡市城关墓地面积约100万平方米，我们配合基建清理了其中64座墓，其中船棺墓36座、土坑墓24座、木椁墓4座。墓葬出土陶器354件、铜器276件、铁器12件以及一批玛瑙料器和漆木器等⑥。这批墓葬均属于中、小型墓葬，延续时间较长，自战国早期至西汉中期偏晚；墓葬形制复杂，随葬品丰富；文化因素多样，整体上属巴蜀文化系统，但又有楚文化、秦文化及滇文化的因素，反映出这里自战国至西汉中晚期一直存在几种外来文化的影响。这是一批研究巴蜀文化难得的资料。

涪陵小田溪93FXM9是一长方形土坑墓，与20世纪70、80年代出土的墓葬在同一墓地。该墓出土器物52件，以铜器为主，计46件，多具典型的巴蜀式特征。墓主仰身直肢葬，葬具用一朱漆棺。青铜兵器置于头部及胸部，铜、陶质生活用具置于脚部，玉器等装饰品置于腰部⑦。根据出土器物、墓葬规模以及器物上铸的"王"，推定墓主是巴族内部一个部落的"王"，也进一步印证了巴人先王陵在枳（今涪陵），涪陵为巴人较早的政治中心之一。

①　四川省博物馆、重庆市博物馆、涪陵县文化馆：《四川涪陵地区小田溪战国土坑墓清理简报》，《文物》1974年第5期。

②　四川省文物考古研究所、什邡市文物保护管理所：《什邡市城关战国秦汉墓葬发掘报告》，《四川考古报告集》，文物出版社，1998年。

③　四川省文物考古研究所、涪陵地区博物馆、涪陵市文物管理所：《涪陵市小田溪9号墓发掘简报》，《四川考古报告集》，文物出版社，1998年。

④　四川省文物考古研究所、广元市文物管理所：《广元昭化宝轮院船棺葬发掘简报》，《四川考古报告集》，文物出版社，1998年。

⑤　四川省文物考古研究所、荥经严道古城遗址博物馆：《荥经县同心村巴蜀船棺葬发掘报告》，《四川考古报告集》，文物出版社，1998年。

⑥　四川省文物考古研究所、什邡市文物保护管理所：《什邡市城关战国秦汉墓葬发掘报告》，《四川考古报告集》，文物出版社，1998年。

⑦　四川省文物考古研究所、涪陵地区博物馆、涪陵市文物保护管理所：《涪陵市小田溪9号墓发掘简报》，《四川考古报告集》，文物出版社，1998年。

1995年配合宝成复线工程，在昭化火车站南清理船棺墓8座、长方形竖穴土坑墓1座。9座墓距1954年发掘的墓葬约3米～5米，属同一墓地。墓葬排列有序，方向基本一致，无打破叠压关系。出土陶器137件，以圜底罐、釜、豆、平底罐、钵为基本组合；铜器48件，其中兵器以柳叶形剑、戈、矛、钺等组合，生活用器以釜、鍪常见；另有铁器以及漆器等。据调查，该墓地东西长约300米、南北宽约150米，总面积约45000平方米。该墓地可能为"笮人"的墓地[1]。

近年在荥经同心村又发掘巴蜀墓葬26座[2]。其中有土坑墓、船棺墓和木椁墓，以船棺墓为主。出土文物丰富，计730件，有陶、铜、铁、玉石器及漆器等类。有一些新的发现，如在M1内出土的铜矛上阴刻"成都"二铭文，为研究成都得名以及城市的发展提供了新的资料；M21-A和M21-B两墓的两棺整齐重叠；还有部分墓葬在近墓口处随葬陶瓮和其他陶器。这些资料丰富了我们对此期巴蜀墓葬葬制的认识。这一墓地可能是秦举巴蜀后，戍守边徼重镇的部队的一处公共墓地[3]。

上述近年发掘的巴蜀文化的墓葬，出土遗物多陶、铜、玉石器，陶器以圜底罐、釜、豆等为基本组合；兵器以巴蜀柳叶剑、矛、戈、钺等为组合，许多兵器上铸有"巴蜀符号"；铜容器以釜、鍪、甑等为基本组合，并出土巴蜀图语印章等，具有浓厚的地方色彩。这批墓葬以船棺葬为主，内容远远超过了20世纪50年代船棺葬的发现。其中还包括木椁墓和土坑墓。墓葬形制复杂，随葬品丰富，文化因素多样，时间跨度长，这对于充分认识巴蜀文化的内涵及其发展、不同文化类型之间的联系与区别以及巴蜀文化与其他文化的关系等问题都十分重要。这批墓出

---

① 四川省文物考古研究所、广元市文物管理所：《广元昭化宝轮院船棺葬发掘简报》，《四川考古报告集》，文物出版社，1998年。

② 四川省文物考古研究所、荥经严道古城遗址博物馆：《荥经县同心村巴蜀船棺葬发掘报告》，《四川考古报告集》，文物出版社，1998年。

③ 四川省文物考古研究所、荥经严道古城遗址博物馆：《荥经县同心村巴蜀船棺葬发掘报告》，《四川考古报告集》，文物出版社，1998年。

土的巴蜀符号类型多样，有些为过去未见的符号和纹饰，这对于巴蜀符号的研究提供了非常重要的资料。

秦汉时期"船棺葬"几乎不再出现，盛行木椁墓和土坑墓，到了东汉，主要盛行砖室墓和崖墓。

绵阳永兴双包山一①、二号木椁墓，以二号墓最重要。双包山二号墓早年被盗，墓圹残长24.2米、宽6.56米～11.2米、深2.7米～4.4米，分前后两室，形成"前堂后寝"的结构，前室长11米、宽9.72米、深1.72米，可分中厢和东、西各二厢，有门相通。墓内出土器物1000余件，以漆器为主，还有陶、铜、铁、玉、银器。漆器中有100余匹栩栩如生的高头大马，身长、身高均70厘米左右，厚木胎，圆雕，通体髹黑漆，五官涂朱。经脉漆雕木人是这次发掘中最重要的发现。该木人像残高28.1厘米，光头男性裸体，直立，通体髹黑漆，体表朱绘经脉正面8条、背面5条，头部纵线5条、横线1条，这是迄今发现最早的一件有关经脉学的人体模型，它为经脉学的形成和发展的研究，提供了形象、直观的实物资料②。

广汉罗家包汉墓群于1996年11月开始发掘，清理砖室墓葬7座，均呈东西向排列。墓葬平面以"凸"字形为主，余为"中"字形和长方形，葬具有砖棺和陶棺两种。出土遗物以陶器为主，铜器较少。重要收获是M3墓壁发现50余块画像砖和数层画像花边砖，画像内容丰富新颖，主要有辎车、轺车、沽酒、市集、收租、乐舞、渔塘、渔猎、骑吏、六博、仙人追鹿等。M1和M2则发现近千块"永元八年"（96）纪年砖，边上还有韝鹰图和几何形图案，等等。同时首次发现长73厘米、宽28厘米、厚10厘米的巨型墓砖③。

---

① 绵阳博物馆、绵阳市文化局：《四川绵阳永兴双包山一号西汉木椁墓发掘简报》，《文物》1996年第10期。

② 四川省文物考古研究所、绵阳市博物馆：《绵阳永兴双包山二号西汉木椁墓发掘简报》，《文物》1996年第10期。

③ 资料存四川省文物考古研究所与广汉县文物管理所。

另外，在广汉二龙岗①、辜家包②，南充东客站③，成都611所④，以及丰都三峡淹没区汇南乡⑤、龙花乡⑥、镇江乡⑦等地清理发掘一批东汉时期的墓葬。在德阳黄许清理了汉代窑址等⑧。

在有"西南夷"之称的民族地区，春秋战国时期出现石棺葬、石板墓和大石墓，历经秦汉仍沿袭使用，直至东汉时期。

石棺葬分布范围较广，在金沙江、雅砻江、大渡河与岷江流域都有发现。主要发掘地点有茂汶城关⑨、撮箕山⑩、营盘山⑪，理县佳山寨⑫，雅江县呷拉⑬，甘孜县吉里龙⑭，铲霍县卡莎湖⑮，宝兴陇东⑯，汉源县大瑶，盐边县温门，等等。典型器物有陶大双耳罐、单耳罐、

① 资料存四川省文物考古研究所与广汉县文物管理所。

② 资料存四川省文物考古研究所与广汉县文物管理所。

③ 资料存四川省文物考古研究所与南充市文物保护管理所。

④ 资料存成都市文物考古工作队。

⑤ 四川省文物考古研究所：《丰都县三峡工程淹没区调查报告》，《四川考古报告集》，文物出版社，1998年。

⑥ 四川省文物考古研究所：《丰都县三峡工程淹没区调查报告》，《四川考古报告集》，文物出版社，1998年。

⑦ 四川省文物考古研究所：《丰都县三峡工程淹没区调查报告》，《四川考古报告集》，文物出版社，1998年。

⑧ 资料尚未公布。

⑨ 四川省文物管理委员会、茂汶羌族自治县文化馆：《四川茂汶羌族自治县石棺葬发掘报告》，《文物资料丛刊》第7辑，文物出版社，1983年。

⑩ 该墓地资料尚未发表。

⑪ 茂汶羌族自治县文化馆：《四川茂汶营盘山的石棺葬》，《考古》1981年第5期。

⑫ 阿坝藏族羌族自治州文物管理所等：《四川理县佳山石棺葬发掘清理报告》，《南方民族考古》第一辑，四川大学出版社，1987年。

⑬ 甘孜藏族自治州文化馆等：《四川雅江呷拉石棺葬清理简报》，《考古与文物》1983年第4期。

⑭ 四川省文物管理委员会、甘孜藏族自治州文化馆：《四川甘孜县吉里龙古墓葬》，《考古》1986年第1期。

⑮ 四川省文物考古研究所等：《四川铲霍卡莎湖石棺墓》，《考古学报》1991年第2期。

⑯ 四川省文物管理委员会、宝兴县文化馆：《四川宝兴陇东东汉墓群》，《文物》1987年第10期。

圜底罐和三岔形或"山"字形铜剑及铜柄铁剑。1992年3月，茂汶县牟托发现的一座战国时期的石棺葬（M1）和3个埋藏坑，是近期最重要的发现。墓中出土大量的青铜器和玉石器，在岷江上游石棺葬中尚属首次。M1内长2.74米，头宽足窄，有三层头箱，出土170余件随葬品，有陶、铜、铜铁合制、玉石、琉璃、漆器、竹器及玛瑙、绿松石、丝毛织物等。陶器大多置于头箱内，石器大多在棺室北，青铜礼乐器置于棺室北部左右侧，兵器置于棺室北中部左右侧，丝、毛、麻织物与玛瑙珠、绿松石串缀的"珠襦"置于棺中木板上。陶器48件皆黑衣磨光泥质灰陶，火候较高，有簋、乳头罐、双面牛头纽盖漆绘罐、杯、器座等。铜器69件，有鼎、罍、敦、甬钟、纽钟和戈、矛、剑、戟、盾等，还有一些装饰品。一号和二号埋藏坑各出土器物33件，三号埋藏坑因被毁，仅征集遗物6件。坑内主要为铜器，有敦、甬钟、纽钟、钲、戈、剑、戟、矛；次为玉石器，有斧、锛、凿。M1与三个埋藏坑的年代属同一时期，当在战国中晚期之际。据出土器物分析，除石棺葬本身的地方性文化因素外，青铜器和玉石器又与川西平原蜀文化遗址同类器物相似；一批铜礼乐器则具有中原文化的风格，如"与子鼎"及其铭文等；另外一些铜牌饰、铜铃等又具滇文化因素。这些无疑为研究岷江上游石棺葬与川西平原的蜀文化、中原青铜文化和滇西的青铜文化的关系及相关问题提供了资料[1]。

另外，在马尔康孔龙村发现石棺葬墓十余座，方向一致，顺山势分三层排列分布于脚木足河东岸二级台地上。墓葬结构简单，仅用四块石板镶成，随葬品仅有陶器，有双耳罐、单耳罐、平底罐、长颈瓶。年代在战国晚期到西汉初年[2]。

① 茂县羌族博物馆、阿坝藏族羌族自治州文物管理所：《四川茂县牟托一号石棺墓及陪葬坑清理简报》，《文物》1994年第3期。
② 陈学志：《马尔康孔龙村发现石棺葬墓群》，《四川文物》1994年第1期。

五、魏晋南北朝至明

此段的考古工作在近几年的考古发现相对较少。蜀汉时期的墓葬原来混同于东汉时期的古墓中很难明确地区别开来。自发掘了忠县涂井崖墓群后，对蜀汉时期的墓葬和文化有了较为深刻的认识。20世纪90年代前后在大邑县董场乡[①]和巴县白市驿[②]发掘了这一时期的砖室墓。

大邑董场乡发现的一座砖室墓，坐南朝北，方向200°，由墓门、甬道和墓室三部分组成，平面呈"凸"字形。墓壁错缝平砌，底铺两层地砖。墓砖略较东汉砖薄小，砖边花纹亦简单，墓室结构与崇庆五道渠蜀汉墓[③]相同。该墓被盗，但出土五铢钱币10枚，均系三国时期的魏五铢。出土的28块画像砖是此墓的重要发现。画像砖内容有"神荼郁垒""六博舞乐""西王母""建木""轺车出行""天仓""天阙""方相氏"等，画像砖的浅浮雕图案与东汉时期的比较，线条变细变浅[④]。

巴县白市驿蜀汉墓全长420厘米、宽245厘米、墓室高208厘米，亦呈"凸"字形。墓内出土陶俑，鸡、猪镇墓俑，铜釜、洗和"直百五铢"、大小两种"定平百钱"[⑤]。

两晋南朝时期的墓葬，1993年发现丰都汇南墓群并清理了一批墓葬[⑥]。两晋墓均为单室砖室墓，平面呈刀形。南朝时期的墓不仅有单室

---

① 大邑县文化局：《大邑县董场乡三国画像砖墓》，《四川考古报告集》，文物出版社，1998年。

② 李国良：《巴县白市驿发现蜀汉砖室墓》，《四川文物》1994年第5期。

③ 四川省文物管理委员会、崇庆县文化馆：《四川崇庆县五道渠蜀汉墓》，《文物》1984年第8期。

④ 大邑县文化局：《大邑县董场乡三国画像砖墓》，《四川考古报告集》，文物出版社，1998年。

⑤ 李国良：《巴县白市驿发现蜀汉砖室墓》，《四川文物》1994年5期。

⑥ 四川省文物管理委员会、四川省文物考古研究所、丰都县文物管理所：《丰都县汇南两汉—六朝墓发掘简报》，《四川文物》1996年增刊《四川考古研究论文集》。

墓，还出现双室墓；单室墓平面呈刀形，双室墓呈不规则"十"字形；有的墓还有斜坡墓道。出土有青瓷四系罐、碗、盘口壶、鸡首壶、深腹饼足碗、莲瓣纹深腹碗、瓶、四系罐、六系盘口壶及铜鐎斗等①。另外，在绵阳北郊龟山亦发现六朝墓②。西昌市西郊乡发现2座成汉墓③，东西向排列，坐北朝南，平面呈"凸"字形。墓门外有一条排水沟，残长2.35米，其上部用长约39厘米的细绳纹筒瓦扣连覆盖。墓内出土陶武士俑、陶猪、陶罐、陶钵等随葬品，武士俑与成都发现的成汉墓内所出的完全相同。东晋时期，賨人李特、李雄在四川建立了成汉政权（304—347年），墓中出土遗物是賨人民族文化的典型器物，对研究这一历史短暂的地方政权具有不可低估的价值。

隋唐时期墓葬，四川发现不多，较重要的发现有万县唐冉仁才墓。该墓系拱形券顶砖室墓，室内残存彩绘星象图及造型生动、神态逼真的陶俑和青瓷器，艺术价值较高④。1993年在松潘县松林坡一工地，抢救性发掘了3座唐代时期的墓葬。其中2座为垒石墓，1座为土坑墓，三墓并列成排，头向南。所谓垒石墓，即挖一土坑，四壁垒石为室，底铺石块或石板，置尸与随葬品于内，然后填土，上用石块堆积成坟丘。出土遗物有绳纹双耳罐、绳纹小口罐、小碟、细颈盘口壶、四系盘口壶、细颈壶等陶器，还出土铁钗、铁带扣、铜扣饰、铜边饰、玛瑙珠与"开元通宝"钱币等。松潘地处岷江上游，此批墓葬以垒石墓为主，似承袭了当地早期盛行的石棺葬遗风，随葬品中明显反映出土著民族的文化因素，可以说这些土著民族与石棺葬民族有着密切的联系。墓中出土的釉陶罐、盘口壶和"开元通宝"钱币，又反映出土著民族与汉民族的交往，并接受了汉民族的文化。垒石为坟丘又与吐蕃墓特别是早期的石

① 四川省文物管理委员会、四川省文物考古研究所、丰都县文物管理所：《丰都县汇南两汉—六朝墓发掘简报》，《四川文物》1996年增刊《四川考古研究论文集》。
② 邓世红：《绵阳北郊龟山发现六朝墓》，《四川文物》1991年第5期。
③ 刘世旭、刘弘：《西昌市西郊乡发现成汉墓》，《四川文物》1991年第3期。
④ 四川省博物馆：《四川万县唐墓》，《考古学报》1980年第4期。

丘墓比较接近。总之，这批土著民族的墓葬文化因素多样[①]。

四川宋墓在各地均有发现，多为砖室墓和石室墓。有的大型宋墓内还发现有雕刻、壁画和仿木建筑石雕。1995年发掘的华莹安丙家族墓[②]是此期最重要的发现。

安丙（1148—1221年），字子文，曾任四川宣抚使和制置使。此次发掘安丙及家族墓共5座，皆券顶石室墓，坐东向西，由北至南依次编号为M1～M5。M1为安丙夫人福国夫人李氏墓，M2为安丙墓。安丙夫妇墓前有祭台、碑座、水沟、柱础等遗迹和8个石翁仲等。M3和M4大致并列，M5早年被盗，三座墓前亦有石构建筑遗迹。安丙墓后龛正中有安丙及夫人像，两侧有浮雕持笏吏及武士和驯兽图案。5座墓均有斗拱、屋面及飞檐等仿木结构；室内还雕刻有许多精美的图案，内容有：力士、侍女、青龙、白虎、乐伎、花卉、童子、双狮戏球及各种人物、动物图案；还有彩绘壁画，惜残蚀过甚，内容不详。出土遗物也很丰富，计有三彩青龙、白虎、朱雀和神态各异的文俑、武俑数十尊，及陶、瓷、铜、银器等；另有"天下太平""宝庆元宝"金币及银币和"嘉定元宝""折十"钱等铜币；还发现有玉围棋子和饰件等。M4腰坑中发现以金、银、铜等钱币分别组成震、离、兑、坎和巽、坤、乾、艮八卦。另外还发现陵园建筑遗存。安丙墓及其相关遗迹的发现，特别是其精湛高超的雕刻技法和精美绝伦的浮雕图案以及规模宏大的陵园建筑遗存，无不显示其极高的历史、科学和艺术价值，并为研究南宋时期四川地区的政治、经济、军事和文化等方面提供了极为丰富的实物资料。

20世纪90年代初在成都市外南人民路135号发现城门遗址，编号为1号门址和2号门址。均单门道，木质门扉。1号门址门扉宽6.2米、厚0.12米～0.14米、残高0.16米～0.67米；2号门址门道宽6.7米～6.9米、进

---

① 中国社会科学院考古研究所四川工作队、松蒲县文物管理所：《四川松潘县松林坡唐代墓葬的清理》，《考古》1998年第1期。

② 陈祖军：《安丙墓发掘的重要收获》，《四川文物》1996年增刊《四川考古研究论文集》。

深残长8.1米~9米。还发现有门框石、门砧石、门柱石等遗迹。城墙门址用土夯筑，外表用砖包砌。2号门址上部为过梁式建筑。1号门址建于唐代晚期，沿用至北宋初期，因被火焚废弃。2号门建于北宋初年，其下限可能到南宋或更晚。该城门遗址可能为晚唐成都罗城笮桥门。它的发现为成都城的变迁提供了珍贵的研究资料[①]。

魏晋以来，四川地区制陶业逐渐发展起来，青瓷生产较为普遍。成都青羊宫，邛崃什邡堂和固驿，江油青莲，灌县金马，金堂金锁桥，新津白云寺和玉皇观等，都是以烧造青瓷为主；广元瓷窑铺、重庆涂山窑、巴县姜家窑和达川等地，则主烧黑釉瓷；唐宋时期还出现了专烧白瓷的彭县磁峰窑等窑址。

1984年以来，我们对邛窑进行了多次发掘，计发掘龙窑6座，马蹄形窑3座，出土遗物2万多件。同时发现2组唐代房屋建筑基址，是唐代民居建筑的重要遗存[②]。1988年9—11月，又对邛崃固驿窑进行了发掘，发掘面积近500平方米，清理龙窑1座，解剖窑包2个，采集瓷器、窑具等标本2000余件。该龙窑由火膛、火厢、窑床、烟道等部分组成，长46.2米、宽2米~2.1米、残高0.20米~0.85米。窑炉前低后高，高差14.65米，顺坡而上，形似长龙。固驿窑生产的瓷器多为生活用器，瓷土欠佳，胎体厚重，器形简朴，实用性强。器形主要有碗、豆、盘、杯、盏、钵、罐、壶、砚等。根据出土器物分析，固驿窑创始于南北朝时期，产量不大，器形单调；兴盛于隋朝，规模扩大，产品种类增多，产量上升；至隋末唐初，固驿窑走向衰败，质量不佳，器类单一，规模缩小，大致到了唐代早、中期便废弃了。固驿窑对什邡堂邛窑的产品、工艺方面都产生了一定的影响。另外，成都青羊宫窑、灌县金马窑、江

---

① 成都市博物馆考古队：《成都罗城1、2号门址发掘简报》，《南方民族考古》第三辑，四川科学技术出版社，1991年。
② 四川省文物管理委员会、四川省文物考古研究所、四川省邛崃县文物管理所：《四川邛崃县固驿瓦窑山古瓷窑遗址发掘简报》，《南方民族考古》第三辑，四川科学技术出版社，1991年。

油青莲窑等与固驿窑在造型、胎质、釉色、装饰、装烧等方面都有很多相似之处，互有影响，关系密切。而固驿窑出现的釉下彩，表明固驿窑生产釉下彩器早于长沙窑，它的发现丰富了四川陶瓷研究的内容①。

另外，四川地区宋代窖藏较多发现，如江油②、绵阳③、三台④、岳池⑤、石棉⑥、彭山⑦、遂宁⑧等地发现宋代铜器、瓷器、银器窖藏。如彭山县的一瓷器窖藏，出土99件瓷器，多为江西景德镇湖田窑的产品，同时还有浙江龙泉窑、四川彭县磁峰窑和广元窑的产品⑨。绵阳黄家巷发现的银器窖藏，有银器35件和"崇宁通宝"22.5千克，银器有茶托、盘、碗、盏、瓶、壶、盆、盒、耳杯、盒盖和鼎等。这批银器采用模制成形，有的还采用焊接和钣接等工艺。修饰主要用线刻、刀錾、浅凸几种方法，有的碗内团花还鎏金，有团花、莲瓣纹、蟠螭纹、三角云雷纹、草叶卷云纹、菊瓣纹、缠枝花卉纹等。银瓶底錾刻"□□十八日记"和碗底刀刻"楫甫"铭文，可能为银号押记或收藏者押记⑩。

近年发现的明代墓葬数量虽不多，但有较重大的发现。如在龙泉驿区洪河乡白鹤村的明蜀昭王陵。其墓为砖室结构，由前庭、中庭和后殿三部分组成，后殿又分为东西室和东西厅几部分。男女墓主人分别置于东西厅，东西室及中庭设有祭案，前庭置仪仗俑、彩俑、仆侍俑及各

① 四川省文物管理委员会、四川省文物考古研究所、四川省邛崃县文物管理所：《四川邛崃县固驿瓦窑山古瓷窑遗址发掘简报》，《南方民族考古》第三辑，四川科学技术出版社，1991年。

② 曾昌林：《江油发现宋代窖藏》，《四川文物》1996年第3期。

③ 绵阳市博物馆：《绵阳市出土宋代窖藏银器、钱币》，《四川考古报告集》，文物出版社，1998年。

④ 景竹友：《三台出土宋代窖藏》，《四川文物》1990年第4期。

⑤ 张道远：《岳池县双鄢乡出土铜器窖藏》，《四川文物》1990年第4期。

⑥ 及康生：《石棉县宰羊乡发现宋代窖藏》，《四川文物》1991年第2期。

⑦ 帅希彭、方明：《彭山发现南宋窖藏》，《四川文物》1996年第1期。

⑧ 资料存遂宁市文物管理所。

⑨ 帅希彭、方明：《彭山发现南宋窖藏》，《四川文物》1996年第1期。

⑩ 绵阳市博物馆：《绵阳市出土宋代窖藏银器、钱币》，《四川考古报告集》，文物出版社，1998年。

种瓷器。四进殿门为朱漆双扇石门，并有抵门榫，墓门雕梁画栋，雕刻以龙凤纹为主，极显皇族气派。从发现的两块墓志来看，墓主人为蜀昭王朱宾瀚及其妃刘氏。另从墓门外面的阶梯式和斜坡式主侧两墓道分析，男女墓主人是先后两次入葬的。墓门前有大面积红砂石板铺成的地面，当为建筑设施的遗迹[①]。

原载《新中国考古五十年》，文物出版社，1999年

[①] 成都市博物馆考古队：《1991年成都市田野考古工作纪要》，《成都文物》1992年第1期。

附 录

论著目录

（1984—2015年，以发表时间为序）

1.《四川双流县出土的宋代银铤》（执笔），《文物》1984年第7期。

2.《成都市金牛区发现两座战国墓葬》（执笔），《文物》1985年第5期。

3.《物质文化的宝贵财富——成都十二桥遗址》，《成都文物》1987年第3期。

4.《古蜀文化的瑰宝——成都十二桥商代遗址》，《文史杂志》1987年第5期。

5.《成都十二桥商代建筑遗址第一期发掘简报》（合著），《文物》1987年第12期。

6.《四川汉代石阙与"阙"画像砖浅论》，《成都文物》1988年第4期。

7.《成都十二桥商周木结构建筑遗址》，《中国考古学年鉴（1987）》，文物出版社，1988年。

8.《成都京川饭店战国墓》（合著），《文物》1989年第2期。

9.《前后蜀墓葬制度浅论》，《成都文物》1990年第2期，后收入《华西考古研究（一）》，成都出版社，1991年（文章名有更改）。

10.《成都肖家村汉墓发掘纪要》（合著），《成都文物》1990年第4期。

11.《成都中医学院战国土坑墓》（合著），《文物》1992年第1期。

12.《关于王杖诏书令册中〈本始令〉的质疑》（合著），《成都文物》1992年第1期。

13.《巴蜀墓葬杂谈》，《文物考古研究》，成都出版社，1993年。

14.《三星堆文明时期的成都社会生活与成都建设》，《三星堆文化》，四川人民出版社，1993年。

15.《〈诗经〉中的几例"将"字》，《文史杂志》1994年第6期。

16.《成都十二桥遗址发掘纪实》，《文物天地》1996年第6期。

17.《"祭祀坑说"辨析》，《四川考古论文集》，文物出版社，1996年。

18.《蜀戈与巴蜀钺述评》（合著），《成都文物》1998年第3期。

19.《四川省考古五十年概略》（合著），《新中国考古五十年》，文物出版社，1999年。

20.《三星堆文物赴日随展杂记》，《四川文物》2000年第1期。

21.《成都商业街南朝石刻造像赏析》，《文物天地》2001年第4期。

22.《成都市商业街南朝石刻造像》（合著），《文物》2001年第10期。

23.《成都十二桥遗址发掘亲历记》，《成都文史资料》第三十二辑，四川大学出版社，2002年。

24.《泸定县甘露寺唐代砖室墓》，《中国考古学年鉴（2001）》，文物出版社，2002年。

25.《依法处理基本建设和文物保护的关系》，《中国文物报》2003年10月10日第8版。

26.《三星堆方国的巫——青铜立人像与跪坐人像研究》，《四川文物》2003年第5期。

27.《对罗家坝出土青铜器的几点看法》，《四川文物》2003年第6期。

28.《对配合基本建设进行考古工作的几点思考》，《文物工作》

2004年第4期。

29.《岁月留痕（大事记）》，《岁月留痕——四川省文物考古研究所50年发展历程》（内部资料），2004年。

30.《渠江流域古遗址调查简报》（合著），《四川文物》2005年第6期。

31.《对考古工作如何进行大遗址保护的认识与思考》，《西部文博论丛：首届西部文博管理干部培训班暨中国文博西部论坛》，科学出版社，2006年。

32.《三星堆二号坑青铜神树研究》，《四川文物》2006年第6期。

33.《巴蜀埋珍——四川五十年抢救性考古发掘纪事》（合著），天地出版社，2006年。

34.《三星堆二号坑反映出的宗教观念》，《史前研究（2006年）》，陕西师范大学出版社，2007年。

35.《攀枝花市工业遗产初步调查》（合著），《四川文物》2009年第1期。

36.《成都十二桥》（合著），文物出版社，2009年。

37.《四川省已发掘的重要古遗址、古墓葬》《四川省古城址》《四川省古代重要道路与桥梁》，《中国文物地图集·四川分册》，文物出版社，2009年。

38.《三星堆古蜀王国的山崇拜》，《考古与文物》2010年第5期。

39.《巴蜀地区汉代石阙和汉代画像"阙"研究》，《汉阙与秦汉文明学术研讨会论文集》，中国文史出版社，2014年。

40.《铜树、社树、钱树——三星堆Ⅱ号铜树与东汉钱树之研究》，《夏商周方国文明国际学术研讨会论文集（2014中国广汉）》，科学出版社，2015年。

编后记

时光荏苒，岁月如梭，2023年，我院迎来了70岁的生日。

《四川省文物考古研究院名家学术文集》正是为庆祝我院成立70年而精心策划的一份礼物，收录了我院老一辈杰出文物考古工作者具有代表性的学术论文，共九卷。"著述前辈的开拓，启迪来者的奋斗，赓续传承美好。"这是院领导发起出版本套文集的初衷，也是全院干部职工多年以来共同的期待。

文集筹备工作始于2022年初，从征求上级领导意见，到广泛收集我院离退休职工及离世专家家属的建议和意愿，再到组织专家论证、院学术委员会研究，最终明确了本套文集的整体定位、选文标准和著录体例。

《四川省文物考古研究院名家学术文集》编辑委员会于2022年7月成立，主要负责落实文集资料收集查证、作者方联络、出版对接等工作。或因联系不上有些曾在我院工作过的专家、专家家属，或因已经有机构为一些专家出版过个人文集，或因有些专家身体抱恙，或因部分资料年代久远、查证困难，加上编辑时间有限，还有一些曾为我院事业发展做出杰出贡献的专家的文集未能成行，前辈们的风采也未能尽善尽美地呈现，略有遗憾。但未来可期，希望在我院文物考古事业更进一步、迈上新台阶时，后辈们能不忘前辈们的辛劳和奉献，续启为前辈们出版个人文集的计划。

本文集的出版得到了四川省文化和旅游厅、四川省文物局的大力支持，同时得到了诸多专家、前辈的指导和帮助。还有巴蜀书社的编辑们，他们以高度负责的态度、高质量的要求，确保了文集出版工作的顺利推进。在此，向关心支持本文集出版的工作单位和工作人员，表示由衷的感谢。

《四川省文物考古研究院名家学术文集》编辑委员会

2023年10月